"十二五"职业教育国家规划教材
经全国职业教育教材审定委员会审定

全国职业教育规划教材·经济贸易系列

国际金融

（第二版）

主　编　潘百翔　王英姿
副主编　陈福炯　张旺军
参　编　林成喜　孙德营　黄　蕊
　　　　周　敏　李　允

图书在版编目(CIP)数据

国际金融／潘百翔，王英姿主编. —2版. —北京：北京大学出版社，2017.2
（全国职业教育规划教材·经济贸易系列）
ISBN 978-7-301-26830-8

Ⅰ.①国… Ⅱ.①潘…②王… Ⅲ.①国际金融—高等职业教育—教材 Ⅳ.①F831

中国版本图书馆CIP数据核字（2016）第025086号

书　　名	国际金融（第二版）
著作责任者	潘百翔　王英姿　主编
责任编辑	高桂芳
标准书号	ISBN 978-7-301-26830-8
出版发行	北京大学出版社
地　　址	北京市海淀区成府路205号　100871
网　　址	http://www.pup.cn　　新浪微博：@北京大学出版社
电子信箱	zyjy@pup.cn
电　　话	邮购部62752015　发行部62750672　编辑部62754934
印刷者	北京富生印刷厂
经销者	新华书店
	787毫米×1092毫米　16开本　16印张　350千字
	2006年8月第1版
	2017年2月第2版　2017年2月第1次印刷
定　　价	35.00元

未经许可，不得以任何方式复制或抄袭本书之部分或全部内容。
版权所有，侵权必究
举报电话：010-62752024　电子信箱：fd@pup.pku.edu.cn
图书如有印装质量问题，请与出版部联系，电话：010-62756370

内 容 简 介

本书主要面向高等职业教育学生，对接高素质技能型人才培养的需求。针对国际金融晦涩难懂的理论分析，本书力求寻找到理论知识与实际问题相结合的途径。本书的最大特色就是关注国内外金融领域的现实问题，充分体现实用性的原则，力求用通俗易懂的语言和丰富生动的实例帮助初学者理解和掌握金融理论知识，在此基础上运用所学理论去分析实际问题。

为了实现这一目标，在本书十个章节的编排中，主要突出了基础性和实务性的特点，每一章都使用案例导入，并且配备了知识目标和能力目标。在具体的内容阐述过程中，使用了大量的案例分析、小知识、例题分析等来安排教学内容，希望真正做到学以致用，学有所得。同时，每个章节后面我们都配备了实训题，实现了"教学做"一体化的思路，通过实训操作让学生掌握每章节基本知识，再通过丰富的案例分析加深对章节的理解，最后通过大量的习题训练提高和巩固学习效果。

本书适合高职院校涉外专业、财经专业选作教材，也可以作为金融从业人员的参考书。

前　言

国际金融，就是国家（或地区）之间由于经济、政治、文化等联系而产生的货币资金的周转和运动。它与一国的国内金融既有密切联系，又有很大区别。国内金融主要受一国金融法令、条例和规章制度的约束，而国际金融则受到各个国家（或地区）互不相同的法令、条例以及国际通用的惯例和通过各国协商制定的各种条约或协定的约束。

近几年来，我国经济、生活等各个方面逐渐融入国际社会，融入世界经济的主流，整个社会经济活动将更多地受到国际惯例的制约。在这样的背景下，我国的金融业务将进一步与国际市场接轨，融入金融全球化的大潮中。人们的工作、学习甚至日常生活都与外部经济有着越来越密切的关系，从而迫切需要人们加强对国际金融理论和实务的学习。

国际金融阐述的是国际金融学科的一般规律、国际金融学的基本理论，是对国际金融基本业务和基础知识的介绍。"国际金融"是财经类等专业的基础理论课，是金融专业、国际贸易专业和其他外向型经济类专业的必修课。通过本课程的学习，可以使学生明确国际金融学科的研究对象，掌握国际金融的基本概念，了解国际金融的基本业务，为学好其他国际经济业务课程打下坚实的基础。学习《国际金融》，可以更好地完善财经类专业学生和财经类工作人员的知识结构，开阔其视野，提高从事经济工作的综合素质。

在本书编写中，我们立足于高等职业教育高素质技能型人才培养的目标，根据高等职业教育财经类学生的知识结构和层次特点，在尊重国际金融理论体系的前提下，在结构上作了精心安排，力求简明实用。

本书的特点主要表现在以下几方面：

1. 新颖性。本书吸收和反映了国际金融理论及实务的前沿成果和变革，跟踪国际金融领域发生的大事件并结合我国实际，体现了我国国际金融政策、制度和管理方面的先进性。

2. 针对性。本书主要面向各高等院校大专层次的学生，参与编写的人员均为各高校从事国际金融课程教学的专业老师，从高等职业教育的教学要求出发，在编写过程中我们结合多年的教学工作经验,充分考虑了学生的接受能力,广泛征集了金融企业、外贸企业从事实际工作的专家的建议和意见,并精心设计了大量的实训题目。本书在介绍一般理论知识的基础上,注重理论知识的实际应用,在篇幅设计上注重于业务内容。

3. 启发性。在教材每一章的前面我们安排了导学案例,同时在结构体系的安排、内容的逻辑组织、习题的设计、参考网站网址等方面考虑到学生自主学习的需要。

本书由潘百翔、王英姿担任主编,并负责全书的统稿和部分章节的编写工作;陈福炯、张旺军担任副主编,并负责部分章节的编写和初稿修改。具体分工按章节顺序如下:

张旺军(湖州职业技术学院)	第一章
王英姿(常熟理工学院)	第二章
潘百翔(湖州职业技术学院)	第三章
孙德营(河南济源职业技术学院)	第四章
林成喜(苏州经贸职业技术学院)	第五章
陈福炯(湖州职业技术学院)	第六章
李　允(唐山职业技术学院)	第七章
黄　蕊(青岛酒店管理学院)	第八章
周　敏(安阳工学院)	第九章
潘百翔(湖州职业技术学院)	第十章

本书出版至今,国际金融领域发生了很多重大变化,如人民币入篮、英国脱欧等。教材在修订过程中,只有不断追踪和把握国际金融市场的新发展与国际金融领域的新动态,才能让读者掌握更全面的知识和技能。基于以上考虑,本书第二版的修订集中体现在以下几个方面:一是数据的更新。我们对原书中的数据,特别是时间节点的数据进行了大量的更新。二是内容的更新。我们对书中较为陈旧的案例、知识、实务操作进行了更新,力求反映国际金融的最新规则和操作方法。三是逐字逐句的勘误。我们对原书中的文字、专有名词表述、格式标点等进行了订正,使内容更加严谨流畅。

虽然本次修订过程中,我们力求反映国际金融的最新变化,但疏漏和不足在所难免,也恳请各界人士对本书使用中的问题提出宝贵的建议。

作　者

2016 年 10 月

目 录

第一章 国际收支 ……………………………………………………………… (1)
第一节 国际收支的涵义 ……………………………………………………… (2)
一、国际收支的概念 …………………………………………………………… (2)
二、对国际收支概念的理解 …………………………………………………… (3)
第二节 国际收支平衡表 ……………………………………………………… (4)
一、国际收支平衡表的概念 …………………………………………………… (4)
二、国际收支平衡表的基本内容 ……………………………………………… (5)
三、国际收支平衡表的编制原理与记账原则 ………………………………… (11)
第三节 国际收支的调节 ……………………………………………………… (14)
一、国际收支平衡与不平衡的理解 …………………………………………… (14)
二、国际收支不平衡的原因 …………………………………………………… (15)
三、国际收支不平衡的影响 …………………………………………………… (17)
四、国际收支的调节 …………………………………………………………… (18)
第四节 中国的国际收支管理 ………………………………………………… (21)
一、中国的国际收支基本情况 ………………………………………………… (21)
二、中国的国际收支调节手段 ………………………………………………… (24)

第二章 外汇与外汇汇率 ……………………………………………………… (27)
第一节 外汇 …………………………………………………………………… (28)
一、外汇的含义 ………………………………………………………………… (28)
二、外汇的种类 ………………………………………………………………… (30)
三、外汇的作用 ………………………………………………………………… (31)
第二节 外汇价格——汇率 …………………………………………………… (32)
一、汇率的含义 ………………………………………………………………… (32)
二、汇率的标价方法 …………………………………………………………… (32)
三、汇率的种类 ………………………………………………………………… (33)
四、汇率的套算 ………………………………………………………………… (36)

第三节 汇率的决定与调整 (38)
  一、汇率决定的基础 (38)
  二、影响汇率变动的因素 (40)
  三、汇率变动对经济的影响 (42)
第四节 汇率制度 (43)
  一、固定汇率制度 (44)
  二、浮动汇率制度 (46)
  三、汇率制度的选择 (49)
  四、人民币汇率制度 (52)

第三章 外汇交易实务 (60)

第一节 外汇交易基础知识 (61)
  一、外汇交易惯例 (61)
  二、外汇交易的程序 (64)
  三、外汇市场的行情解读 (65)
第二节 即期外汇交易 (67)
  一、即期外汇交易概述 (67)
  二、即期外汇交易应用实例 (68)
第三节 远期外汇交易 (69)
  一、远期外汇交易的概念与汇率的决定 (69)
  二、远期外汇交易的主要类型 (72)
  三、远期外汇交易的应用 (73)
第四节 掉期交易 (74)
  一、掉期交易的概念 (74)
  二、掉期交易的一般类型及汇率计算 (75)
第五节 套汇和套利交易 (77)
  一、套汇交易概述 (77)
  二、直接套汇 (78)
  三、间接套汇 (78)
  四、套利交易 (80)

第四章 外汇风险与防范实务 (86)

第一节 外汇风险的概念与分类 (87)
  一、外汇风险的含义 (87)
  二、外汇风险的构成因素 (88)
  三、外汇风险的种类 (88)
第二节 外汇风险的预测 (92)
  一、外汇风险的测量 (92)
  二、外汇风险的预测 (95)

  第三节 外汇风险的管理 ……………………………………………… (97)
   一、折算风险的管理 ……………………………………………………… (98)
   二、交易风险的管理 ……………………………………………………… (98)
   三、经济风险的管理 ……………………………………………………… (100)

第五章 国际货币体系 ………………………………………………… (105)
  第一节 国际货币体系概述 …………………………………………… (106)
   一、国际货币体系的含义 ………………………………………………… (106)
   二、国际货币体系的作用 ………………………………………………… (107)
   三、国际货币体系的类型 ………………………………………………… (107)
  第二节 国际金本位体系 ……………………………………………… (108)
   一、国际金本位体系的制度特征 ………………………………………… (108)
   二、国际金本位体系的崩溃与制度评价 ………………………………… (109)
  第三节 布雷顿森林体系 ……………………………………………… (113)
   一、布雷顿森林体系的创建过程 ………………………………………… (113)
   二、布雷顿森林体系的主要内容 ………………………………………… (114)
   三、布雷顿森林体系的制度症结及崩溃过程 …………………………… (116)
  第四节 牙买加体系 …………………………………………………… (120)
   一、牙买加体系的主要内容 ……………………………………………… (120)
   二、牙买加体系的运行机制 ……………………………………………… (121)
   三、对牙买加体系的评价 ………………………………………………… (124)
  第五节 国际金融一体化 ……………………………………………… (124)
   一、国际金融一体化的特征及原因 ……………………………………… (124)
   二、国际金融一体化的典范——欧元 …………………………………… (125)

第六章 国际金融市场 ………………………………………………… (131)
  第一节 国际金融市场概述 …………………………………………… (132)
   一、国际金融市场的基本概念 …………………………………………… (132)
   二、国际金融市场的发展历程 …………………………………………… (132)
   三、国际金融市场发展的新趋势 ………………………………………… (135)
   四、国际金融市场的作用 ………………………………………………… (136)
  第二节 传统的国际金融市场 ………………………………………… (138)
   一、国际货币市场 ………………………………………………………… (138)
   二、国际资本市场 ………………………………………………………… (144)
  第三节 欧洲货币市场 …………………………………………………… (146)
   一、欧洲货币市场的形成与发展 ………………………………………… (146)
   二、欧洲货币市场的主要经营活动 ……………………………………… (150)
   三、欧洲货币市场的作用和影响 ………………………………………… (153)
   四、欧洲货币市场的管制 ………………………………………………… (155)

第七章 国际金融组织 (158)
第一节 国际货币基金组织 (160)
一、国际货币基金组织概述 (160)
二、国际货币基金组织的主要业务 (162)
三、我国与国际货币基金组织的关系 (164)
第二节 世界银行集团 (165)
一、世界银行集团概述 (165)
二、世界银行集团主要业务概述 (169)
三、我国与世界银行集团的关系 (171)
第三节 亚洲开发银行 (172)
一、亚洲开发银行概述 (172)
二、亚洲开发银行的主要业务 (175)

第八章 国际储备和国际债务 (179)
第一节 国际储备概述 (180)
一、国际储备的概念和构成 (180)
二、国际储备的来源 (182)
三、国际储备的作用 (183)
第二节 国际储备管理 (187)
一、国际储备管理的必要性 (187)
二、国际储备管理 (187)
第三节 中国的国际储备及管理 (190)
一、我国国际储备现状 (190)
二、我国国际储备的特点 (190)
三、我国国际储备的管理体制及政策目标 (192)
四、我国的国际储备管理 (192)
第四节 国际债务概述 (194)
一、外债的含义 (195)
二、外债监控指标 (195)
三、国际债务 (196)
第五节 中国的外债管理 (200)
一、我国外债定义 (200)
二、我国外债概况 (200)
三、我国的外债管理制度 (201)

第九章 国际资本流动 (205)
第一节 国际资本流动概述 (206)
一、国际资本流动的含义 (206)
二、国际资本流动的形式 (207)

第二节　国际资本流动形成的原因及主要特点 …………………………(210)
　　　一、国际资本流动形成的原因 ……………………………………………(210)
　　　二、国际资本流动的特点 …………………………………………………(211)
　　第三节　国际资本流动对经济的影响 …………………………………………(212)
　　　一、三次大规模的国际资本流动浪潮 ……………………………………(212)
　　　二、国际资本流动对资本输出国经济的影响 ……………………………(213)
　　　三、国际资本流动对资本输入国经济的影响 ……………………………(213)
　　　四、国际资本流动对世界经济的影响 ……………………………………(215)
第十章　国际贸易融资实务 ………………………………………………………(220)
　　第一节　出口贸易融资 …………………………………………………………(221)
　　　一、出口贸易融资简介 ……………………………………………………(221)
　　　二、出口信用证结算方式下融资 …………………………………………(221)
　　　三、出口托收结算方式下融资 ……………………………………………(226)
　　　四、汇入汇款结算方式下融资 ……………………………………………(227)
　　　五、出口保理结算方式下融资 ……………………………………………(229)
　　第二节　进口贸易融资 …………………………………………………………(232)
　　　一、进口贸易融资简介 ……………………………………………………(232)
　　　二、进口信用证结算方式下的融资 ………………………………………(232)
　　　三、进口代收结算方式下的融资 …………………………………………(236)
　　　四、汇出汇款结算方式下的融资 …………………………………………(237)
主要导学网址 ………………………………………………………………………(240)
参考文献 ……………………………………………………………………………(241)

第一章
国际收支

【学习目标】

知识目标

1. 熟悉中国国际收支平衡表的特点、内容。
2. 理解一国国际收支出现不平衡的原因和影响,以及所采取的调节措施。
3. 掌握国际收支的含义和国际收支平衡表的基本内容,包括各项目之间的关系。

能力目标

1. 能运用中国国际收支平衡表简单分析中国当前的宏观经济状况。
2. 能根据国际收支的科目,编制简单的国际收支平衡表。
3. 能根据国际收支差额情况,分析外汇市场的基本走势。

【导入案例】

2012年中国资本和金融项目14年来首现年度逆差

根据国家外汇管理局的数据显示,2012年中国资本和金融项目出现1999年以来首次年度逆差,逆差额达1 173亿美元。2012年,除第一季度外,第二至第四季度中国资本项目和金融均呈现逆差。2011年中国资本和金融项目顺差1 861亿美元。

根据外汇局公布的2012年中国国际收支平衡表初步数据,2012年中国国际收支经常项目顺差2 138亿美元,国际储备资产增加965亿美元。

2012年第四季度,中国经常项目顺差658亿美元,其中,按照国际收支统计口径计算,货物贸易顺差1 074亿美元,服务贸易逆差196亿美元,收益逆差218亿美元,经常转移逆差1亿美元。资本和金融项目逆差(含净误差与遗漏)318亿美元,其中,直接投资净流入516亿美元。国际储备资产增加340亿美元(不含汇率、价格等非交易价值变动影响),其中,外汇储备资产增加347亿美元,特别提款权及在基金组织的储备头寸减少7亿美元。

那么,中国2012年国际收支中的资本和金融项目主要由哪些内容组成?逆差说明了什么?你认为国际收支顺差好还是逆差好?本章将为我们解答这些内容。

国际收支是表示一个经济体在一定时期内的全部经济往来的综合情况。一国的国际收支状况,不仅影响本国国内的经济运行,也会影响到一国的对外经济交往。作为国际金融活动的起点和归宿,国际收支成了国际金融的一条主线,研究国际收支问题对研究整个世界经济以及各国经济都具有重要意义。正是因为如此,本课程将首先来探讨国际收支问题。

(资料来源:http://finance.people.com.cn/n/2013/0202/c1004-20410277.html)

第一节 国际收支的涵义

一、国际收支的概念

国际收支(Balance of Payments)反映一国对外经济交往的全貌。国际收支的概念是伴随国际经济交易的发展而不断发展和变化的。

(一)狭义的国际收支概念

国际收支这一概念最早出现于17世纪初期,其产生是与当时的生产方式、经济发展水平分不开的。在资本主义原始积累时期,为了促进资本的积累,各国都非常重视对外贸易,在此后很长一段时间内,国际收支被简单地解释为一国的贸易收支。随着经济的发展,各国之间经济交易的内容、范围不断扩大,国际收支的范围得到了扩大和延伸,演变为一个国家一定时期的外汇收支总和。这一定义将国际收支的统计范围建立在现金基础上,各国之间的国际经济交易,只要涉及外汇收支,就属于国际收支的范畴。显然,这个概念是建立在收支基础(或者说现金基础)上的。我们把这一定义的国际收支称为狭义的国际收支。

(二)广义的国际收支概念

第二次世界大战后,随着世界经济的进一步发展,国际关系更加密切,国际经济往来以及政治、文化等往来更加频繁。国际经济交易的范围和方式都有了很大的变化,政府无偿援助、私人捐赠、企业之间的易货贸易、补偿贸易等新的贸易方式都不涉及外汇收支,建立在现金基础上的国际收支概念已不能适应国际经济形势的发展,国际收支的概念又有了新的改变,重心由"收支"转向"交易",将衡量内容扩展到所有的国际经济交易。于是，世界各国便广泛采用广义的国际收支概念，亦即国际货币基金组织（International Monetary Fund，IMF）所定义的概念，即国际收支是指在一定时期内，一国居民与非居民之间经济交易的系统记录。

二、对国际收支概念的理解

国际收支的内涵十分丰富，应从以下几个方面加以把握。

第一，国际收支是指在一定时期内（通常为1年），一经济实体与世界其他经济实体的各项经济交易的总和或系统记录。国际货币基金组织在《国际收支手册》中对国际收支所下的定义和说明是："国际收支是一种统计报表，它系统地记载了在特定时期内一经济实体与世界其他地方的经济实体的各项经济交易。"这里所说的"经济实体"是指一个国家或地区。在当今世界上有些地区不是一个独立的国家，但也能单独与其他国家进行经济交往。如中国的台湾、香港、澳门，就是这样的经济实体。这些交易大部分是在居民与非居民之间进行，包括货物、服务、对世界其他地方的金融债权和债务的交易以及转移项目（如赠与）。之所以说这些交易大部分是在居民与非居民之间进行，是由于国际收支统计中也包括了一些居民部门之间可转让的金融资产的交换，以及程度更低的非居民之间可转让的国际金融负债的交换。

第二，国际收支所记录的是各项经济交易。根据经济价值转移的方向和内容，经济交易可以分为以下五类。

① 商品、劳务与商品、劳务之间的交换，如易货贸易、补偿贸易等。

② 金融资产与商品、劳务的交换，如商品劳务的买卖（进出口贸易）等。

③ 金融资产与金融资产的交换，如货币资本借贷、货币或商品的直接投资、有价证券投资以及无形资产（如专利权、版权）的转让买卖等。

④ 商品服务由一方向另一方无偿转移，如无偿的物资捐赠、服务和技术援助等。

⑤ 金融资产由一方向另一方无偿转移，如债权国对债务国给予债务注销，富有国家对低收入国家的投资捐赠等。

第三，国际收支记录的交易是发生在居民与非居民之间的经济交易。如果经济交易是在居民与居民之间发生的，就应该称之为国内收支。因此，正确地理解和区分居民与非居民的概念非常重要。值得注意的是，国际收支中居民与非居民的划分并不是以国籍或法律为标准的，而是以交易者的经济利益中心所在地，亦即以从事经济活动和交易的所在地作为划分的标准。国际货币基金组织规定，从事经济活动的期限须在1年以上。按照经济利益中心所在地划分居民与非居民的原则，企业、非营利机构和政府等法人，属所在国居民。至于自然人，不论其国籍如何，只要他（她）在所在国从事1年以上的经济活动与交易，就是所在国居民；否则，即为非居民。国际货币基金组织规定，受雇在本国驻外使领管工作的外交人员属他们本国的居民，而属驻在国的非居民；相反，受雇在外国使领管工作雇员，则属本国居民。国际货币基金组织还规定，联合国、国际货币基金组织等国际机构及其代表处，对任何国家来说，都是非居民。

> **案例 1-1**
>
> A 是美国人，他长期在美国驻日本大使馆工作，则他属于美国的居民，日本的非居民。美国通用电器公司在新加坡的子公司是新加坡的居民，美国的非居民。中国银行伦敦分行是英国的居民，中国的非居民；分行与中国银行总行的业务往来因而构成中国和英国的国际收支内容。相反，中国银行总行与在华的各外国公司之间的资金往来，只构成中国的国内收支。

第四，国际收支是一个流量概念而不是存量概念。根据统计学的定义，流量是一定时期内发生的变量变动的数量。而我们讨论国际收支时，总需要指出是在哪一段时期内。这一报告期可以是 1 年，也可以是 1 个季度或 1 个月，但通常以 1 年作为报告期。国际收支一般是对 1 年内的交易进行系统地总结，因而它是一个流量概念。与国际收支相对应的一个概念是国际借贷，国际借贷是指一国在一定时点上对外债权债务的汇总，它反映的是一定时点上某一经济体对其他国家、地区的资产与负债的价值和构成。这两个概念之间既有联系又相互区别。一方面，国际收支是一个流量概念，而国际借贷则是存量概念；另一方面，之所以有国际收支这一概念，就是因为发生了交易，而交易会引起存量的变化。也就是说国际借贷的变化可能是由国际收支中的经济交易引起的。

国际货币基金组织对国际收支的定义和说明，概括了一国对外经济活动的全部内容，基本上符合世界各国国际收支的实际情况。目前，世界各国都按照这一定义的内容统计本国的国际收支。

第二节 国际收支平衡表

一、国际收支平衡表的概念

国际收支状况是以国际收支平衡表（Balance of Payment Statement）来反映的。国际收支平衡表，是一国将其一定时期内（通常为 1 年）的全部国际经济交易，根据交易的内容与范围，按需要设置账户（Account）或项目（Item）编制出来的统计报表。各国由于其国际经济交易的内容与范围不尽相同，因而编制的国际收支平衡表也互不相同。为指导成员国向基金组织定期提交国际收支报表，并使各国的国际收支平衡表具有可比性，国际货币基金组织于 1948 年出版了《国际收支手册》（Balance of Payment Handbook）第一版，对涉及国际收支的概念、定义、分类和标准组成作了规定和说明。伴随世界经济的发展和变化，《国际收支手册》几经变更，2009 年国际货币基金组织更新到第六版。

二、国际收支平衡表的基本内容

国际收支平衡表所包括的内容极为广泛，各国结合本身情况自行编制的国际收支平衡表又详简不一，各具特点。这里，根据国家外汇管理局出版的 2012 年《国际收支报告》的中国国际收支平衡表作为例证（如表 1-1 所示），对国际收支平衡表的结构内容加以分析说明。

表 1-1　中国 2012 年国际收支平衡表

单位：亿美元

项　目	差　额	贷　方	借　方
一、经常项目	1 931	24 599	22 668
A. 货物和服务	2 318	22 483	20 165
a. 货物	3 216	20 569	17 353
b. 服务	－897	1 914	2 812
1. 运输	－469	389	859
2. 旅游	－519	500	1 020
3. 通信服务	1	18	16
4. 建筑服务	86	122	36
5. 保险服务	－173	33	206
6. 金融服务	0	19	19
7. 计算机和信息服务	106	145	38
8. 专有权利使用费和特许费	－167	10	177
9. 咨询	134	334	200
10. 广告、宣传	20	48	28
11. 电影、音像	－4	1	6
12. 其他商业服务	89	284	196
13. 别处未提及的政府服务	－1	10	10
B. 收益	－421	1 604	2 026
1. 职工报酬	153	171	18
2. 投资收益	－574	1 434	2 008
C. 经常转移	34	512	477
1. 各级政府	－31	9	40
2. 其他部门	65	503	438
二、资本和金融项目	－168	13 783	13 951
A. 资本项目	43	45	3
B. 金融项目	－211	13 738	13 949

续表

项　　目	差　额	贷　方	借　方
1. 直接投资	1 911	3 079	1 168
1.1 中国在外直接投资	−624	234	857
1.2 外国在华直接投资	2 535	2 845	311
2. 证券投资	478	829	352
2.1 资产	−64	237	301
2.1.1 股本证券	20	120	100
2.1.2 债务证券	−84	117	201
2.1.2.1 （中）长期债券	−49	110	159
2.1.2.2 货币市场工具	−35	7	42
2.2 负债	542	593	51
2.2.1 股本证券	299	348	49
2.2.2 债务证券	243	244	2
2.2.2.1 （中）长期债券	173	175	2
2.2.2.2 货币市场工具	70	70	0
3. 其他投资	−2 600	9 829	12 429
3.1 资产	−2 316	1 402	3 718
3.1.1 贸易信贷	−618	4	622
长期	−12	0	12
短期	−606	4	610
3.1.2 贷款	−653	244	897
长期	−568	0	568
短期	−85	243	329
3.1.3 货币和存款	−1 047	1 027	2 074
3.1.4 其他资产	3	127	125
长期	−100	0	100
短期	103	127	25
3.2 负债	−284	8 428	8 712
3.2.1 贸易信贷	423	503	80
长期	7	9	1
短期	416	494	78
3.2.2 贷款	−168	6 480	6 648

续表

项 目	差 额	贷 方	借 方
长期	102	543	440
短期	−270	5 937	6 207
3.2.3 货币和存款	−594	1 339	1 933
3.2.4 其他负债	54	106	51
长期	47	47	1
短期	8	58	50
三、储备资产	−966	136	1 101
3.1 货币黄金	0	0	0
3.2 特别提款权	5	7	2
3.3 在基金组织的储备头寸	16	16	
3.4 外汇	−987	112	1 099
3.5 其他债权	0	0	0
四、净误差与遗漏	−798	0	798

资料来源：国家外汇管理局发布的2012年《国际收支报告》。

《国际收支手册》标准格式的国际收支平衡表所包括的内容涉及下述四大项目。

（一）经常账户

经常账户（Current Account）或称往来项目，反映居民与非居民间经常发生的经济交易内容，在一国国际收支中占有最基本最重要的地位，其中包括四个具体项目。

1. 货物

该账户记录商品的进口和出口。出口记入贷方，进口记入借方，其差额称为贸易差额（Trade Balance），亦称为"有形贸易差额"（Balance of Visible Trade）。一般地，货物包括以下几项内容：

（1）一般商品。指居民向非居民出口或从非居民处进口的大多数可移动货物，除个别情况外，可移动货物的所有权发生了变更。

（2）可用于加工的货物。包括跨越边境运到国外加工的货物的出口以及随后的再进口。

（3）货物修理。包括向非居民提供的或从非居民那里得到的船舶和飞机等运输工具上的货物修理活动。

（4）非货币黄金。非货币黄金包括不作为货币当局储备资产（货币黄金）的所有黄金的进口与出口，非货币黄金在此是普通商品。

根据国际货币基金组织的规定，商品进出口以本国海关统计为准，并且都按离岸价格（FOB）计算。有些国家在具体操作上，统计出口商品时按离岸价，而统计进口商品时用到岸价（CIF），这些国家在向国际货币基金组织报送国际收支平衡表时，需要从到岸价格中扣除运费和保险费，并将其列入劳务收支或非贸易往来项目中，否则会影响国际收支平衡表的准确性、一致性及可比性。

2. 服务

服务的输出输入，即服务贸易，亦称无形贸易（Invisible Trade）。服务输出记入贷方，服务输入记入借方。当今，服务贸易的内容已非常广泛，主要包括以下几项内容：

（1）运输。包括一国或地区的居民向另一国或地区的居民所提供的涉及客运、货运、备有机组人员的运输工具的租金和其他辅助性服务。

（2）旅游。旅游不仅仅是一项具体的服务，而且是旅游者消费的一整套服务。包括非居民因公或因私在另一国或地区停留不足一年时间里从该国或地区所获得的货物或服务，学生和求医人员无论在外逗留多长时间都被视为旅游者。

（3）其他各类服务项目。如通信服务、保险服务、金融服务、广告服务、专利使用费、特许经营权使用费、个人服务、文化和娱乐服务（如音像及其有关服务）等项的开支。

3. 收益

它是指生产要素（包括劳动力与资本）在国家之间的流动所引起的报酬的收支，因而收益项下包括以下内容：

（1）职工报酬（Compensation of Employees）。受雇在国外工作的季节工人、边境工人和工作时间不超过一年的短期工作的工人，以及在外国使领管、国际组织驻本国机构工作的工人等的工作报酬与其他报酬，记入贷方。同理，受雇在本国工作的外国季节工人、边境工人、短期工作的工人、在本国驻外领使馆工作的工人应得报酬则记入借方。

（2）投资收入（Investment Income）。或称为投资收益，指居民与非居民之间投资与借贷所产生的股利、利润和利息等的报酬的收入与支出。居民从非居民所得股利、利润和利息记入贷方；反之，则记入借方。

4. 经常转移

经常转移（Current Transfers）是指商品、劳务和金融资产在居民与非居民之间转移后，并未得到补偿与回报，因而也被称为"无偿转移"（Unrequited Transfers）或"单方面转移"（Unilateral Transfers）。该项下主要包括以下内容：

（1）各级政府。各级政府的无偿转移，如战争赔款、政府间的经济援助、军事援助和捐赠、政府与国际组织间定期交纳的费用等。

（2）其他部门。其他部门的无偿转移，如侨汇、捐赠、继承、赡养费、资助性汇款、退休金等。从本国向外国的无偿转移记入借方，而从外国向本国的无偿转移则记入贷方。

（二）资本和金融账户

资本和金融账户（Capital and Financial Account），反映居民和非居民间资产或金融资产的转移。在资本和金融账户下,分别列有资本账户和金融账户。

1. 资本账户

资本账户下分列两个项目。

(1) 资本转移 (Capital Transfer)。资本转移项目主要登录投资捐赠 (Investment Grants) 和债务注销 (Debt Cancellation) 的外汇收支。投资捐赠可以以现金形式,也可以以实物形式来进行(如交通设备、机器和机场、码头、道路、桥梁、医院等建筑物)。债务注销即债权国放弃债权,而不要求债务国给予回报。需要指出,资本账户下的资本转移和经常账户下的经常转移不同,前者不经常发生,但规模相对较大;而后者除政府无偿转移外,一般经常发生,但规模相对较小。

(2) 非生产、非金融资产的收买/出售 (Acquisition/Disposal of Non-Product, Non-Financial Assets)。本项目主要登录那些非生产就已存在的资产(土地、地下矿藏)和某些无形资产(专利权、商标权、经销权等)收买或出售而发生的外汇收支。另外需要说明的是,在无形资产登录方面,本项目登录的是无形资产所有权转让或出卖而发生的外汇收支,而经常账户下服务项目所登录的是对无形资产使用所发生的外汇收支。

2. 金融账户

金融账户反映居民与非居民之间由于借贷、直接投资、证券投资等经济交易所发生的外汇收支。在这个账户下分列以下三个项目:

(1) 直接投资 (Direct Investment)。指投资者对在国外投资的企业拥有10%或者10%以上的普通股或投票权,从而对该企业拥有有效的发言权。在直接投资项下又包括股本投资、其他资产投资及利润收益再投资等。

(2) 证券投资 (Portfolio Investment)。也称间接投资,指居民与非居民之间投资于股票、债券、大额存单、商业票据以及各种衍生工具等。

(3) 其他投资。指上述两项投资未包括的其他金融交易,如货币资本借贷、与进出口贸易相结合的各种贷款、预付款、融资租赁等。这些融资交易有的以货币,有的以物资(设备),或以存款(如出口信贷中签订"存款协议")的形式出现。

(三) 储备与相关项目

储备与相关项目 (Reserve and Related Items) 是为平衡总差额而设立的项目,故也称平衡项目。总差额(也即经常账户、资本和金融账户再加上净差错与遗漏之和)如为顺差,则储备与相关项目的储备资产或者增加,或者官方对外负债减少;如果总差额为逆差,则储备与相关项目的储备资产或者减少,或者官方对外负债增加。但是,储备与相关项目借贷记录的方向与总差额借贷记录的方向相反,即总差额为顺差,则储备与相关项目记"-";如果总差额为逆差,则储备与相关项目记"+",以求与总差额的最终平衡。储备与相关项目包括五个具体项目。

(1) 货币黄金。货币性黄金在金本位制度下表明一国国际收支状况,在浮动汇率制度下则表明一国政府及金融机构所持有的用作国际储备的黄金的增减。

(2) 特别提款权。是国际货币基金组织创设的一种储备资产和记账单位,亦称

"纸黄金"(Paper Gold)。它是基金组织分配给会员国的一种使用资金的权利。会员国在发生国际收支逆差时，可用它向基金组织指定的其他会员国换取外汇，以偿付国际收支逆差或偿还基金组织的贷款，还可与黄金、自由兑换货币一样充当国际储备。但由于其只是一种记账单位，不是真正货币，使用时必须先换成其他货币，不能直接用于贸易或非贸易的支付。因为它是国际货币基金组织原有的普通提款权以外的一种补充，所以称为特别提款权。

（3）在国际货币基金组织的储备头寸。也叫普通提款权，主要包括三种情况：一是本国作为会员国向国际货币基金组织认缴份额中 25% 的黄金或可兑换外汇。二是国际货币基金组织用去的本国货币净额。按照国际货币基金组织规定，会员国认缴份额的 75% 可用本国货币缴纳。国际货币基金组织向其他会员国提供本国货币的贷款，会产生本国对国际货币基金组织的债权，本国可无条件地提取并用于支付国际收支逆差。三是国际货币基金组织向本国借款的净额，也构成本国对国际货币基金组织的债权。

（4）外汇。国家通过法令或条例，对国际结算、外汇收支和买卖及汇价等外汇业务活动实行管理和限制，目的在于有效地使用外汇，防止外汇投机，限制资本流出入，改善国际收支和稳定汇率。外汇管制是国际经济关系发展到一定阶段的产物，当代世界各国为了平衡国际收支、对付国际金融领域中的不稳定因素，都不同程度地实行外汇管制。中国目前实行的资本项目下的外汇管制，是为了防范金融风险，稳定国内经济秩序。由于中国的商业银行商业化程度不够，金融监管规则还不完善，对于资本项目下的外汇进行适度的管理，是当前经济发展的需要。

（5）其他债权。其他未列明的债权项目。

案例 1-2

外汇管制常用的方法：一是对经常项目收支的管制。经常项目在国际收支中所占的比重较大，同时一国经常项目收支状况对本国的创汇能力和国内经济也有很大影响，因此对经常项目收支的管制通常是各国外汇管制的重点。其管制的一般方法是规定出口商和所有能从境外获得外汇的居民，都必须在规定的时间内把他们得到的外汇按官方汇率卖给外汇管制部门指定的外汇银行；对进口商和所有那些必须使用外汇对外支付的居民，都必须经外汇管制部门批准按官方汇率从指定外汇银行购买外汇。二是对资本输出入的限制。当外国资本流入时一般要兑换成本币，则外汇供应增加；当国内资本流出时要兑换成外币，则外汇需求增加；因此资本的输出入直接影响一国外汇供求和国际收支状况，资本输出入也就成为外汇管制的重要领域。西方国家限制资本输入的主要措施有：①规定本国银行在吸收非居民存款时必须缴纳较高的存款准备金。例如前联邦德国政府规定对银行吸收非居民存款应缴纳 90%～100% 的存款准备金，这一规定使银行吸收外国资本的成本增加，从而抑制了外国资本的输入。②规定银行对非居民活期存款不付利息,甚至超过规定的存款余额加收一定比例的手续费,例如瑞士银行曾规定凡非居民存款超过 100 000 瑞士法郎,不但不付利息,还要按季收 10% 的手续费,以限制外国资本的输入。③限制商业银行向非居民出售本国的远期货币业务。例如瑞士政府在 1974 年 11 月对商业向非居民出售远期瑞士法郎进行限制。④限制非居民购买本国的有价证券。如日本从 1992 年 10 月起曾经规定禁止非居民购买日本有价证券。⑤限制本国企业和跨国公司借用外国资本。如前联邦德国曾经规定,从 1973 年 2 月起,凡利用外国资本和外国贷款额超过 8 000 德国马克时,必须经过前联邦德国中央银行批准。西方国家对资本输出的限制通常是在战争期间和国际收支发生危机时,并同时配以鼓励资本输入的政策。通常采用的措施是限制本国对外国长短期资本的贷放;限制外国在本国发行债券;或对原先借入资本还本付息进行一定的限制;限制对外直接投资;规定银行贷款最高限额等。

(四)净差错与遗漏

净差错与遗漏(Net Errors and Omission)是人为设立的一个项目。如前所述,国际收支平衡表是按照会计学的复式簿记原理编制的。按此原理记账,经常账户与资本账户这两个账户可形成一个借方总额与贷方总额相抵之后总净值为零的报表。实际上,一国国际收支平衡表不可避免地会出现净的借方余额或净的贷方余额。这个余额是由统计资料有误差和遗漏而形成的。造成统计资料存在误差的主要原因如下:

(1)统计资料不完整,这是由商品走私、以隐蔽形式进行的资本外逃等原因形成的。

(2)统计数字的重复计算和漏算,这是由统计资料来自四面八方所致,有的统计资料来自海关统计,有的来自银行报表,还有的来自官方主管机构的统计报表,这就难免发生统计口径的不一致而造成重复计算或漏算。

(3)有的统计数字可能是估算的。

为使国际收支平衡表的借方总额和贷方总额相等,人们就人为地在平衡表中设立"净差错与遗漏"这个单独的项目,来抵消净的借方余额或净的贷方余额:如果经常账户、资本金融账户和储备与相关项目三个账户的贷方出现余额,就在净差错与遗漏项下的借方列出与余额相等的数字;如果这三个账户的借方出现余额,则在净差错与遗漏项下的贷方列出与余额相等的数字。

三、国际收支平衡表的编制原理与记账原则

国际收支平衡表是按照复式簿记原理编制的。在平衡表中全部经济交易活动被划分为借方交易和贷方交易。借方交易是对非居民进行支付的交易,其增加记借方,

前面为"-"号,其减少记贷方,前面为"+"号(通常可省略);贷方交易是指从非居民那里获得收入的交易,其增加记贷方,前面为"+"号,其减少记借方,前面为"-"号。因此,凡属于收入项目、对外负债增加项目和对外资产减少项目均记入贷方;反之,凡属于支出项目、对外负债减少或对外资产增加项目均记入借方。国际收支平衡表的记账方法按照"有借必有贷,借贷必相等"的复式记账原则来系统记录每笔国际经济交易。这一记账原则要求:每笔经济交易都要以相等数额记录两次,即一次记在贷方,第二次记在借方。单方面转移虽不发生支付问题,但也要列入平衡表的借贷双方。

任务1-1 国际收支平衡表编制

我们以甲国为例来说明国际收支账户的记账方法。假如一年中甲国共发生了如下国际经济交易。

1. 甲国某公司出口价值300万美元的商品,收入存入海外某银行,使得甲国的对外短期债务下降,应记入金融账户的其他投资项下的借方。

这笔交易可记为:

借:甲国在海外某银行的存款　　300万美元
贷:商品出口　　　　　　　　　300万美元

2. 甲国政府向非洲某国提供无偿援助,其中动用外汇库存120万美元,另有人道主义救援物资80万美元。

这笔交易可记为:

借:经常转移　　　　　　　　　200万美元
贷:官方储备　　　　　　　　　120万美元
　　商品出口　　　　　　　　　80万美元

3. 法国商人以价值1 000万美元的设备投入甲国,兴办合资企业。

这笔交易可记为:

借:商品进口　　　　　　　　　1 000万美元
贷:外国对甲国的直接投资　　　1 000万美元

4. 甲国某公司海外投资所得利润200万美元,其中100万美元用于当地的再投资,60万美元购买原材料,40万美元汇回国内售给出政府换取本币。

这笔交易可记为:

借:对外长期投资　　　　　　　100万美元
　　原材料进口　　　　　　　　60万美元
　　官方储备　　　　　　　　　40万美元
贷:海外投资利润收入　　　　　200万美元

5. 甲国有一个旅行者到澳大利亚观光,共花费50万美元。此笔旅行支出记在经常账户中的服务项下的借方,同时应贷记金融账户中的其他投资项。

这笔交易可记为:

借：服务　　　　　　　　　　　50万美元
贷：在外国银行的存款　　　　　50万美元

6. 甲国居民购买德国某公司的欧元债券，折合美元价值100万美元，购买某公司股票，用去50万美元。应借记证券投资项，同时贷记金融账户中其他投资项。

这笔交易可记为：

借：证券投资　　　　　　　　　150万美元
贷：海外银行的存款　　　　　　150万美元

根据以上会计分录，可以编制该年度甲国的国际收支平衡表（如表1-2所示）。

表1-2　某年度甲国国际收支平衡表

单位：万美元

项　　目	借　　方	贷　　方	差　　额
一、经常账户	1 310	580	−730
货物贸易	1 000……③ 60……④	300……① 80……②	−680
服务贸易	50……⑤	——	−50
收入	——	200……④	＋200
经常转移	200……②	——	−200
二、资本和金融账户	590	1 320	＋730
直接投资	100……④	1 000……③	＋900
证券投资	150……⑥		−150
其他投资	300……①	50……⑤ 150……⑥	−100
官方储备	40……④	120……②	＋80
三、总计	1 900	1 900	0
四、净误差与遗漏	0	0	0

由于每笔交易都要同时记入借方和贷方，国际收支平衡表的借方总额和贷方总额是相等的，其差额为零。但是，就平衡表的每个项目来说，借贷双方的金额并不一定相等，而是存在差额。例如，贸易差额＝出口−进口，如果出口大于进口，则称贸易盈余，出口小于进口，则称贸易赤字。这种差额称为局部差额，当收入大于支出而有盈余时，称为顺差（Favorable Balance）；反之，则称为逆差（Unfavorable Balance），应在逆差数字前冠以"−"号。有人称逆差为赤字，而称顺差为黑字。

一定时期的国际收支是一个国家金融实力的重要体现。如果一个国家较长时期内国际收支出现顺差，不仅表明该国的金融实力增强，而且可以说明这个国家整个国民经济发展状态良好。同时，反映一个国家对外经济、政治、文化等方面交往情况的国际收支平衡表，又可以为一国政府了解本国的国际经济地位，并制定出相应的对外经济政策提供决策参考。所以，编制科学的切合实际的国际收支平衡表也就显得相当重要。应当说，国际收支平衡表无论对编表国家还是对其他国家都具有重要的意义。

第三节 国际收支的调节

一、国际收支平衡与不平衡的理解

（一）国际收支平衡

国际收支平衡可分为静态平衡和动态平衡两种。静态平衡指一国在某一时点上国际收支既不存在逆差也不存在顺差。其特点是，基本以年度为周期，平衡是收支数额的对比平衡，是国际收支交易的总平衡。动态的国际收支平衡是指以经济实际运行可能实现的计划期为平衡周期，保持期内国际收支平衡，使一国一定时期的国际收支在数量及结构方面均能促进该国经济与社会正常和健康地发展，促使该国货币均衡利率水平的实现和稳定，使该国储备接近、达到或维持充足或最佳水平。动态平衡的特点是以经济波动和经济的需要为基础，即国内经济处于充分就业和物价稳定下的自主性国际收支平衡。

国际收支平衡的重要性在于揭示了国际收支对于经济与社会发展的积极意义。国际收支的平衡与经济发展、汇率的变动、国际储备的多寡有着密不可分的联系，越来越成为影响一国经济不可或缺的要素。第二次世界大战后，随着各国经济相互依存的进一步扩大和深入，经济发展与国际收支之间的关系更加紧密，二者相互作用、相互影响。

（二）国际收支不平衡

如前所述，国际收支平衡表是按照会计学的借方与贷方相互平衡的复式簿记原理编制的，因而借方总额与贷方总额是相等的。但这是人为形成的账面上的平衡，并非真实的平衡。那么，如何判断一国的国际收支是否平衡呢？

我们知道，国际收支平衡表上的各个项目可以划分为两种类型：一种是自主性交易（Autonomous Transactions），或称事前交易（Ex-ante Transactions），它是经济实体或个人出于某种经济动机和目的独立自主地进行的。经常账户和资本金融账户的各个项目属于自主性交易。自主性交易具有自发性，因而交易的结果必然是不平衡的。这会使外汇市场出现供求不平衡和汇率的波动，从而会带来一系列的经济影响。一国货币当局如不愿接受这样的结果，就要运用另一种交易来弥补自主性交易不平衡所造成的外汇供求缺口。

这另一种交易就是调节性交易（Accommodating Transactions）。它是指为弥补国际收支不平衡而发生的交易，即中央银行或货币当局出于调节国际收支差额、维护国际收支平衡、维持汇率稳定的目的而进行的各种弥补性交易（Compensatory Transactions），因而亦称为事后交易（Ex-post Transactions）。储备与相关项目属于调节性交易。

一国的国际收支是否平衡，关键是看自主性交易所产生的借贷金额是否相等。当这一差额为零的时候，称为"国际收支平衡"；当出现贷方余额时，国际收支处于顺差；当出现借方余额时，国际收支处于逆差。通常情况下，国际收支都处于不平衡状态。补偿性交易是为调节自主性交易差额而产生的，所以它与自主性交易相反。当自主性交易出现贷方余额时，补偿性交易项下出现借方余额；当自主性交易出现借方余额时，补偿性交易项下应为贷方余额。一些书中所说的"线上项目"（Items Above the Line）实际是指自主性交易项目，而"线下项目"（Items Below the Line）则是指调节性交易项目。

二、国际收支不平衡的原因

国际收支运动规律表明，国际收支的均衡是暂时的，而国际收支不平衡是长期的。引起一国国际收支不平衡的原因很多，概括起来主要有周期性因素、结构性因素、临时性因素、收入性因素、货币性因素等。

（一）经济周期因素

市场经济国家，由于受商业周期的影响，会周而复始地出现繁荣、衰退、萧条、复苏四个阶段，在周期的各个阶段，无论是价格水平的变化，还是生产和就业的变化，或是两者共同变化，都会影响国际收支，引起国际收支不平衡。一国经济处于衰退时期，社会总需求下降，进口需求也随之下降，在长期内该国国际收支会出现顺差，而其贸易伙伴国则可能出现国际收支逆差。反之，一国经济处于扩张和繁荣时期，国内投资消费需求旺盛，对进口的需求也相应增加，在短期内国际收支会出现逆差。这种由经济周期阶段的更替而造成的国际收支不平衡，称为周期性不平衡（Cyclical Disequilibria）。第二次世界大战以后，由于各国的经济关系日趋紧密，各国的生产活动和国民收入受世界经济的影响亦日益增强，因此，主要工业国的商业景气循环易引起世界性的景气循环，使各国国际收支出现周期性不平衡。

（二）经济结构因素

一般来说，一国的国际收支状况往往取决于其贸易收支状况。当世界市场的需求发生变化时，一国输出商品的结构如能随之调整，那么该国的贸易收支便不会受到影响；相反，若该国不能按照世界市场需求的变化来调整自己输出商品的结构，该国的贸易收支和国际收支就会产生不平衡。这种因一国经济、产业结构不适应世界市场变化而出现的国际收支不平衡，称为结构性不平衡（Structural Disequilibria）。

结构性不平衡分为产品供求结构不平衡和要素价格结构不平衡。例如，一国出口产品的需求因世界市场变化而减少时，如果不能及时调整产业结构，就会出现产品供求结构不平衡。一国工资上涨程度显著超过生产率的增长，如果不能及时调整以劳动密集型产品为主的出口结构，就会出现要素价格结构不平衡。由于产业结构的调整是一个长期的过程，因此结构性不平衡具有长期性。

（三）国民收入因素

一国国民收入的变化，可能是由于经济周期阶段的更替，也可能是由于经济增长率的变化所引起的。一国国民收入的增减，会对其国际收支产生影响：国民收入大幅增加，全社会消费水平就会提高，社会总需求的扩大会拉动价格的上涨或通货膨胀，从而抑制出口、鼓励进口，导致国际收支出现逆差；反之亦然。这种由国民收入的变化所引起的国际收支不平衡，称为收入性不平衡（Income Disequilibria）。

一国国民收入相对快速增长，会导致进口需求的增长超过出口需求的增长，从而使该国国际收支出现逆差。特别是发展中国家，在经济增长初期，往往需要引进大量生产设备和原材料及技术，容易引发国际收支逆差。

（四）货币价值因素

在一定的汇率水平下，一国货币如果高估，则该国商品的货币成本与物价水平高于其他国家，必然不利于出口而有利于进口，出口减少而进口增加，从而使其贸易收支和国际收支发生逆差；相反如果一国货币低估，则出口增加进口减少，使贸易收支和国际收支发生顺差。这种由于货币对内价值的高低所引起的国际收支不平衡，称为货币性不平衡（Monetary Disequilibria）。

一国货币供应量增长较快，会使该国出现较高的通货膨胀，在汇率变动滞后的情况下，国内货币成本上升，出口商品价格相对上升而进口商品价格相对下降，从而出现国际收支逆差。货币性不平衡可以是短期的，也可以是中长期的。

（五）偶发性因素

除以上各种经济因素外，政局动荡和自然灾害等偶发性因素，也会导致贸易收支的不平衡和巨额资本的国际移动，从而使一国的国际收支不平衡。由偶发性因素造成的国际收支不平衡，称为偶发性不平衡（Accidental Disequilibria）。例如外贸进出口随生产、消费的季节性变化而变化，从而造成季节性的国际收支不平衡；无规律的短期灾变引起国际收支的不平衡，等等。这种偶发性不平衡一般程度较轻，持续时间不长，带有可逆性。

就上述各个因素来说，经济周期性因素、经济结构性因素和经济增长率变化所引起的国际收支不平衡，具有长期、持久的性质，而被称为持久性不平衡（Secular Disequilibria），或称根本性不平衡；其他因素所引起的国际收支不平衡仅具有临时性，而被称为暂时性不平衡（Temporary Disequilibria）。

除以上引起国际收支不平衡的因素以外，国际政治关系、自然条件、心理预期等因素以及政府的政策等方面的变化,都会影响一国国际收支的稳定,从而导致国际收支的不平衡。

三、国际收支不平衡的影响

一般而言,一国国际收支不平衡是一种普遍的经济现象,在一定情况下具有积极意义,如一定的顺差会使一国的国际储备得到适度的增加,可以增强一国对外支付能力;一定的逆差可使一国适度利用外资,引进急需的技术和设备,加快本国经济的发展。但如果长期、大量的顺差或逆差得不到及时的调整和改善,这将对本国的经济发展带来负面的影响。

(一) 国际收支顺差对于经济的影响

一国出现国际收支顺差的消极影响往往不如国际收支逆差那样明显,甚至有的时候国际收支顺差还会成为政府追逐的经济目标之一。但是,如果国际收支顺差长期存在而且数额巨大,则会给一国经济带来消极影响。主要表现为以下方面:

(1) 国际收支顺差会给本币造成升值压力,一旦本币升值,用外币表示的本币价格上升,就会出现抑制出口、鼓励进口的局面,从长远看会加重国内的失业问题。

(2) 持续的顺差会导致该国外汇储备的增加,但同时也会在国内货币市场上造成本国货币增长的局面,会加剧本国的通货膨胀。

(3) 不利于发展国际经济关系,一国的国际收支顺差意味着他国的国际收支逆差,因此长期的大额的顺差极有可能导致国际经济摩擦。

(4) 国际收支顺差的原因如果主要是由于贸易收支顺差,则意味着国内可供使用资源的减少,不利于本国经济的发展。

(二) 国际收支逆差对经济的影响

如果一国长期存在严重的国际收支逆差,则会对该国经济发展产生如下影响:

(1) 会引起该国货币贬值,如果属于严重逆差,则会引起该国货币的急剧贬值,对经济发展形成强烈冲击。国际收支持续的、严重的逆差会导致货币持有者兑换外币、抛售本币的情况发生,引起该国货币的急剧贬值,甚至动摇本国的货币信用。

(2) 如果一国实行固定汇率制,或该国政府不愿接受本币急剧贬值以及由此带来的贸易条件恶化,就必然要动用外汇储备干预外汇市场以平衡国际收支逆差,从而使得该国的储备资产减少。

(3) 储备资产的减少同国内货币的供应量存在着密切联系,外汇储备的减少会导致国内紧缩银根,利率因而上升,不利于企业融资和发展,从而对就业和收入均会产生很大的负面影响。

从国际收支逆差形成的具体原因来说,如果是贸易收支逆差所致,将会造成国内失业的增加;如果资本流出大于资本流入,则会造成国内资金的紧张,从而影响经济增长。

一般来说,一国的国际收支越是不平衡,其不利影响也越大。虽然国际收支逆差和顺差都会产生种种不利影响,但相比之下,逆差所产生的影响更为险恶,因为它会造成国内经济的萎缩、失业的大量增加和外汇储备的枯竭,因而对逆差采取调节措施要更为紧迫些。对顺差的调节虽不如逆差紧迫,但从长期来看也还是需要采取政策措施进行调节的。

四、国际收支的调节

国际收支不平衡对一个国家的国内经济和对外经济产生诸多的不利影响,而通过市场本身对国际收支不平衡进行调节是一个相对缓慢的过程。因此,政府有必要采取措施对国际收支不平衡进行调节,使之趋于或达到均衡状态。在国际金本位制度下,通过黄金在国家间自由流动来调节国际收支不平衡;在美元—黄金本位制度下,通过国际货币基金组织对会员国融通资金等方式来调节国际收支不平衡。下面着重分析在浮动汇率制度下,国际收支不平衡的调节。

(一) 外汇缓冲政策

所谓外汇缓冲政策,是指一国政府为对付国际收支不平衡,把黄金外汇储备作为缓冲体,通过中央银行在外汇市场上买卖外汇,来消除国际收支不平衡所形成的外汇供求缺口,从而使收支不平衡所产生的影响仅限于外汇储备的增减,而不会导致汇率的急剧变动和进一步影响本国的经济。外汇缓冲政策的优点是简便易行,但它也存在局限性,即不适用于对付长期、巨额的国际收支赤字。因为一国外汇储备的数量总是有限的,如该国为填补外汇储备的不足,而向国外借款,又会大量增加外债。

(二) 财政政策和货币政策

财政货币政策,亦称"开支变更政策"(Expenditure Changing Policies)或"开支调整政策"(Expenditure Adjustment Policies),是通过调节国内总需求(支出)来调节国际收支的。

1. 财政政策

财政政策(Fiscal Policy)是指一国政府通过调整税收和政府支出,从而控制总需求和物价水平的政策措施。财政政策一般主要取决于国内经济的需要,在将财政政策用于调整国际收支时,其作用机制如下:在国际收支出现赤字的情况下,一国政府宜实行紧缩性财政政策,抑制公共支出和私人支出,从而抑制总需求和物价上涨,而总需求和物价上涨受到抑制,有利于改善贸易收支和国际收支。反之,在国际收支出现盈余的情况下,政府则宜实行扩张性财政政策,以扩大总需求,从而有利于消除贸易收支和国际收支的盈余。

2. 货币政策

货币政策(Monetary Policy)亦称金融政策。它是市场经济国家普遍、频繁采用的间接调节国际收支的政策措施。调节国际收支的货币政策,主要有贴现政策

(Discount Policy) 和改变存款准备金比率 (Rate of Reserve Requirement) 的政策。

(1) 贴现政策。

中央银行在贴现票据时，所收取的官定最低利率称为再贴现率（有时简称贴现率）。中央银行以提高或降低贴现率的办法，来紧缩或扩充货币投放与信贷规模，吸引或排斥国际短期资本的流入，以达到调节经济与国际收支的目的，即为贴现政策。

当一国出现国际收支逆差，该国中央银行就调高再贴现率，从而使市场利率提高，外国短期资本为获得较多的利息收益，而会流入，本国资本亦不外流，这样在资本项目下，流入增加，流出减少，可减少国际收支逆差。此外，提高利率，即对市场资金供应采取紧缩的货币政策，会使投资与生产规模缩小，失业增加，国民收入减少，消费缩减，在一定程度上可促进出口增加，进口减少，从而降低经常项目的逆差。至于在顺差情况下，则由当局调低再贴现率和放宽货币政策，从而起到与上述情况相反的作用，以压低顺差的规模。

(2) 改变存款准备金比率的政策。

商业银行等金融机构都要依法按其吸收存款的一定比率，向中央银行缴存保证存户提现和中央银行控制货币量的特定基金。这个比率的高低，决定着商业银行等金融机构可用于贷款资金规模的大小，因而决定着信用的规模与货币量，从而影响总需求和国际收支。过去这项政策主要用于国内经济的调节，但从20世纪60年代末开始，这项政策措施也被一些发达国家用于调节国际收支。例如，在20世纪70年代初，日本就曾实行过差别性存款准备金比率的政策，即商业银行等金融机构吸收的非居民存款缴存中央银行的准备金比率远远高于居民存款的准备金比率，来抑制国际游资的流入，从而减少和避免美元危机对本国经济的冲击。

上述分析说明，一定的财政货币政策是有助于扭转国际收支失衡作用的，但它也有明显的局限性，即它往往同国内经济目标发生冲突：为消除国际收支赤字，而实行紧缩性财政金融政策，会导致经济增长放慢甚至出现负增长，以及失业率的上升；为消除国际收支盈余，而实行扩张性财政金融政策，又会促进通货膨胀的发展和物价上涨加快。因而，通过调整财政货币政策而实现国际收支的平衡，要以牺牲国内经济目标为代价。

(三) 汇率政策

汇率政策，亦称开支转换政策 (Expenditure Switching Policies)，它是指一国通过汇率的调整使国内相对价格和国外相对价格发生变化，以影响进口和出口，调整贸易收支，从而调整国际收支的政策措施。在固定汇率制度下，当国际收支出现严重逆差时，实行货币法定贬值 (Devaluation)，以改善国际收支；当国际收支出现巨额顺差时，则在他国压力下实行货币法定升值 (Revaluation)，以减少和消除国际收支顺差。1973年，固定汇率制变为浮动汇率制以后，汇率政策仍被用于调节国际收支。

当一国发生国际收支逆差，常常调低本币汇率，使本币对外币贬值。在国内价格不变或变动不大的条件下，出口商品若以外币计算，就会比贬值前便宜，从而增强出口商品的竞争力,增加出口收汇;另一方面,当调低本币汇率后,进口商品折成本币的价格则会较贬值前高,因此会缩减进口,减少进口用汇。这有助于减少逆差,逐渐达到平衡,甚至形成顺差。这是为解决逆差问题而使用得较多的一种办法。当一国具有国际收支顺差,有时也采取调高本币汇率的措施,使本币升值,以稍许扩大输入、压低输出的规模,从而使顺差数额有所缩小。但这常常是在贸易对手国家逆差状况严重、对其施加强大压力下而被迫采用的。

实行货币贬值,唯有在一定的进出口商品的供求弹性条件下(即假设供给弹性无穷大的前提下,应满足:出口商品需求弹性加进口商品需求弹性之和大于 1 的条件),才会产生改善贸易收支与国际收支的效果。另外,货币贬值,一般具有加剧国内通货膨胀与物价上涨的作用,因而结合紧缩性财政货币政策来实行货币贬值,才能起到既改善国际收支,又不致加重国内通货膨胀的作用。

(四)直接管制

直接管制(Direct Control)是指政府通过发布行政命令,对国际经济交易进行行政干预,以求国际收支平衡的政策措施。直接管制包括:外汇管制和贸易管制。直接管制和其他奖出限入的外贸措施常见的有:对出口给以内部补贴、发放出口信贷、由政府对出口信贷给予担保等;对进口则实行配额制、许可证制或严格审批进口用汇。直接管制通常能起到迅速改善国际收支的效果,能按照本国的不同需要,对进出口贸易和资本流动区别对待。但是,它并不能真正解决国际收支平衡问题,一旦取消管制,国际收支赤字仍会出现。此外,实行管制政策,既为国际经济组织所反对,又会引起他国的反抗和报复。

(五)国际经济金融合作

上述调整政策主要是从本国利益出发,而没有太多地考虑他国利益。若各国都按照自己的实际进行交易,势必造成国际经济合作混乱,使各国利益受到损害。因此,在解决国际收支不平衡问题上,各国都要注重加强国际经济金融合作,具体包括以下方面。

(1)协调经济政策。

为避免贸易摩擦,各贸易伙伴国加强磋商和对话,协调彼此间的政策,有助于各国国际收支不平衡的调节。如一年一度的七国财长会议、十国集团会议等,在协调经济政策方面都收到了很好的效果。

(2)推行经济一体化。

地区经济一体化和全球经济一体化进程的加快,加速了贸易自由化,促进了生产要素在国家之间的转移,使生产要素在国家之间得到最优配置,提高了各国的劳动生产率,有助于从根本上解决国际收支不平衡问题。

(3)加强国际信用合作。

当一国由于国际收支出现不平衡尤其是出现严重逆差时,极易引发金融危机,需要国际紧急信贷来调节国际收支不平衡。

(4) 充分发挥国际金融机构在平衡一国国际收支中的作用。

当一国国际收支不平衡时，须针对形成的原因采取相应的政策措施。比如，如果国际收支不平衡是由暂时性原因形成的，可运用外汇缓冲政策；如果国际收支不平衡是由国内通货膨胀加重而形成的货币性不平衡，可运用货币贬值的汇率政策；如果国际收支不平衡是由国内总需求大于总供给而形成的收入性不平衡，可运用财政货币政策，实行紧缩性政策措施；如果国际收支不平衡由经济结构性原因引起，可进行经济结构调整并采取直接管制措施。但以上各种措施都有其局限性，都不能从根本上消除有关国家的国际收支不平衡。

第四节 中国的国际收支管理

一、中国的国际收支基本情况

中国的国际收支随着社会主义经济建设和对外开放事业的发展，经历了从狭义的外汇收支到广义的国际收支的发展过程。大致可以这样认为，从中华人民共和国初期到改革开放之前，由于受传统的计划经济的影响，中国只编制外汇收支平衡表，以反映中国对外贸易和非贸易的收支状况。显然，这样的平衡表不能反映中国与国外的资金往来的情况。原因很简单，在改革开放之前，中国与西方国家之间的资金借贷关系很少，主要的对外经济活动一直是对外商品贸易和侨汇业务，其他经济交往近似于零。在此期间，虽然中国也曾参与过一些国际借贷和其他形式的国际融资业务，如20世纪50年代曾向苏联借入74亿旧卢布（当时约合19亿美元）长期贷款，用于中国的重点项目建设；20世纪60年代和70年代也曾采用延期付款的方式，引进过西方成套技术设备（约合价值6.7亿美元）。但总起来说，这些融资数量有限。同时，在这一时期，中国也向世界70多个发展中国家提供了一定数量的经济技术援助以及劳务合作项目，但是这些援外的支付以及后来援款的归还，中国均是把它作为财政开支来处理，并没有单独编制对国外资金的收支情况报表。

20世纪80年代以来，随着中国改革开放的发展，中国积极发展与世界各国之间的经济技术合作，并且把对外开放作为中国的一项长期的基本国策。随着改革开放的不断深入，中国与世界各国之间的经济、政治、文化等各方面的交往都有了巨大的发展，不仅对外贸易和利用外资的规模有了前所未有的扩大，而且旅游、金融、保险等各种服务贸易及对外承包、文教、科技等非贸易往来也取得了长足的进步。国际经济交往的这种发展变化反映在中国的国际收支中，不仅表现在经常账户有了很大的增长，而且表现在资本与金融账户的地位也显得日益重要。为此，必须建立一套既适合中国国情，又符合国际通行标准的完整的国际收支平衡表，以真实地反映中国对外经济交易的发展状况。此外，1980年中国正式恢复了在国际货币基金组织和世界银行中的合法席位，根据有关规定，作为国际货币基金组织的成员国，中国有义务向该组织报送国际收支平衡表。中国政府从1980年起开始建立国际收支统计制度,从1985年起陆续公布中国的国际收支平衡表,1997年及以后的国际收支平衡表按照《国际收支手册(第五版)》编制。最新版的《国际收支手册》为2013年出版的第六版。除此之外,还须补充说明的是,中国国际收支平衡表所反映的对外经济交易,既包括中国与外国之间也包括中国内地与香港、澳门、台湾等地区之间的经济交易。近十年来,特别是在国际金融危机之后,我国的国际收支出现了一些结构性变化。

表1-3 1995—1999年中国国际收支概览

单位:亿美元

年份	1995	1996	1997	1998	1999
经常账户	16.18	72.34	297.17	293.23	156.67
货物	180.50	193.35	462.22	466.13	362.06
服务	−60.90	−19.70	−57.25	−49.25	−75.09
收入	−117.70	−124.38	−159.22	−166.43	−179.73
资本与金融账户	386.74	399.67	229.58	−63.21	76.42
外国直接投资	377.36	401.80	442.36	437.51	387.52
证券投资	7.89	17.44	68.04	−37.32	112.34
其他投资	40.30	−24.08	−275.80	−436.60	−180.06
错误与遗漏	−178.10	−155.59	−169.52	−165.76	−148.04
外汇储备变动	−219.77	−314.33	−348.62	−50.69	−97.16

表1-4 2000—2004年中国国际收支概览

单位:亿美元

年份	2000	2001	2002	2003	2004
经常账户	205.19	174.05	354.22	458.75	686.59
货物	344.73	340.17	441.67	446.52	589.82
服务	−56.00	−59.31	−67.84	−85.73	−96.99
收入	−146.66	−191.73	−149.45	−78.38	−35.23
资本与金融账户	19.22	347.75	322.91	527.26	1 106.60
外国直接投资	383.99	442.41	493.08	470.77	549.36
证券投资	−39.31	−194.06	−103.42	114.27	196.90
其他投资	−315.34	168.79	−41.07	−58.82	379.08
错误与遗漏	−118.93	−48.55	77.94	184.22	270.45
外汇储备变动	−108.98	−465.91	−742.42	−1 168.44	−2 066.81

表 1-5　2005—2009 年中国国际收支概览

单位：亿美元

年　份	2005	2006	2007	2008	2009
经常账户差额	1 324	2 318	3 532	4 206	2 433
货物和服务差额	1 246	2 089	3 080	3 488	2 201
收益差额	−161	−51	80	286	−85
经常转移差额	239	281	371	432	317
资本和金融账户差额	953	493	942	401	1985
资本账户差额	41	40	31	31	39
金融账户差额	912	453	911	371	1 945
储备资产变动额	−2 506	−2 848	−4 607	−4 795	−4 003
净误差与遗漏	229	36	133	188	−414
经常账户差额	1 324	2 318	3 532	4 206	2 433

表 1-6　2010—2014 年中国国际收支概览

单位：亿美元

年　份	2010	2011	2012	2013	2014
经常账户差额	2 378	1 361	2 154	1 828	2 197
货物和服务差额	2 230	1 819	2 962	2 354	2 840
收益差额	−259	−703	107	−438	−341
经常转移差额	407	245	347	−87	−302
资本和金融账户差额	2 869	2 655	1 212	3 262	382
资本账户差额	46	54	33	31	0
金融账户差额	2 822	2 600	1 179	3 232	383
储备资产变动额	−4 717	−3 878	−4 422	−4 314	−1 178
净误差与遗漏	−529	−138	−206	−776	−1 401

资料来源：国家外汇管理局 1995—2014 年《中国国际收支平衡表》。

我国经常项目顺差主要来自商品出口顺差这一项，历史上其对经常项目顺差的贡献度高达 90%。但是要注意到，这里的商品出口主要指加工贸易商品出口，一般贸易商品出口顺差只占很少的一部分。同时资本项目也长年保持顺差，形成罕见的"双顺差"，这样就导致了我国长期官方储备持续高速增长，而且增速呈加快趋势。直到 2014 年才有所下降。

受全球金融危机的影响，2009 年我国经常项目账户余额迅速下降，2010 年虽然有所恢复，但只是接近 2007 年的水平。根据 2011 年的数据显示，我国经常项目余额又一次骤然下降，到年末可能只有 2006 年的水平。与此相反，自 2009 年开始，我国资本金融项目余额连续大幅增加，2012 年达到史无前例的 3 262 亿美元，在数额上大大超过经常项目余额。因此，官方储备增加额即使在金融危机期间也仍然保持高速的增长，且增速呈加快趋势。但 2014 年资本金融账户大幅下滑，主要原因是大量国际资本外逃。

二、中国的国际收支调节手段

根据中国经济发展的总体目标以及对外经济发展的需要，在国际收支调节政策的选择上应当注意：一是要按照中国经济发展的要求以及现有的金融、货币制度的实际，对国际收支进行调节；二是要注重调节政策所具有的阶段性特点，即根据经济发展的不同阶段，选择与实施不同的国际收支调节政策；三是要对调节政策进行组合搭配，并针对不同原因所产生的国际收支不平衡来选择切合实际的调节政策；四是要注意国际收支调节政策可能产生的对其他国家的影响，以避免引起贸易摩擦。

从中国经济发展的实际来看，国际收支的调节政策大致有以下几种选择。

第一，适当的货币政策与财政政策。要针对国际收支的不同状况选择运用扩张性或紧缩性的财政货币政策。如通过调节海关关税、出口退税和进口关税，以及对外商投资企业的税收政策起到调节国际收支的作用。或通过紧缩和放松信贷来调节总需求，从而调节贸易收支。

第二，合理运用调节国际收支平衡的汇率政策，以促进经济的内部平衡与外部平衡。在国际收支的调节政策中，汇率政策是一种比较直接且见效的调节政策。在运用汇率政策调节国际收支时，要注意汇率政策的适度性问题，同时汇率调整也是一个最为敏感的经济因素，汇率的稳定与否直接关系到人们对货币的信心，并最终会影响到对整个经济的信心。另外还要注意，由于人们一般说运用汇率政策调节国际收支往往只强调它对贸易收支的影响，但实际上汇率调整对非贸易收支和资本与金融账户收支也都有影响。

第三，适当运用直接管制措施来调节国际收支和保障国际收支的平衡。直接管制是目前大多数发展中国家实行的一种重要的调节国际收支的措施，这是由发展中国家的经济发展水平、经济结构以及管理能力和市场的发育程度所决定的。中国在这些方面与发达国家相比无疑还有较大的差距，因此中国在选择国际收支调节政策时保持一定数量的直接管制，对维护中国的经济利益和发展对外经贸关系仍然是有帮助的。当然运用这一措施要注意运用得当，否则就可能适得其反，起不到应有的效果。随着中国社会主义市场经济的完善和经济实力的增强，将逐步放松直至取消外汇管制的政策措施。

【本章小结】

1. 国际收支是一国对外经济交往活动的系统反映，一国国际收支状况是通过国际收支平衡表反映出来的。

2. 国际收支平衡表是按照复式簿记原理编制的，在平衡表中全部经济交易活动被划分为借方交易和贷方交易,借方交易是对外国居民支付的交易,贷方交易是接受外国居民支付的交易。凡属于支出项目、对外负债减少项目或对外资产增加项目均记入借方。凡属于收入项目、对外负债增加项目和对外资产减少项目均记入贷方。

3. 国际收支平衡表在编制过程中,尽管各国在具体项目设定上存在差异,但其基本内容大体一致,即由经常项目、资本项目和平衡项目三个部分构成。分析国际收支平衡表已成为世界各国货币金融管理当局制定有关贸易、金融及对外投资政策的具体依据。

4. 国际收支平衡是一种相对理想的国际收支状态,国际收支不平衡是经常的、不可避免的经济现象,导致国际收支不平衡的原因很多,其结果表现为一国国际收支顺差或逆差。

5. 当国际收支出现不平衡时,政府有必要采取措施对国际收支不平衡进行调节,使之趋于或达到均衡状态。在不同的国际货币制度下,国际收支不平衡的调节机制不同,在浮动汇率制度下,对国际收支逆差主要采取外汇缓冲政策、财政货币政策、汇率政策、直接管制和国际经济金融合作等措施进行调节。

【关键概念】

国际收支　国际收支平衡表　国际收支平衡　国际收支调节手段

【本章习题】

一、思考题

1. 国际收支的含义是什么?经常账户、资本账户、官方储备账户之间的关系是怎样的?
2. 国际收支不平衡是怎样产生的?它对一国经济会产生怎样的影响?
3. 有人说,经常账户顺差对一国有利,资本账户顺差对一国不利。你怎样看?
4. 国际收支不平衡的调节政策有哪些?如何运用?
5. 下列哪种情况会使一国官方储备账户余额增加:
A. 外国商业银行向本国企业贷款;
B. 外国政府豁免本国政府承担的部分外债;
C. 跨国公司以设备对本国投资,开办工厂。

二、实训题

1. 下列情况在美国国际收支平衡表上应如何记录?
(1) 一家美国出口商向意大利客户出口 2 000 美元的商品。
(2) 一个日本游客到美国旅游,到达美国机场后,在机场银行用日元兑换了 1 000 美元,当他离开美国时兑换的 1 000 美元全部花完。

(3) 一个成为美国公民的匈牙利移民向他在匈牙利的朋友寄出 1 000 美元的支票。

(4) 一家瑞士银行购买 3 000 美元的美国短期财政部库券（证券投资），用该行的美国银行的账户提款支付。

(5) 一个美国公民购买一家德国公司新发行的公司债券 1 000 美元，用他在纽约银行的账户支付，结果是美国公司持有德国公司发行的债券，而德国公司拥有美元的存款。

2. 以甲国为例，写出以下六笔交易的会计分录，并将结果编制一张简单的国际收支平衡表。

(1) 甲国企业出口价值 100 万美元的设备，这一出口行为导致该企业在海外银行存款的相应增加。

(2) 甲国居民到外国旅游花费 30 万美元，这笔费用从该居民的海外存款账户中扣除。

(3) 外商以价值 1 000 万美元的设备投入甲国，兴办合资企业。

(4) 甲国政府动用外汇储备 40 万美元向外国提供无偿援助，另提供相当于 60 万美元的粮食药品援助。

(5) 甲国某企业在海外投资所得利润 150 万美元。其中 75 万美元用于当地的再投资，50 万美元购买当地商品运回国内，25 万美元调回国内结售给政府以换取本国货币。

(6) 甲国居民动用其在海外存款 40 万美元，用以购买外国某公司的股票。

表 1-7　六笔交易构成的国际收支账户

单位：万美元

项　　目	借　　方	贷　　方	差　　额
商品贸易			
服务贸易			
收　　入			
经常转移			
经常账户合计			
直接投资			
证券投资			
其他投资			
官方储备			
资本与金融账户合计			
总　　计			

第二章
外汇与外汇汇率

【学习目标】

知识目标
1. 掌握外汇、外汇汇率、汇率制度的概念。
2. 理解汇率的影响因素和汇率变动对经济的影响。
3. 理解人民币汇率制度的演变过程。

能力目标
1. 能根据外汇的买入卖出价熟练报价。
2. 能根据外汇行情数据,计算交叉汇率。
3. 能运用汇率理论分析中国实施的汇率制度。

【导入案例】

英国"脱欧"影响人民币汇率,也影响百姓生活

英国通过公投退出欧盟,对中国金融市场的影响显而易见:英镑和欧元的汇率可能会贬值,美元升值,进而带动人民币兑美元贬值。

那英国脱欧对咱们老百姓有啥影响呢?根据英国脱欧后的汇率数据,英镑下调幅度达10%以上。假设1英镑折合人民币9.7元,并且英镑贬值后人民币保持不变,兑换1英镑所需要的人民币就少了将近1.5元,那兑换1万英镑就可以节省15 000元人民币。

英镑贬值也会使留学成本降低。首先是机票。前不久,一位英国留学生家长买机票去伦敦看望在英国读预科的儿子,机票500英镑,折合人民币5 500元。而上

周她回国时，机票价格同样是 500 英镑，因为汇率降低，她只花了 4 900 元，足足节省了 600 元。其次是学费。以英国高中为例，每年学费（包括寄宿费和餐饮费用）约 27 万元人民币，生活费一般为 10 万元人民币左右，合计约 37 万元人民币。若按英国脱欧后英镑贬值 15% 的汇率折算，只需要 32 万元，每年至少可省 5 万元，高中三年就可以省 15 万元！当然，这仅仅是在理想状况下。英国脱欧之后，也许学费会涨呢？最后是土豪们最关心的——英国的房地产市场。中国投资者是购买英国房地产的最大外国群体之一，尤其是在伦敦和曼彻斯特。报告预测，如果英国脱欧，那么截至 2018 年，伦敦的平均房价将比留在欧盟的情况低 7 500 英镑，令房价下跌 10%，为 59.17 万英镑。

（资料来源：根据 https://www.zhihu.com/question/47405579 等相关网站资料整理）

通过阅读上述材料，大家可能会思考：我们国家为什么要进行汇率制度的调整？为什么人民币汇率不再盯住单一美元，而是参考一篮子货币进行调节？这种汇率制度的调整将对我国经济带来怎样的影响？

第一节 外 汇

一、外汇的含义

外汇指的是外币或以外币表示的用于国际债权债务结算的各种支付手段，其含义有动态和静态之分。动态的含义是指把一个国家的货币兑换成另外一个国家的货币，从而完成清偿国际债权、债务关系的一种专门的经营活动。它是国际汇兑（Foreign Exchange）的简称。静态的含义是指以外国货币表示的可用于国际结算的支付凭证。这些支付凭证包括以外币表示的信用工具和有价证券，如银行存款、商业汇票、银行汇票、银行支票、外国政府库券及其长短期证券等。

人们通常所说的外汇，一般都是就其静态意义而言。例如，我国于 1996 年 4 月 1 日开始实施的《中华人民共和国外汇管理条例》第一章第三条规定："本条例所称外汇，是指下列以外币表示的可以用作国际清偿的支付手段和资产：①外国货币，包括纸币、铸币；②外币支付凭证，包括票据、银行存款凭证、邮政储蓄凭证等；③外币有价证券，包括政府债券、公司债券、股票等；④特别提款权、欧洲货币单位；⑤其他外汇资产。"另外，国际货币基金组织（IMF）对外汇的定义为："外汇是货币行政当局（如中央银行、货币机构、外汇平准基金组织、财政部等）以银行存款、财政部库券、长短期政府证券等形式所持有的在国际收支逆差时可以使用的债权。"

在理解"外汇"这一概念时，应注意外汇与外币的区别有以下两点。

（1）外汇是以外币表示的资产。外汇包括外币，但外汇并不等于外币，外汇中还包括其他内容,外汇的主要内容是外币支付凭证。

(2) 外汇必须可以自由兑换。外汇包括外币,但外币并非都是外汇。通常情况下,只有可以自由兑换的外币才是外汇,因为外汇的实质是国际支付手段,如果某种货币不能自由兑换,它就不能成为国际支付手段。所以,在现实生活中,为国际上所承认并广泛使用的外汇,只不过 10 余个,如美元、日元、欧元、英镑等。任何一种货币要被世界各国广泛接受成为通用的外汇,必须具备以下几个条件:第一,这个国家应当允许该国货币自由兑换,并且在相当大的程度上由市场因素来决定货币的兑换率。比如,卢布在 1992 年末之前,不允许自由兑换,而且官方定价 1 美元兑换 6 卢布。然而由于俄罗斯的经济实力无法支持它的卢布的国际市场价格,所以在黑市上 1 美元可以买几十或上百卢布,而一旦官方宣布放开卢布的国际市场价格后,1993 年初,1 美元可以换 600 多卢布。第二,这个国家的经济、政治是开放的、稳定的,它的货币在一个相当时期内不会暴涨暴跌。第三,这个国家具有国际上的经济实力,也就是说,在国际贸易、国际金融中有决定性的影响力。

参考资料 2-1

部分国家或地区货币的名称及符号

货币的名称和符号必须界定清楚,国际货币的符号通常是用三个在环球银行金融电信协会(Society for Worldwide Interbank Financial Telecommunications,简称 SWIFT)系统的英文字母作为识别号码,即表 2-1 中的标准符号。设在比利时的 SWIFT 是一个由 1 000 多家银行共有的多国融资信贷机构,专事银行间的资金转移服务。表 2-1 列举了部分国家或地区的货币名称和符号的情况:

表 2-1 部分国家或地区货币的名称及符号

国家或地区名称	货币名称		货币符号	
	中文	英文	原有旧符号	标准符号
中国	人民币元	Renminbi Yuan	RMB¥	CNY
中国香港	港元	HongKong Dollar	HK $	HKD
中国澳门	澳门元	Macao Pataca	PAT.;P.	MOP
日本	日元	Japanese Yen	¥;J.¥	JPY
美国	美元	U.S. Dollar	U.S.$	USD
加拿大	加元	Canadian Dollar	Can.$	CAD
欧洲货币联盟	欧元	Euro	EUR	EUR
英国	英镑	Pound, Sterling	£;£ Stg.	GBP
瑞士	瑞士法郎	Swiss Franc	SF.;SFR.	CHF

参考资料 2-2

什么是可自由兑换货币

可自由兑换货币指一种货币的持有人能把该种货币兑换为任何其他国家货币而不受任何限制,这种货币被称为可自由兑换货币。实际上,通常只有可自由兑换货币才能在我国国内被称为外汇。

按照国际货币基金组织协定的规定,所谓自由兑换是指一种货币在国际经常往来中,随时可以无条件地作为支付手段使用,接受方也无条件接受并承认其法定价值。

目前,全球有 50 多个国家和地区接受了国际货币基金协定中关于货币自由兑换的规定,这些国家和地区的货币被认为是可自由兑换的货币,其中主要有美元、英镑、港元、瑞士法郎、新加坡元、瑞典克朗、丹麦克朗、挪威克朗、日元、加拿大元、澳大利亚元、欧元、新西兰元等。

(资料来源:谢振中. 国际金融理论与实务 [M]. 北京:国防科技大学出版社,2005:16)

二、外汇的种类

(一) 按照是否可以自由兑换分类

1. 自由外汇

自由外汇是指无须发行国货币当局批准,可以随时自由兑换为另一国(或地区)货币或是向第三国办理支付的外汇。自由外汇主要有美元、英镑、日元、欧元和港元等。

2. 记账外汇

记账外汇,又称为协定外汇或双边清算外汇,是指未经当事国批准,不能兑换成自由外汇或是对第三国支付的外汇。它是由签订有双边清算支付协定的当事国协议安排下,以双边国家中央银行互设专门账户的形式存在的,是一种账面资产。有时,记账外汇也可在多边清算协定的货币集团成员国之间使用。

(二) 按照外汇的来源或用途分类

1. 贸易外汇

贸易外汇是指通过出口贸易而取得的外汇以及用于进口支付的外汇。

2. 非贸易外汇

非贸易外汇是指一切非来源于出口贸易的外汇和非用于进口贸易的外汇。

（三）按照持有者的不同分类

1. 官方外汇

官方外汇指政府机构或国际组织持有的外汇。它是各国国际储备的主要组成部分。在西方国家，官方外汇主要用于平衡国际收支和贯彻汇率政策。在我国，官方外汇除上述用途外，还用于计划进口和重点项目引进等。

2. 私人外汇

私人外汇指企业和家庭持有的外汇。在国际收支不佳时，对私人外汇进行管制是政府可选择的一种摆脱手段。但是，《国际货币基金协定》第8条要求成员国取消对经常项目往来中货币兑换的限制。一般来说，发达国家对私人外汇的限制很小。

（四）按照外汇买卖的交割期限分类

1. 即期外汇

即期外汇是指外汇买卖成交后要在两个银行营业日内完成交割的外汇。

2. 远期外汇

远期外汇是指交易双方签订外汇买卖合同时，约定在将来某一日期办理交割的外汇。所谓交割，是指外汇买卖中交易双方货币的实际收付或者银行存款账户金额的实际划转。

三、外汇的作用

（一）促进国际经济、贸易的发展

用外汇清偿国际债权债务，不仅能节省运送现金的费用，降低风险，缩短支付时间，加速资金周转，更重要的是，运用这种信用工具，可以扩大国际信用交往，拓宽融资渠道，促进国际经贸的发展。

（二）调剂国际资金余缺

世界经济发展不平衡导致了资金配置不平衡。有的国家资金相对过剩，有的国家资金严重短缺，客观上存在着调剂资金余缺的必要。而外汇充当国际支付手段，通过国际信贷和投资途径，可以调剂资金余缺，促进各国经济的均衡发展。

（三）是一个国家国际储备的重要组成部分

国际储备包括黄金储备和外汇储备，而外汇储备的重要性远远超过黄金储备。

第二节 外汇价格——汇率

一、汇率的含义

外汇汇率(Foreign Exchange Rate)又称外汇汇价,是两种货币之间的兑换比率。如果把外汇也看作是一种商品,那么外汇汇率就是在外汇市场上用一种货币购买另一种货币的价格。例如,1美元=110日元,表示美元与日元的兑换比率为110,即1美元可换110日元,或110日元可兑换成1美元。在国际经济交往中,时常要进行货币之间的兑换。例如,日本进口商要进口10万美元的美国设备,就必须先将1 100万日元兑换成10万美元,再支付价款。目前,在国际外汇市场上,出现了许多脱离这种经济交易的外汇买卖。例如,某人买进某种货币,待汇率上升之后,再以高价卖出,从而获取大量利润。因此,外汇也成了投资获利的工具。

二、汇率的标价方法

确定两种不同货币之间的比价,先要确定用哪个国家的货币作为标准。由于确定的标准不同,于是便产生了几种不同的外汇汇率标价方法。

(一)直接标价法

直接标价法(Direct Quotation),是以一定单位(1、100、1 000、10 000等)的外国货币为标准来计算应付出多少单位本国货币,就相当于计算购买一定单位外币所应付多少本币,所以又叫应付标价法。我国和国际上大多数国家都采用直接标价法。中国人民银行根据银行间外汇市场形成的价格,公布人民币对主要外币的汇率。例如,2013年10月8日,以人民币为本币,在直接标价法下,银行间外汇市场美元等交易货币对人民币汇率的收盘价为:

$$1美元=6.137\ 2元人民币$$
$$1欧元=8.385\ 6元人民币$$
$$100日元=6.250\ 3元人民币$$
$$1港元=0.791\ 49元人民币$$

在直接标价法下,若一定单位的外币折合的本币数额多于前期,则说明外币币值上升或本币币值下跌,叫作外汇汇率上升;反之,如果要用比原来较少的本币即能兑换到同一数额的外币,这说明外币币值下跌或本币币值上升,叫作外汇汇率下跌。所以,外币的价格与汇率的涨跌成正比。

(二)间接标价法

间接标价法(Indirect Quotation)又称应收标价法。它是以一定单位(1、100、

1 000、10 000 等）的本国货币为标准，来计算应收若干单位的外国货币。以人民币与美元的汇率为例，对于美国来说，外汇牌价 1 美元＝8.087 6 元人民币则为间接标价法。目前，英国使用的是间接标价法；美国自 1978 年 9 月起，除对英镑使用直接标价法外，对其他货币均使用间接标价法。

在间接标价法下，本国货币的数额固定不变，汇率涨跌都以相对的外国货币数额的变化来表示。一定单位的本国货币折算的外币数量增多，说明本国货币汇率上涨，即本币升值或外币贬值。反之，一定单位本国货币折算的外币数量减少，说明本国货币汇率下跌，即本币贬值或外币升值。

而在国际外汇市场上，通常用美元标价法和欧元标价法。因为直接标价法和间接标价法都是针对本国货币和外国货币之间的关系而言的，对于某个国家或某个外汇市场来说，本币以外其他各种货币之间的比价无法用直接或间接标价法来判断。实际上，非本国货币之间的汇价往往是以一种国际上的主要货币或关键货币（key currency）为标准的。如果以美元作为关键货币，所有在外汇市场上交易的货币都对美元报价，则称为美元标价法。如果以欧元作为关键货币，所有在外汇市场上交易的货币都对欧元报价，则称为欧元标价法。

按照习惯，在外汇汇率行情的显示中，通常将基准货币的代码放在对应货币的前面。例如，EUR/CHF 为 1.549 6，它的含义如下：

① 1 欧元能兑换 1.549 6 瑞士法郎；
② 欧元是基准货币，瑞士法郎是对应货币；
③ 如果你买入欧元，则相应卖出瑞士法郎；或者是你卖出欧元，则相应买入瑞士法郎。

三、汇率的种类

按不同的分类标准，汇率有不同的种类。

（一）按照制定汇率方法的不同可以分为基准汇率和交叉汇率

通常选择一种国际经济交易中最常使用、在外汇储备中所占比重最大的可自由兑换的关键货币作为主要对象，与本国货币对比，订出汇率，这种汇率就是基准汇率（Basic Rate）。关键货币一般是指一种世界货币，被广泛用于计价、结算、储备货币、可自由兑换、国际上可普遍接受的货币。目前作为关键货币的通常是美元或欧元，把本国货币对美元或欧元的汇率作为基准汇率。例如，人民币基准汇率是由中国人民银行根据前一日银行间外汇市场上形成的美元对人民币的加权平均价，公布当日主要交易货币（美元、欧元、日元和港元）对人民币交易的基准汇率，即市场交易中间价。

制定出基准汇率后，本币对其他外国货币的汇率就可以通过基准汇率加以套算，这样得出的汇率就是交叉汇率（Cross Rate），又叫套算汇率。例如，1 欧元＝9.784 8 元人民币，1 欧元＝1.549 6 瑞士法郎，在这两个基准汇率的基础上可以套算出人民币对瑞士法郎的汇率为：1 瑞士法郎＝6.314 4 元人民币。

（二）从汇率制度角度可以分为固定汇率和浮动汇率

固定汇率（Fixed Rate）是指一国货币同另一国货币的汇率基本固定，汇率波动幅度很小。在金本位制度下，固定汇率决定于两国金铸币的含金量，波动的界限是引起黄金输出入的汇率水平，波动的幅度是在两国之间运送黄金的费用。在第二次世界大战后到20世纪70年代初的布雷顿森林货币制度下，国际货币基金组织成员国的货币规定含金量和对美元的汇率。汇率的波动严格限制在官方汇率的上下各百分之一的幅度下。由于汇率波动幅度很小，所以也是固定汇率。

浮动汇率（Floating Rate）是指一国货币当局不规定本国货币对其他货币的官方汇率，也无任何汇率波动幅度的上下限，本币听任外汇市场的供求关系决定，自由涨落。外币供过于求时，外币贬值，本币升值，外汇汇率下跌；相反，外汇汇率上涨。本国货币当局在外汇市场上进行适当的干预，使本币汇率不致波动过大，以维护本国经济的稳定和发展。

（三）从银行买卖外汇的角度可以划分为买入汇率、卖出汇率、中间汇率和现钞汇率

买入汇率（Buying Rate），也称买入价，即银行向同业或客户买入外汇时所使用的汇率。

卖出汇率（Selling Rate），也称卖出价，即银行向同业或客户卖出外汇时所使用的汇率。

买入卖出之间有个差价，这个差价是银行买卖外汇的收益，一般为1‰～5‰。在直接标价法下，较低的价格为买入价，较高的价格为卖出价。例如，某一天香港外汇市场上美元对港元的汇率为：USD/HKD 7.7526－7.7530，那么，银行从客户手中买入1美元需要支付7.7526港元，即买入价；银行卖出1美元将从客户手中收取7.7530港元，即卖出价。在间接标价法下正好相反，较低的价格为卖出价，较高的价格为买入价。例如，某一天伦敦外汇市场上的美元对英镑的汇率为：GBP/USD 1.7684－1.7688，那么，银行从客户手中买入1美元需要支付0.5654英镑（即1/1.7688），即买入价；银行卖出1美元将从客户手中收取0.5655英镑（即1/1.7684），即卖出价。

中间汇率（Middle Rate），是买入汇率与卖出汇率的平均数，其计算公式为：中间汇率＝（买入汇率＋卖出汇率）/2。报刊报道汇率消息时常用中间汇率，套算汇率也用有关货币的中间汇率套算得出。

一般国家都规定，不允许外国货币在本国流通，只有将外币兑换成本国货币，才能够购买本国的商品和劳务，因此产生了买卖外汇现钞的兑换率，即现钞汇率（Bank Notes Rate）。理论上来说，现钞汇率应与外汇汇率相同，但因需要把外币现钞运到各发行国去，而运送外币现钞要花费一定的运费和保险费，因此，银行在收兑外币现钞时的汇率通常要低于外汇买入汇率。

参考资料 2-3

表 2-2　中国银行人民币外汇牌价

单位：人民币/100 外币

货币名称	现汇买入价	现钞买入价	现汇卖出价	现钞卖出价	中行折算价
澳大利亚元	538.51	521.89	542.29	542.29	539.64
加拿大元	567.00	549.50	571.56	571.56	569.84
瑞士法郎	680.74	659.72	686.20	686.20	680.23
丹麦克朗	111.76	108.31	112.66	112.66	111.81
欧元	833.77	808.03	840.47	840.47	838.84
英镑	995.88	965.13	1 003.88	1 003.88	1 005.92
港元	78.01	77.39	78.31	78.31	78.69
日元	5.757 2	5.579 5	5.797 6	5.797 6	5.788 4
澳门元	75.81	73.26	76.10	78.54	75.96
挪威克朗	99.44	96.37	100.24	100.24	98.73
新西兰元	495.86	480.55	499.84	502.83	493.73
菲律宾比索	13.60	13.18	13.70	14.12	13.67
卢布	18.52	18.00	18.66	19.28	18.66
瑞典克朗	94.10	91.20	94.86	94.86	93.08
新加坡元	476.63	461.91	480.45	480.45	477.83
泰国铢	18.35	17.78	18.49	19.06	18.44
美元	604.96	600.11	607.38	607.38	610.24

（2013 年 12 月 31 日 08∶53∶51）

（四）按照外汇交易支付通知方式可以分为电汇汇率、信汇汇率和票汇汇率

电汇汇率（Telegraphic Transfer Rate，T/T Rate）是银行卖出外汇后，以电报为传递工具，通知其国外分行或代理行付款给受款人时所使用的一种汇率。电汇系国际资金转移中最为迅速的一种国际汇兑方式，能在1～3天内支付款项，银行不能

利用客户资金,因而电汇汇率最高。

信汇汇率（Mail Transfer Rate, M/T Rate）是在银行卖出外汇后,用信函方式通知付款地银行转会收款人的一种汇款方式。由于邮程需要时间较长,银行可在邮程期内利用客户的资金,故信汇汇率较电汇汇率低。

票汇汇率（Demand Draft Rate, D/D Rate）是指银行在卖出外汇时,开立一张由其国外分支机构或代理行付款的汇票交给汇款人,由其自带或寄往国外取款。由于票汇汇率从卖出外汇到支付外汇有一段间隔时间,银行可以在这段时间内占用客户的资金,所以票汇汇率一般比电汇汇率低。

（五）根据外汇买卖的交割期限可以分为即期汇率和远期汇率

即期汇率（Spot Rate）是指即期外汇买卖的汇率。即外汇买卖成交后,买卖双方在当天或在两个营业日内进行交割所使用的汇率。即期汇率就是现汇汇率。即期汇率是由当场交货时货币的供求关系情况决定的。一般在外汇市场上挂牌的汇率,除特别标明远期汇率以外,一般指即期汇率。

远期汇率（Forward Rate）是在未来一定时期进行交割,而事先由买卖双方签订合同,达成协议的汇率。到了交割日期,由协议双方按预订的汇率、金额进行交割。远期外汇买卖是一种预约性交易,是由于外汇购买者对外汇资金需在的时间不同,以及为了避免外汇风险而引进的。远期汇率是以即期汇率为基础的,即用即期汇率的"升水"（Premium）"贴水"（Discount）"平价"（Par）来表示。如果远期汇率比即期汇率贵,高出的差额称作升水;如果远期汇率比即期汇率便宜,低出的差额称作贴水;如果远期汇率与即期汇率相等,则没有升水和贴水,称作平价。

（六）按照货币当局对外汇管理的宽严程度可区分为官方汇率和市场汇率

官方汇率（Official Rate）是指国家机构（财政部、中央银行或外汇管理当局）公布的汇率。官方汇率又可分为单一汇率和多重汇率。多重汇率是一国政府对本国货币规定的一种以上的对外汇率,是外汇管制的一种特殊形式,其目的在于奖励出口限制进口,限制资本的流入或流出,以改善国际收支状况。

市场汇率（Market Rate）是指在自由外汇市场上买卖外汇的实际汇率。在外汇管理较松的国家,官方宣布的汇率往往只起中心汇率作用,实际外汇交易则按市场汇率进行。

四、汇率的套算

计算交叉汇率的方法主要有以下几种。

（一）两种货币同为直接报价货币

两种货币同为直接报价货币时,这两种货币的交叉汇率可以通过基本汇率交叉相除而得。规则是:小数字除以大数字得买入价;大数字除以小数字得卖出价。

案例 2-1

	买入价	卖出价
USD/JPY	105.780 0	106.180 0
USD/CHF	1.487 6	1.492 6

（交叉相除）

	买入价	卖出价
得 CHF/JPY	70.869 6	71.376 7

任务 2-1

国际外汇市场某银行报出美元兑港元与美元兑日元的汇率，求港元兑日元的买入汇率与卖出汇率。已知 1 美元/港元＝7.628 0/7.668 0，1 美元/日元＝100.00/100.30，求港元兑日元的买入汇率与卖出汇率（即港元/日元＝）？

答案：交叉相除，港元/日元＝13.041/13.149

（二）两种货币都是间接报价货币

在两种货币都为间接报价货币的情况下，这两种货币的交叉汇率也可以通过基本汇率交叉相除而得。规则是：小数字除以大数字得买入价；大数字除以小数字得卖出价。

案例 2-2

	买入价	卖出价
EUR/USD	1.101 0	1.102 0
GBP/USD	1.601 0	1.602 0

（交叉相除）

	买入价	卖出价
得 EUR/GBP ＝	0.687 3	0.688 3

任务 2-2

纽约外汇市场的花旗银行报出非美元报价的澳大利亚元与新西兰元兑美元的汇率是：1 澳大利亚元/美元＝0.735 0/0.736 0，1 新西兰元/美元＝0.603 0/0.604 0。求 1 澳大利亚元兑新西兰元的买入汇率与卖出汇率（即澳大利亚元/新西兰元＝）？

答案：交叉相除，澳大利亚元/新西兰元＝1.216 9/1.220 6

（三）一种货币是直接报价货币，另一种货币是间接报价货币

在一种货币是直接报价货币，另一种货币是间接报价货币的情况下计算交叉汇

率，是将两种货币基本汇率的买入价和卖出价同向相乘。规则是：小数字乘小数字得买入价，大数字乘大数字得卖出价。

案例 2-3

	买入价	卖出价
GBP/USD	1.601 0	1.602 0
USD/CHF	1.487 6	1.492 6
（同向相乘）	买入价	卖出价
得 GBP/CHF	2.381 6	2.391 1

任务 2-3

纽约外汇市场的花旗银行报出美元标价，美元兑日元与非美元标价的英镑对美元的汇率：1 美元/日元＝100.00/100.30，1 英镑/美元＝1.470 0/1.473 2，求 1 英镑兑日元的买入汇率与卖出汇率（即英镑/日元＝）？

答案：同边相乘，英镑/日元＝147.00/147.76

表 2-3　汇率套算规则

	关键货币作直接报价货币	关键币作间接报价货币
关键货币作直接报价货币	交叉相除	同边相乘
关键币作间接报价货币	同边相乘	交叉相除

第三节　汇率的决定与调整

一、汇率决定的基础

两国之间货币的比价是根据什么确定的呢？要弄清这个问题，必须沿着货币制度的历史发展来加以探讨。

（一）金本位制度下汇率的决定

金本位制度是 19 世纪初到 20 世纪初大多数资本主义国家实行的货币制度，金本位制包括金币本位制、金块本位制和金汇兑本位制。在国际金本位制度下，各国货币都以黄金作为统一的价值衡量标准，含金量是货币所具有的价值。因此，金本位制度下两种货币的含金量之比——铸币平价，成为它们的汇率标准。

案例 2-4　在实行金币本位制度时,英国货币 1 英镑的含金量为 113.001 6 格令;美国货币 1 美元的含金量为 23.22 格令。则英镑和美元的铸币平价是:

$$113.001\ 6/23.22 = 4.866\ 5$$

即 1 英镑 = 4.866 5 美元

可见,英镑和美元的汇率是以它们的铸币平价作为标准的。

当然,外汇的供求关系也是影响汇率的一个直接原因。金本位制度下,汇率以铸币平价为中心,在供求关系的作用下上下波动。当某种货币供不应求时,汇价上升;反之,汇价下跌。但是,汇率的波动被限定在铸币平价上下各一定的范围内,这个范围就是黄金输送点。黄金输送点是引起黄金流入和流出时的汇率。具体地说,当外汇市场上的汇率上涨达到或超过某一界限时,该国的债务人用本国货币购买外汇的成本就会超过直接运送黄金出境用于国际支付的成本,于是引起黄金外流,引起黄金流出的这个汇率界限叫作黄金输出点;相反,当外汇市场上汇率下跌到或低于某一界限时,该国的债务人用外汇兑换本国货币的所得就会少于直接将黄金输入国内的所得,于是引起黄金流入,引起黄金流入的汇率界限就是黄金输入点。黄金输入点和黄金输出点统称为黄金输送点,构成了金本位制度下汇率波动的上下限。

案例 2-5　1 英镑 = 4.866 5 美元时,假设美国和英国之间运送 1 英镑所含黄金需要 0.02 美元的费用(包括黄金的运输费、保险费、包装费以及改铸费等),当市场上英镑的实际汇率高于 4.886 5 美元时,美国的债务人将不会在外汇市场上购买英镑,而是直接运送黄金到英国进行支付,因此,4.886 5 美元就是美国对英国的黄金输出点。相反,当市场上英镑的实际汇率降到 4.846 5 美元以下时,美国的债权人宁愿收取黄金而不愿接受英镑,此时,黄金将输入美国,因此,4.846 5 美元就是美国对英国的黄金输入点。

(二) 纸币制度下汇率的决定

在实行纸币制度的初期,各国政府都参照过去流通的金属货币的含金量,用法令规定纸币的金平价,即纸币所代表的金量。所以,两国纸币的金平价应当是决定汇率的依据。

案例 2-6　第二次世界大战后,根据国际货币基金组织的规定,每个会员国都应规定本国货币的金平价,如每 1 英镑的金平价为 3.581 34 克黄金;每 1 美元的金平价为 0.888 671 克黄金。则英镑和美元的金平价之比为:

$$3.581\ 34/0.888\ 67 = 4.03$$

即 1 英镑 = 4.03 美元

两国货币的金平价对比,是纸币流通下汇率确价的基础,在这个基础上,外汇买卖的实际汇率随市场供求的状况而不断上下波动,但是两国货币的波动不是漫无边际的。1971 年底以前国际货币基金组织曾规定两国货币波动的幅度不能超过金平价对比的±1%；1971年底又将波动幅度扩大为±2.25%，直至1973年春。1973年3月以后，布雷顿森林体系崩溃，货币与黄金脱钩。各国货币不再规定含金量，货币的兑换完全脱离了黄金的制约，各国货币的兑换比率由外汇市场上的供求状况来决定。

所以，在纸币流通制度下，汇率实质上是两国货币以各自所代表的价值量为基础而形成的兑换比率。各国纸币实际代表的金量或价值量的对比，便成为决定各国货币汇率的基础。

二、影响汇率变动的因素

从表面上看，汇率的变动是由外汇市场的供求关系决定的。但引发外汇市场供求关系变化的原因却涉及经济、政治、军事以及公众的心理预期等因素。因此，汇率受多种因素的影响而发生变动。当前影响汇率变动的主要因素有以下几种。

（一）影响汇率变动的中长期因素

1. 国际收支状况

从中长期看，一国国际收支状况是影响该国货币对外比价的直接因素。一国的国际收支状况较前改善，或顺差增大，或逆差缩小，外汇收入增加，该国货币就较前升值；如一国国际收支状况较前恶化，或者顺差缩小，逆差增大，该国货币就对外贬值。

2. 利率水平

一国的利息率水平是影响汇率变动的一个重要因素。国际金融市场，存在大量游资，如一国利息率较前提高，游资持有者就会投向该国，追求较高的利息收入，该国外汇收入就可增加，外币供大于求，从而促使该国货币较前升值，提高本币的对外价值；如该国降低利息率，其结果则相反。某一时期，美国的贴现率、优惠利率、联邦基金利率，英国的贴现率，德国贴现率的提高或降低，均会产生上述影响。

3. 通货膨胀率

在纸币流通条件下，两国货币之间的比率，从根本上说是由各自所代表的价值量决定的。物价是一国货币价值在商品市场中的体现，通货膨胀意味着该国货币的价值量下降。具体来看，高通货膨胀率会削弱本国商品在国际市场上的竞争能力，引起出口减少，同时提高外国商品在本国市场上的竞争能力，造成出口增加，从而导致经常项目的逆差。此外，通货膨胀会影响到一国的实际利率。由于实际利率＝名义利率－通货膨胀率，当名义利率不变，通货膨胀率上升时，将导致实际利率的下降，而实际利率的降低又会引起资本的外逃，导致资本项目的逆差。综上所述，通货膨胀较严重的国家，其货币汇率会下跌。

4. 经济增长率

当一国处于经济高速增长的初期，该国居民对外汇的需求往往超过供给，本国货币会出现一段下跌过程。但随着经济的继续高速增长，劳动生产率不断提高，该国产品的竞争力也随之提高，从而改善贸易收支；此外，经济的高速增长会给国际投资者带来较高的投资回报，从而吸引外资流入，改善该国的资本与金融账户的收支状况。

所以，一般来说，在经济高速增长的初期，一国的本币汇率将贬值；但如果能保持稳定的经济增长，则本币汇率将稳步升值。

5. 宏观经济政策

宏观经济政策主要包括财政政策和货币政策。扩张性的财政政策和货币政策都会刺激投资需求和消费需求，促进经济的发展，从而增加进口需求，使该国的贸易收支恶化，导致该国货币汇率的下跌。而且扩张性的货币政策还会降低利率，引起国际短期资本的大量流出，抑制短期资本的流入，从而引起资本项目的逆差，增加汇率下跌的压力。扩张性的财政政策可能导致巨额的财政赤字，加剧通货膨胀，促进国际收支的进一步恶化，导致该国货币汇率下降。

（二）影响汇率变动的短期因素

1. 市场预期

西方各国会定期公布本国关于经济景气、就业、物价变动等经济指标，在指标公布之前，市场都会对该指标有充分的预期。一旦较为重要的数据的实际结果与预期差距较大，往往会对外汇市场的短期走势产生较大的影响。例如，美国每月均公布其贸易收支数字，如公布数字较研究机构估计的数字高，则美元对外价值定会提高；反之，则降低。这个数字对外汇市场的影响非常直接、迅速、明显。

2. 央行干预

各国货币当局为了使汇率维持在政府所期望的水平上，都会对外汇市场进行或多或少的干预，以改变外汇市场的供求状况，这种干预会对汇率的短期走势产生重要的影响。

如 1988 年 11 月下旬美元对德国马克汇价，经过西欧国家的干预从 1.717 0 上涨到 1.720 0 左右，但此时美国财政部长布莱德在电视上发表讲话。他说："外汇市场的汇价有涨有落，今年美元汇价的最低点接近去年 1 月的水平。"在讲到这句话时，外汇市场的交易商认为是他不容忍美元降到目前的较低水平，可能要采取措施，提高美元的对外汇价。因此，美元对德国马克汇价略有提高。但是，布莱德紧接着又说，"我们对此并不感到担忧"。言外之意，美元汇价如再下降他也不怕。这句话说出后，美元汇价立刻又下降。

3. 重大的国际政治因素

对汇率变动产生影响的政治因素多为突发性事件，很难预测。当一国发生政变、战乱及政府官员的丑闻时，都会对该国货币汇率产生不利的影响。例如，1988 年 12 月 7 日，苏联政府首脑戈尔巴乔夫赴美参加联合国大会前夕，荷兰电台抢先报道戈尔巴乔夫将在联合国大会上提出苏联削减 30% 军队约 50 万人的建议，纽约外汇市场美元/联邦德国马克汇率立即从 1.724 0 上涨到 1.737 3，戈尔巴乔夫到美国纽约的当天，纽约外汇市场的美元/联邦德国马克汇率又从 1.748 5 上涨到 1.761 0。又如1988年11月美国大选期间,新闻界突然传出布什总统的竞选伙伴多尔的生活丑闻,舆论界认为这会对布什当选产生消极影响,从而美元/联邦德国马克的汇率立即下降,以后竞选班子对此加以澄清,外汇市场方才平稳。

此外,外汇交易商对汇率走势的心理预期与技术性因素(如果周末的清仓,长期空头后的补进等),以及投机因素对汇率变化也有影响。

上述各种因素的关系,错综复杂;有时各种因素汇合一起同时发生作用;有时个别因素起作用,有时各因素的作用又相互抵消;有时某一因素的主要作用,突然为另一因素所代替。但是,在一段较长时间内(如1年)国际收支是决定汇率基本走势的主导因素;通货膨胀与财政状况、利率水平和汇率政策只起从属作用——助长或削弱国际收支所起的作用;心理预期与投机因素不仅是上述各项因素的综合反映,而且在国际收支状况所决定的汇率走势的基础上,起推波助澜的作用,加剧汇率的波动幅度。

三、汇率变动对经济的影响

国际收支状况、利率水平、通货膨胀率以及宏观经济政策等因素会影响汇率的变动,反过来,汇率也会影响经济的运行。由于本币汇率上升(即本币升值)与本币汇率下降(即本币贬值)的方向相反,其对经济的作用也正好相反。接下来的内容将以本币升值为例,来分析汇率变动对经济的影响。

(一)本币升值对进出口的影响

一般说来,本币升值,外汇汇率下降,则本国购买外国商品、劳务的购买力增强,增加了对外国商品进口的需求,从而可以扩大本国商品的进口规模。从另一方面看,本币升值后,出口商品以外币表示的价格就提高,从而降低了出口商品的竞争能力,不利于扩大商品出口。

所以,本币升值有利于增加进口、减少出口,其最终结果是使贸易收支顺差减少或者是逆差增加。

(二)本币升值对国际资本流动的影响

本币汇率上升,使本币的购买力增强,从而使本国资本扩大对外投资。例如,日元在20世纪80年代和90年代初大幅度升值后,日本企业加快了向海外发展的速度,汽车行业首先决定扩大和提前实施在海外就地生产计划。家用电器、办公机械和机床行业也拼命向海外拓展。与此同时,本币汇率上升也会吸引外资的流入,因为本币的威望在提高;但另一方面,本币汇率上升将使同量的外币折算成本币的价值下降,就会使得外国投资者利润减少,投资自然减缓。

(三)本币升值对外汇储备的影响

本国货币汇率的变动,通过资本流动和进出口贸易额的增减,直接影响到本国外汇储备的增减。如果一国的货币汇率稳定,外国投资者能够稳定地获得利息和红利收入，有利于国际资本投放，从而促进外汇储备增加；此外，如果由于本币升值使该国进口额大于出口额，外汇储备将会减少。

当作为主要储备货币的美元汇率下跌时，拥有美元储备的国家就会遭受损失。但对积欠美元债务的国家来说，则相应地减轻了债务负担。

（四）本币升值对物价的影响

本币升值后，则国内以本币表示的进口商品的价格将会下降，从而带动国内同类商品的价格下降，可能会使国内的整体物价水平下降而引发通货紧缩。因为，本币升值将使进口原材料、半成品的本币价格下降，这直接影响到本国商品生产成本的下降；另一方面，进口消费品本币价格的下降会直接导致物价水平的下降。原材料和生活必需品主要靠进口的国家，这种影响更为明显。

（五）本币升值对产业结构和资源配置的影响

本币升值后，出口产品在国外市场的竞争能力下降，出口减少，整个贸易部门的利润就会低于非贸易部门，从而会使流向出口产品制造业或出口贸易部门的资源减少，这样一来，整个经济体系中贸易出口部门或出口产品制造业所占的比重就会减少，降低经济的开放度。

另外，本币升值后企业不可能长期依靠汇率等外在政策的保护实现发展，必须依靠科技进步和提高劳动生产率，增强产品的内在竞争力，实现企业的转型发展。这将有助于企业加大先进技术和高科技产品的进口力度，提高企业科技水平，提升企业品牌内涵，创建国际品牌；也将有助于企业进行资源整合和产品结构调整，实施多元化战略，提高产品质量和档次，调整产品结构，提高产品附加值，实现由产品输出到品牌输出和资本输出的转变。

此外，本币升值后有助于一国引进境外先进知识以及专利和技术装备，购买能源、原材料等；加快提升一国经济社会的知识水平，缓解该国的资源制约，转变经济增长方式。

由上可见，影响汇率变动的因素和汇率变动的经济影响是非常复杂的经济问题。此外，汇率水平和经济状况之间的关系也是互为影响的。

第四节 汇率制度

汇率制度（Exchange Rate System）是指一国货币当局对本国货币汇率变动的基本方式所做的安排和规定。汇率制度的基本类型，可分为固定汇率制度和浮动汇率制度。在某一时点上，采用固定汇率制度和浮动汇率制度的国家都存在，但国际汇率制度的变化，则呈钟摆变动的情况，即在某一时期固定汇率制度占主流地位，而经过一段时间，浮动汇率制度又会成为主导。例如，20世纪50年代各国普遍实行固定汇率制度,60年代开始倾向于浮动汇率制度,七八十年代实行的是浮动汇率制度,80年代发展中国家固定汇率制度再次盛行,90年代钟摆再次向浮动汇率制度摆动。

一、固定汇率制度

(一) 固定汇率制度的概念

固定汇率制度就是两国货币比价基本固定,并把两国货币比价的波动幅度控制在一定范围之内的汇率制度。在金本位制度时期和1944—1973年的不兑现纸币本位制时期,绝大多数国家的汇率制度基本上属于固定汇率制度。

(二) 固定汇率制度的种类

1. 金本位制下的固定汇率制度

金本位制是以一定量的黄金为本位货币的货币制度。金本位制一般分为金铸币本位制、金块本位制和金汇兑本位制三种形式。典型的金本位制则指金铸币本位制。

在金本位制度下,决定汇率的基础是铸币平价。各国货币间的汇率以铸币平价为基础,在黄金输送点范围内波动。黄金输出点是外汇汇率变动的上限,输入点是外汇汇率变动的下限,波动幅度一般在5‰~7‰左右。因此,金本位制度下的汇率是相对稳定的。

2. 布雷顿森林体系下的固定汇率制度

1944年7月,美、英等44个国家在美国新罕布什尔州的布雷顿森林(Bretton Woods)召开了第一届联合国货币金融会议(简称"布雷顿森林会议"),会上通过的《国际货币基金协定》(Agreement of The International Monetary Fund)确定了以美元为中心的固定汇率制度。其主要内容为:①确定美元含金量以1美元含0.888 671克纯金,黄金官价为35美元/盎司。②各会员国的货币规定含金量,并按含金量的对比确定与美元的汇率。这就是说,各国货币均应以黄金,也就是以美元来表示,使各国货币盯住美元、与美元直接挂钩。③规定市场汇率的波动上下限为货币平价的±1%,即只能在2%的幅度内波动(1971年12月,曾一度放宽至货币平价的±2.5%)。若货币汇率波动超过上下限度,各国货币当局有义务进行干预,以维护汇率和金平价的稳定。④各国中央银行持有的美元可按每盎司35美元的官价向美国兑换黄金。

综上所述,布雷顿森林体系下的固定汇率制,实质上是一种可调整的盯住汇率制,它兼有固定汇率与弹性汇率的特点,即在短期内汇率要保持稳定,这类似金本位制度下的固定汇率制;但它又允许在一国国际收支发生根本性不平衡时可以随时调整,这类似弹性汇率。

但布雷顿森林体系下的固定汇率制度,与金本位下的固定汇率制度还是有本质上的区别:①制度产生的基础不同。金本位制下的固定汇率制度,是在各主要资本主义国家普遍实行金本位制的基础上自发地形成的;而布雷顿森林体系下的固定汇率制度,是在国际货币基金组织之下人为地建立起来的,并接受其监督。②调节机制不同。前者汇率的波动由黄金自由地输出入而进行自动调节，各国货币当局不参与外汇市场活动；而后者主要是靠各国货币当局利用外汇平准基金直接干预外汇市场来维持汇率的稳定。③汇率的稳定程度不同。金本位制下的汇率波动受制于黄金输送点，通过四大自由（自由铸造、自由熔化、自由兑换、自由输出入）使汇率稳定；在布雷顿森林体系的固定汇率制度下，当一国的国际收支出现根本性不平衡时，经国际货币基金组织事先同意或事后认可，可以变更其货币的含金量，即实行本币的法定贬值或升值。④货币内在价值不同。在金本位制度下，金币本身依其含金量的多寡具有实质性的价值；而布雷顿森林体系下的固定汇率制度中，纸币本身没有价值，是靠法定含金量来人为地确定其代表的价值，并以此来决定汇率大小。

（三）固定汇率制度的利弊分析

1. 固定汇率制度对经济的有利影响

（1）减少汇率波动风险，抑制外汇投机。

在固定汇率制度下，汇率具有相对的稳定性，汇率的波动范围或自发地维持，或人为地维持，减少了汇率波动风险，也抑制了外汇投机活动。

（2）有利于国际贸易及投资。

在固定汇率制度下，汇率变化较小，这样就使国际商品价格的决定、国际贸易成本的计算、国际债权债务的清偿都能比较稳定地进行，外贸成本和对外投资损益比较确定。因此，固定汇率制对世界经济的发展起到了一定的促进作用。

2. 固定汇率制度对经济的不利影响

（1）需要大量的国际储备。

在固定汇率制下，上下限及法定平价都是人为规定的，汇率不能正确反映两国货币实际购买力，这使得货币的对内价值和对外价值脱节，容易遭受国际游资的冲击。为了维持货币的固定比价，政府必须持有大量的国际储备。

（2）国内经济政策缺乏独立性。

在固定汇率制度下，各国政府为了维持汇率的上下限，必须尽力保持其外部的平衡。如一国的国际收支出现逆差时，往往采取紧缩性政策措施，减少进口和国内开支，使生产下降，失业增加。这样国内经济有时还要服从于国外的平衡。

（3）具有传递通货膨胀的倾向。

在固定汇率制度下，国外发生通货膨胀，很容易传播到国内。其传导渠道：一是国外通货膨胀通过一价定律造成本国商品和劳务价格的直接上升；二是国外通货膨胀通过外汇储备的变化造成本国货币供给的增加，从而间接引起本国物价上涨。因此，固定汇率具有传播通货膨胀的弊端。如 1971—1972 年发生的国际性通货膨胀，就是同固定汇率制密切相关的。

（4）容易遭受国际游资的冲击。

在固定汇率制度下，由于要维持货币的固定比价，会使汇率与货币币值严重背离，各种国际游资竞相追逐可以用来保值或用来谋求汇率变动利润的硬货币，这会导致国际游资的大规模单方面转移。

二、浮动汇率制度

(一) 浮动汇率制度的概念

浮动汇率制度指一国货币当局不再规定本国货币与外国货币比价和汇率波动的幅度，货币当局也不承担维持汇率波动界限的义务，而听任汇率随外汇市场供求变化自由波动的一种汇率制度。当然，完全任凭市场供求自发地形成汇率，而不采取任何干预措施的国家很少或几乎没有。各国政府往往都要根据本国的具体情况，或明或暗地对外汇市场进行不同程度的干预。

自从以美元为中心的固定汇率制度崩溃，1973年主要西方国家普遍实行了浮动汇率制度。1976年1月，国际货币基金组织正式承认浮动汇率制度。1978年4月，基金组织理事会通过"关于第二次修改协定条例"，正式废止以美元为中心的国际货币体系。至此，浮动汇率制度在世界范围取得了合法的地位。

(二) 浮动汇率制度的种类

1. 按政府是否干预外汇市场来划分

(1) 自由浮动 (Free Floating)，又称清洁浮动，是指汇率完全由外汇市场上的供求状况决定，自由涨落、自由调节，政府不加干预。

(2) 管理浮动 (Managed Floating)，又称肮脏浮动，是指一国货币当局为使本国货币对外的汇率不致波动过大或使汇率向着有利于本国经济发展的方向变动，通过各种方式，或明或暗地对外汇市场进行干预。

2. 按浮动程度或浮动方式划分

(1) 盯住型，又称无弹性型，是将本币按固定比价同某一种外币或混合货币单位相联系，而本币对其他外币的汇率随盯住货币与其他外币汇率的浮动而浮动。

(2) 有限灵活型，又称有限弹性型，是指一国货币的汇价盯住某一种货币或一组货币浮动，但与盯住货币之间的汇率有较大的波动幅度。

(3) 更为灵活型，又称高度弹性型，即汇率波动不受幅度的限制，以独立自主的原则进行汇率调整。

(三) 浮动汇率制度的利弊分析

1. 浮动汇率制度对经济的有利影响

(1) 节约国际储备。

在浮动汇率制度下，汇率随着外汇供求的涨落而自动达到平衡，政府在很大程度上听任汇率由外汇市场支配，减少干预行动，国家需要的外汇储备的需求量自然可以减少。这就有助于节省国际储备，使更多的外汇能用于本国的经济建设。

(2) 有利于国内经济政策的独立性。

在浮动汇率制度下，通过汇率杠杆对国际收支进行自动调节，在一国发生暂时性或周期性失衡时，一定时期内的汇率波动不会立即影响国内的货币流通，一国政府不必急于使用破坏国内经济平衡的货币政策和财政政策来调节国际收支。所以，浮动汇率制度使各国可以独立地实行自己的货币政策、财政政策和汇率政策。

（3）使经济周期和通货膨胀的国际传递减少到最小程度。

在浮动汇率制度下，若一国国内物价普遍上升，通货膨胀严重，则会造成该国货币对外货币汇率下浮，该国出口商品的本币价格上涨便会被汇率下浮抵消，出口商品折成外币的价格因而变化不大，从而贸易伙伴国就可少受国外物价上涨的压力。

（4）缓解国际游资的冲击。

在浮动汇率制下，汇率因国际收支、币值的变动等频繁调整，不会使币值与汇率严重背离，某些硬通货受到巨大冲击的可能性减少。

2. 浮动汇率制度对经济的不利影响

（1）助长投机，加剧动荡。

在浮动汇率制度下，汇率变动频繁且幅度大，为低买高抛的外汇投机提供了可乘之机。不仅一般投机者参与投机活动，连银行和企业也加入了这一行列。1974年6月，德国最大的私人银行之一赫斯塔特银行因外汇投机损失2亿美元而倒闭，其他如美国富兰克林银行、瑞士联合银行等也都曾因外汇投机而导致信用危机。这种为牟取投机暴利而进行的巨额的、频繁的投机活动，加剧了国际金融市场的动荡。

（2）不利于国际贸易和国际投资。

汇率波动导致国际市场价格波动，使人们普遍产生不安全感。外贸成本和对外投资损益的不确定性加大，风险加大，使人们不愿意缔结长期贸易契约和进行长期国际投资，使国际商品流通和资金借贷受到严重影响。

（3）货币战加剧。

实行汇率下浮政策的主要目的是为了刺激出口、减少进口，改善贸易收支，进而扩张国内经济，增加生产和就业。浮动汇率可能导致竞争性贬值，各国都以货币贬值为手段，输出本国失业，或以它国经济利益为代价扩大本国就业和产出，这就是以邻为壑的政策。而实行汇率上浮政策，则主要是为了减少国际收支顺差，减少国内通货膨胀压力。例如，从1980年第四季度起，美元汇率上浮，到1983年9月，美元对十大工业国的币值平均上升了46%。实行高汇率使美国的通货膨胀率急剧下降，1979—1980年通货膨胀率高达12%～13%，1983年则降为3.9%。据估算，1981—1983年美元汇率上浮使美国通货膨胀率下降45%。当然，高汇率也不利于美国的出口，其间美国同西欧各国贸易逆差扩大，这又迫使美国加强贸易保护措施，使其与西欧和日本的矛盾和摩擦加剧。

（4）具有通货膨胀倾向。

浮动汇率有其内在的通货膨胀倾向，可使一国长期推行通货膨胀政策，而不必担心国际收支问题。因为其汇率的下浮可在一定程度上自动调节国际收支。

（5）对发展中国家不利。

外汇汇率上升时，使广大发展中国家进口工业制成品的价格上涨，而这些产品又是发展中国家经济建设所必需，故进口成本上升。外汇汇率下跌时，出口初级产品价格下跌,而初级产品需求弹性小,不会在价格下跌时使外贸收入增加,贸易收支得不到改善。浮动汇率还加剧了外债管理的难度,增大了风险。

参考资料 2-4

国际货币基金组织的汇率制度安排分类

目前来说,对各国汇率制度的分类主要有两种依据:一种是 IMF 在《外汇安排与外汇限制年报》(Annual Report on Exchange Arrangements and Exchange Restrictions,AREAER)中所采用的分类依据,即按照各国政府官方宣称实行的汇率制度进行划分。1982 年 IMF 汇率制度的分类方式如表 2-4 所示。

表 2-4　1982 年 IMF 汇率制度分类

分　类	内　容
盯住汇率	① 盯住单一货币 ② 盯住合成货币
有限灵活汇率	① 对单一货币在汇率带内进行浮动 ② 汇率合作安排
更加灵活汇率	① 管理浮动 ② 按一套指标调整(1997 年后被并入) ③ 独立浮动(或称自由浮动)

考虑到原有汇率制度分类方案的缺陷以及欧元的诞生,从 1999 年 1 月 1 日开始,IMF 重新依据实际汇率制度而不是官方宣布的汇率安排对各成员国汇率制度进行了新的分类,主要分为 8 种类型(如表 2-5 所示)。

表 2-5　1999 年 IMF 汇率制度分类

分　类	内　容
无独立法定货币	一国采用另一国货币作为唯一法定货币,或者隶属于某一货币联盟,共同使用同一法定货币
货币发行局制度	货币发行当局根据法定承诺按照固定汇率来承兑指定的外币,并通过对货币发行权的限制来保证履行法定承兑义务
其他传统的固定盯住制	国家将其货币以一个固定的汇率盯住(官方或者实际)某一种主要外币或者盯住某一篮子外币,汇率波动围绕中心汇率上下不超过 1%
盯住平行汇率带	汇率被保持在官方或者实际的固定汇率带内波动,其波幅超过围绕中心汇率上下各 1%的幅度
爬行盯住	汇率按照固定的、预先宣布的比率作较小的定期调整或依据所选取的定量指标的变化作定期调整
爬行带内浮动	汇率围绕着中心汇率在一定幅度内上下浮动,同时中心汇率按照固定的、预先宣布的比率作定期调整或根据所选取的定量指标的变化作定期调整

续表

分 类	内 容
不事先宣布汇率干预方式的管理浮动	货币当局通过在外汇市场上积极干预来影响汇率的变动,但不事先宣布对汇率的干预方式
独立浮动	汇率基本上由市场决定,偶尔的外汇干预旨在缓和汇率变动、防止汇率过度波动,而不是为汇率建立一个基准水平

根据 IMF 新的汇率制度分类方案,考察 IMF 成员国实行各种汇率制度的情况如表 2-6 所示。

表 2-6 2011 年各国汇率制度

类 别	汇率制度名称	国家数量
第Ⅰ类	无独立法定货币	40
第Ⅱ类	货币发行局制度	8
第Ⅲ类	其他传统的固定盯住制	40
第Ⅳ类	盯住平行汇率带	5
第Ⅴ类	爬行盯住	4
第Ⅵ类	爬行带内浮动	6
第Ⅶ类	不事先宣布汇率干预方式的管理浮动	42
第Ⅷ类	独立浮动	40

资料来源：IMF "International Financial Statistics",2012。

三、汇率制度的选择

在现实中,各国都根据自身经济发展水平和运行状况自主选择汇率制度和汇率政策。根据 IMF《2003 年度报告》,截止到 2003 年 4 月 30 日,在 187 个 IMF 成员中,实行无独立法定货币、货币发行局制度、其他传统的固定盯住制、盯住平行汇率带、爬行盯住、爬行带内浮动、不事先宣布汇率干预方式的管理浮动以及独立浮动制度的成员数分别为 41、7、42、5、5、5、46 和 36 个。通常将前 6 类归为固定汇率制度,后 2 类划入浮动汇率制度,这样,IMF 会员采用固定、浮动汇率制度分别为 105 和 82 个,固定汇率制度占多。

这是由于固定汇率制度与浮动汇率制度在特定条件下均能发挥好的作用,条件改变后其缺点可能又很明显或突出。例如,就经济规模而言,对于小国采用固定汇率制度比较适宜,因为小国一般与少数几个大国的贸易依存度较高,汇率的浮动不利于其开展国际贸易;反之,对于大国则采用浮动汇率制度比较适宜,因为大国的对外贸易多元化,很难选择一种基准货币实施固定汇率。

就经济发展水平而言,一般情况下,经济发展水平高的国家更倾向于选择浮动汇率制。因为经济发展水平高的国家，其经济、金融发展程度高，金融机构和金融制度较为完善，资本管制较少，选择浮动汇率制可以保持国内货币政策的独立性。

另外，政府的政策意图也会影响到汇率制度的选择，如果政府面临国内的高通货膨胀问题，应采用固定汇率制。如果为防止从外国输入通货膨胀，则选择浮动汇率制度比较有效。

所以，各国货币实行什么样的汇率制度，应由各国货币当局根据本国的经济实力，经济的结构性特征，政府的政策意图，黄金、外汇储备量和国际收支等状况来选择。

参考资料2-5

固定、盯住、浮动汇率制的优缺点

1. 固定汇率制度

优点：我国的对外贸易，不管是对美国的还是其他国家的，大部分合同都是以美元计价的，盯住美元的汇率制度有利于中国对外贸易投资的结算，使我国的贸易商规避其中的汇率风险，而且，盯住美元制度有利于稳定国内私人部门取得的外汇资产价值。

缺点：在一国收支不平衡时如何自动恢复均衡的国内的调整机制；一国的工资和价格急剧上升时，固定汇率制度下，该国必须通过国内的通缩或国外的通胀才能回到均衡点。当一国外汇储备不足的时候，极易遭受投机攻击的困扰。当长期锁定某一主要货币而导致本币币值高估，且本国经常项目顺差持续减少，甚至于出现巨额逆差时，当国外投资者意识该国的外汇储备不足以偿还所欠外债，于是出现清偿危机，在其他众多不稳定因素诱导下，引发撤资行为，从而导致货币危机。如2001年底阿根廷公共债务总额占国内生产总值的比重为54%，受阿根廷比索贬值的影响，2002年年底已上升到123%，2003年阿根廷需要偿还债务本息达296.14亿美元，相当于中央银行持有的外汇储备的2.9倍。

2. 盯住汇率制度

优点：①将国际贸易商品的通胀率和核心国挂钩，从而有助于控制通胀，而且将通胀预期和核心国的通胀率固定在一起；②为货币政策的实施提供了自动规则，从而缓解了时间一致性问题（所谓时间一致性问题，即企业和个人对货币政策当局未来行为的预期会影响经济表现，比如扩张的政策策略引起的预期，不会提高产出，却加剧了通胀），当本国货币有升值趋势时，汇率指标会促使推行紧缩货币政策，就不大可能选择自动放任的时间一致性的货币政策。这就是货币政策不独立的好处。

缺点：①盯住国不再能实施独立的货币政策，丧失了利用货币政策应付国内突发事件的能力；而且，核心国遭受的突发冲击会直接被传递到盯住国，因为核心国利率变动会导致盯住国利率的相应变动。②盯住国向冲击它们货币的投机者敞开了大门。例如，德国统一后的紧缩货币政策意味着其盯住国如果承诺盯住汇率不变就必须保持高的利率，但这引起的失业率上升代价巨大，所以投机者赌它们一定会贬值本国货币，并在可能贬值之前抛出该国货币，就可赚取潜在可观预期收益率。③削弱了决策者对外负责的能力。因为盯住汇率制度的优点之一即货币政策不独立的好处，此处恰又成了缺点。

3. 有管理的浮动汇率制度

优点：虽然汇率可以根据市场变化随时变动，但中央银行不愿意放弃对外汇市场的干预。首先，如上"固定汇率制度优点"所说，阻止汇率的大幅度波动，能够使公司和个人更容易制定未来向国外买卖商品的计划。其次，国际收支顺差国通常不愿意升值本国货币，因为会伤害本国出口，提高国内失业率，顺差国通常出售本国货币增加国际储备；而逆差国也不愿意自己的货币贬值，因为会伤害本国进口消费，并刺激通胀，逆差国通常购买本国货币减少国际储备。再次，实行有管理的浮动汇率制度可以降低投机风险。最后，浮动汇率制度允许各国追求各自的独立货币政策，避免经济危机，这是浮动汇率制度的最大优点。

缺点：汇率反复变化，且可能会大幅度背离潜在的经济基本面。

（资料来源：聂东东，http：//blog.sina.com.cn/）

参考资料 2-6

汇率实验场——阿根廷的 7 次制度变迁

在过去近 40 年里，阿根廷曾多次改变汇率制度。可以说，经济学家们迄今所能设想出来的汇率制度，都在阿根廷试验过。从固定汇率制到自由浮动汇率制。

战后，阿根廷曾两度实行固定汇率制度。

第一次是 1967 年 3 月以前。那正是阿根廷进口替代工业的建立和扩展时期，固定汇率有利于稳定进口成本和外债成本。但是，随着进口替代工业的摊子越铺越大，低效率、高成本和过度保护的恶性循环使政府的财政负担越来越重。1967 年 3 月，阿根廷当局宣布放弃固定汇率制度，实行自由浮动汇率制度。

第二次是 1970 年年底到 1976 年 11 月。当时阿根廷的民族主义高涨，庇隆政府开展大规模的国有化运动，在全国范围内又一次掀起了"投资热"和"进口热"。但是，随着公共开支、名义工资和信贷的增加，通货膨胀恶性发展。到 1975 年，阿根廷的年通货膨胀率已高达 300%。在这种情况下，要维持固定汇率制度是根本办不到的。1971 年 9 月，阿根廷宣布实行两种外汇市场：商业外汇市场和金融外汇市场。1975 年，经过两次大幅度贬值后，两种汇率分别为 1∶26 和 1∶30。即使如此，也仍然难以为继，政府遂于 1976 年 11 月宣布，除武器进出口外，所有的外汇买卖按自由浮动汇率交易。

阿根廷第一次实行自由浮动汇率制度是在 1967 年 3 月开始的经济改革时期，作为配套措施的外贸政策是加强进口限制。第一年效果还不错，经济复苏，出口增加，国际收支改善,但形势很快发生逆转。自由浮动汇率制度和自由兑换政策导致阿根廷外汇市场的外汇始终供不应求,阿根廷货币不断贬值,当局自动放弃了自由浮动汇率制度,恢复了固定汇率制度。

阿根廷第二次实行自由浮动汇率制度是在1976年11月固定汇率制度崩溃之时。其配套政策是允许资本自由流动,降低出口关税,提高银行利率,控制工资发放。允许资本自由流动导致资本大量流入。当时,世界上充斥"石油美元",货币资本过剩。因此外债成本很低,实际年利率仅2%,大大低于国内信贷成本。公共部门和私人部门遂转而对外大举借债,外债总额急剧增加。1978年,国际收支盈余和外汇储备净额继续增长,政府因势制订了一个稳定经济的计划,于1979年1月开始实施。该计划的要点就是预先确定一个贬值速度的"汇率表",这就是所谓计划浮动汇率制度。当1979年1月政府首次公布汇率表时,怀疑其不能兑现的因素很少。但1980年金融动荡期间,尽管政府一再保证"汇率表"有效,人们还是怀疑其能否维持下去,因而,抢购美元成风。3个月里,阿根廷外汇储备损失15亿美元。

就这样,每当外汇市场出现"不确定"时,人们的"贬值心理"爆炸,抢购美元成风时,这种政策模式就会自动求助于提高银行利率和汇率保险率,以达到吸引外资流入,稳定外汇市场的目的。如此反复,恶性循环,到1985年3月,存款年利率高达791.6%。严峻的形势终于迫使政府抛弃汇率表,恢复两种外汇市场。即金融外汇市场实行自由浮动汇率制度,商业外汇市场实行管理浮动汇率制度,即复式汇率制度。

1991年4月,梅内姆政府推出了"可兑换性"计划。其要点是货币发行以美元的拥有量为基础,每发行一个单位的比索,必须能够以固定的汇率自由地兑换成美元,即盯住美元的汇率制度。该计划成功地使阿根廷摆脱了债务危机以来持续滞胀的局面,获得了持续8年的稳定增长。当1994年墨西哥的金融危机,特别是1997年的亚洲金融危机,导致阿根廷出口下降,阿根廷的外债还本付息导致政府财政状况恶化时,可怕的信任危机就与日俱增了。为了阻止资金的大量外逃,阿根廷冻结了居民的存款。2001年,阿根廷爆发了金融危机和社会骚乱,使阿根廷自1998年年底开始的经济衰退进一步恶化。2002年,阿根廷货币当局被迫实行浮动汇率制度,比索巨幅贬值。2003年新政府宣布,继续实行浮动汇率制度,但将根据鼓励出口和进口替代的需要,适当干预外汇市场。

(资料来源:熊业田,www.hexun.com,2005.07.05 09:04)

四、人民币汇率制度

1948年12月1日,中国人民银行成立,并发行了统一的货币——人民币。1949年1月18日,中国人民银行在天津首次正式公布人民币汇率。五十多年来,在不同的时期,人民币的汇率安排有着不同的特点。

(一) 改革开放前的人民币汇率安排

中华人民共和国成立以来至改革开放前，我国人民币汇率安排大致经历了三个发展阶段。

1. 第一阶段——管理浮动制阶段（1950—1952年）

人民币诞生初期，计划经济体制尚未建立，中华人民共和国政府宣布人民币不以黄金为基础，即人民币没有规定含金量，在实际操作中实行的是管理浮动制。人民币对美元汇率根据人民币对美元的出口商品比价、进口商品比价和华侨日用生活费比价三者加权平均来确定。这段时期，人民币汇率确定的依据是物价，其作用实际上是调节对外贸易，照顾侨汇收入。也就是说，中华人民共和国成立初期人民币汇率制定的依据是物价水平，这是一种比较市场化的汇率安排。

中华人民共和国成立初期，由于国民党统治时期遗留下来的恶性通货膨胀和其他因素的影响，我国物价节节上涨。例如，上海批发物价指数以1949年6月为100，到1950年3月则上涨至2 242.93。由于国内物价上涨、国外物价趋跌的价格对比关系，根据前述政策要求，我国人民币对美元汇价由1949年1月18日1美元=80元旧人民币，调低至1950年3月13日1美元=42 000元旧人民币，在一年零一个月的时间内，人民币汇价下调49次。至于和其他外汇的汇价，则是根据它们对美元的汇价进行间接套算的结果。

从1950年3月至1952年年底，随着国内物价由上涨转变为下降，同时，由于美国对朝鲜发动了侵略战争，大量抢购战备物资，美国及其盟国接连宣布一系列对我国"封锁禁运"的措施。在这种情况下，我国必须降低外汇汇价，以利于推动本国进口。因此，根据当时形势发展的需要，我国汇率政策的重点也由"推动出口"改变为"进出口兼顾"，并逐步调高人民币汇价。1952年12月，人民币汇价调高至1美元=26 170元旧人民币。

这一时期，我国对外贸易对象主要是美国，对外贸易主要由私营进出口商经营。人民币汇率的及时调整，可以调节进出口贸易，保证出口的增长。

2. 第二阶段——盯住美元（1953—1972年）

从1953年起，国内物价趋于全面稳定，对外贸易开始由国有公司统一经营，而且主要产品的价格也纳入国家计划。计划经济本身要求对人民币的汇价采取基本稳定的政策，以利于企业内部的核算和各种计划的编制和执行。同时，由于以美元为中心的固定汇率制度的确立，各国之间的汇价在一定程度上也保持了相对稳定。再加上我国与西方工业国家的直接贸易关系和借贷关系很少，因此，西方各货币汇率变动对我国人民币汇率几乎没有什么影响。

在国内物价水平趋于稳定的情况下，我国进行中华人民共和国成立以来的首次币制改革。1955年3月1日，开始发行新人民币，新旧人民币折合比率为1∶10 000。国际上布雷顿森林体系处于鼎盛时期，主要西方货币之间的汇率大体稳定，人民币对西方主要货币也相应稳定。自采用新人民币后，1955—1971年，人民币对美元汇率一直是1美元折合2.461 8元新人民币。1971年12月18日，美元兑黄金官价宣布贬值 7.89%，人民币汇率相应上调为 1 美元合 2.267 3 元人民币。

这一时期人民币汇率政策采取了稳定的方针，即在原定的汇率基础上，参照各国政府公布的汇率制定，逐渐同物价脱离。但这时国内外物价差距扩大，进口与出口的成本悬殊，于是外贸系统采取了进出口统负盈亏、实行以进口盈利弥补出口亏损的办法，人民币汇率对进出口的调节作用减弱。

3. 第三阶段——盯住一篮子货币（1973—1978 年）

1973 年 3 月以后，布雷顿森林体系彻底解体，西方国家普遍实行了浮动汇率制。为了避免西方国家通货膨胀及汇率变动对我国经济的冲击，我国从 1973 年开始频繁地调整人民币对外币的汇率（仅 1978 年人民币对美元的汇率就调整了 61 次），而且在计算人民币汇价时，采用了盯住加权的"一篮子"货币的办法，所选用的"篮"中货币都是在我国对外贸易的计价货币中占比重较大的外币，并以这些货币加权平均汇价的变动情况，作为人民币汇价相应调整的依据。

这一时期人民币汇价政策的直接目标仍是维持人民币的基本稳定，针对美元危机不断发生且汇率持续下浮的状况，人民币汇率变动较为频繁，并呈逐渐升值之势。1972 年为 1 美元＝2.24 元人民币，1973 年 1 美元＝2.005 元人民币，1977 年为 1 美元＝1.755 元人民币。

自 20 世纪 50 年代中期以来，由于我国一直实行的是传统社会主义计划经济，对外自我封闭，对内高度集权，直至 80 年代初，国家外汇基本上处于零储备状态，外贸进出口主要局限于社会主义国家之间，且大体收支平衡，国内物价水平也被指令性计划所冻结，尽管人民币汇率严重高估，但它并未带来明显的消极影响。

（二）改革后的人民币汇率安排

改革开放以后，我国人民币汇率安排大致经历了四个发展阶段。

1. 第一阶段——"双重汇率制"（1979—1984 年）

1979 年，我国的外贸管理体制开始进行改革，对外贸易由国营外贸部门一家经营改为多家经营。由于我国的物价一直由国家计划规定，长期没有变动，许多商品价格偏低且比价失调，形成了国内外市场价格相差悬殊且出口亏损的状况，这就使人民币汇价不能同时照顾到贸易和非贸易两个方面。为了加强经济核算并适应外贸体制改革的需要，国务院决定从 1981 年起实行两种汇价制度，即另外制定贸易外汇内部结算价，并继续保留官方牌价用作非贸易外汇结算价。这就是所谓的"双重汇率制"或"汇率双轨制"。

1980 年人民币官方牌价为 1 美元＝1.5 元人民币。从 1981 年 1 月到 1984 年 12 月期间，我国实行贸易外汇内部结算价，贸易外汇 1 美元＝2.80 元人民币；官方牌价即非贸易外汇 1 美元＝1.50 元人民币。前者主要适用于进出口贸易及贸易从属费用的结算；后者主要适用于非贸易外汇的兑换和结算，且仍沿用原来的一篮子货币加权平均的计算方法。

随着美元在 20 世纪 80 年代初期的逐步升值，我国相应调低了公布的人民币外汇牌价，使之同贸易外汇内部结算价相接近。1984 年年底公布的人民币外汇牌价已调至 1 美元＝2.796 3 元人民币，与贸易外汇内部结算价持平。

2. 第二阶段——单一汇率制（1985—1990 年）

在人民币双重汇率制下，外贸企业政策性亏损，加重了财政补贴的负担，而且国际货币基金组织和外国生产厂商对双重汇率提出异议。1985 年 1 月 1 日，我国又取消了贸易外汇内部结算价，重新恢复单一汇率制，1 美元＝2.80 元人民币。

事实上，1986 年随着全国性外汇调剂业务的全面展开，又形成了统一的官方牌价与千差万别的市场调剂汇价并存的新双轨制。而且当时全国各地的外汇调剂市场，在每一时点上，市场汇率水平不尽相同。这种官方汇率与市场汇率并存的多重汇率制一直延续到 1993 年年底。其间，外汇调剂市场的汇率形成机制，经历了从开始试办时的人为定价到由市场供求关系决定的过程。

进入 20 世纪 80 年代中期以后，我国物价上涨速度加快，而西方国家控制通货膨胀取得一定成效。在此情况下，我国政府有意识地运用汇率政策调节经济与外贸，对人民币汇率作了相应持续下调。1995 年 8 月 21 日，人民币汇率调低至 1 美元＝2.90 元人民币；同年 10 月 3 日再次调低至 1 美元＝3.00 元人民币；同年 10 月 30 日又调至 1 美元＝3.20 元人民币。

从 1986 年 1 月 1 日起，人民币放弃盯住一篮子货币的做法，改为管理浮动。其目的是要使人民币汇率适应国际价值的要求，且能在一段时间内保持相对稳定。

1986 年 7 月 5 日，人民币汇率再度大幅调低至 1 美元＝3.703 6 元人民币。1989 年 12 月 16 日，人民币汇率又一次大幅下调，由此前的 1 美元＝3.722 1 元人民币调至当日的 4.722 1 元人民币。1990 年 11 月 17 日，人民币汇率再次大幅下调，并由此前的 4.722 1 调至当日的 5.222 1 元人民币。

从改革开放以后至 1991 年 4 月 9 日的十余年间，人民币汇率政策的特点表现为以下几个方面：一是分别实施过贸易外汇内部结算价与公布牌价并存的双重汇率体制，以及官方汇率与市场汇率并存的多重汇率体制；二是公布的人民币官方汇率按市场情况调整，且呈大幅贬值趋势，这与同期人民币对内实际价值大幅贬值以及我国国际收支状况是基本上相适应的；三是在人民币官方汇率的调整机制上，做过多种有益的尝试，如盯住一篮子货币的小幅逐步调整方式以及一次性大幅调整的方式，这些为以后实施人民币有管理的浮动汇率制度奠定了基础；四是市场汇率的机制逐步完善；五是市场汇率的调节作用在我国显得越来越大。

3. 第三阶段——有管理的浮动运行机制（1991—1993 年）

自 1991 年 4 月 9 日起，我国开始对人民币官方汇率实施有管理的浮动运行机制。国家对人民币官方汇率进行适时适度、机动灵活、有升有降的浮动调整，改变了以往阶段性大幅度调整汇率的做法。实际上，人民币汇率实行公布的官方汇率与市场汇率（即外汇调剂价格）并存的多重汇率制度。

我国人民币有管理的浮动汇率制度主要指人民币官方汇率的有管理的浮动，其基本特点是，我国的外汇管理机关即国家外汇管理局根据我国改革开放与发展的状况，特别是对外经济活动的要求，参照国际金融市场主要货币汇率的变动情况，对公布的人民币官方汇率进行适时适度、机动灵活、有升有降的浮动调整。在两年多的时间里,官方汇率数十次小幅调低,但仍赶不上水涨船高的出口换汇成本和外汇调剂价。

4. 第四阶段——名义上"有管理的浮动汇率制度",事实上"盯住美元的固定汇率制度"(1994—2005年)

从1994年1月1日起,我国实行人民币汇率并轨。1993年12月31日,官方汇率1美元兑换人民币5.8元;调剂市场汇率为1美元兑换人民币8.7元左右。从1994年1月1日起,将这两种汇率合并,实行单一汇率,人民币对美元的汇率定为1美元兑换8.70元人民币。同时,取消外汇收支的指令性计划,取消外汇留成和上缴,实行银行结汇、售汇制度,禁止外币在境内计价、结算和流通,建立银行间外汇交易市场,改革汇率形成机制。这次汇率并轨后,我国建立的是以市场供求为基础的、单一的、有管理的浮动汇率制度。这一阶段,人民币兑美元汇率趋稳,并一直保持在1美元=8.3元人民币左右。

(三) 人民币汇率安排的新阶段

2005年7月21日,中国人民银行发布《关于完善人民币汇率形成机制改革的相关事宜公告》。其主要内容如下:

(1) 自2005年7月21日起,我国开始实行以市场供求为基础、参考一篮子货币进行调节、有管理的浮动汇率制度。人民币汇率不再盯住单一美元,形成更富弹性的人民币汇率机制。

(2) 中国人民银行于每个工作日闭市后公布当日银行间外汇市场美元等交易货币对人民币汇率的收盘价,作为下一个工作日该货币对人民币交易的中间价格。

(3) 2005年7月21日19:00时,美元对人民币交易价格调整为1美元兑8.11元人民币,作为次日银行间外汇市场上外汇指定银行之间交易的中间价,外汇指定银行可自此时起调整对客户的挂牌汇价。

(4) 现阶段,每日银行间外汇市场美元对人民币的交易价仍在人民银行公布的美元交易中间价上下3‰的幅度内浮动,非美元货币对人民币的交易价在人民银行公布的该货币交易中间价上下一定幅度内浮动。

(5) 中国人民银行将根据市场发育状况和经济金融形势,适时调整汇率浮动区间。同时,中国人民银行负责根据国内外经济金融形势,以市场供求为基础,参考篮子货币汇率变动,对人民币汇率进行管理和调节,维护人民币汇率的正常浮动,保持人民币汇率在合理、均衡水平上的基本稳定,促进国际收支基本平衡,维护宏观经济和金融市场的稳定。

这一次的人民币汇率安排改革的核心是放弃单盯美元,改盯一篮子货币,以建立调节自如、管理自主、以市场供求为基础、更富有弹性的人民币汇率机制。从此次人民币短期升值来看,这将有利于缓解国际收支失衡的巨大压力,同时,释放人民币潜在的升值压力,并能淡化人民币兑美元的国际矛盾。从长远战略来看,人民币汇率新机制的建立,将有利于推进人民币汇率安排的市场化改革进程,最终为人民币在资本项目下实现可兑换创造渐近条件。

第二章 外汇与外汇汇率

回顾中华人民共和国成立以来尤其是改革开放以来人民币汇率制度演变发展的历程,有很多经验教训值得我们总结和吸取。通过以上分析,我们可以得出以下结论:①一国的汇率制度不可能永远不变,各个时期的人民币汇率安排都是随着各个时期经济发展的需要而演变的;②人民币汇率制度改革走了一条"盯住单一美元——盯住一篮子货币——双重汇率制——盯住单一美元——盯住一篮子货币"之路,但是,逐步扩大汇率的灵活性和汇率的市场化是这条演变之路的实质。因此,未来的人民币汇率的改革必然也是朝着市场化方向发展。

参考资料 2-7

人民币持续贬值对老百姓生活的影响

2015 年,人民币对美元中间价持续走低,并突破了 6.5 的关口。对一些有美元"刚需"的市民和部分行业企业来说,人民币汇率的波动多少有些影响,但从短期看,对大多数的百姓生活影响不会太大。

人民币对美元走低,将有助提振部分出口占比较高的外向型行业。企业一般以美元作为结算货币,人民币贬值可适度增加汇兑收益,出口产品的竞争力也将加强。不过,尽管人民币汇率持续下跌,但跌幅有限,因而对企业提振作用很有限。汇率波动之下,有行业"挣钱",也有企业"吃亏"。比如发展势头非常迅猛的跨境电商,特别是进口类电商,人民币汇率的持续走低,相当于增加了不少进货成本。

从百姓个人理财角度讲,人民币汇率走低后选择买进美元进行投资是否划算呢?答案也是否定的。因为市场上可购买的美元计价理财产品非常有限,购买前需提前与银行确认是否有可购买份额;另外是门槛较高,部分理财产品因风险较大,需要客户有足够的外汇产品购买经验才可申购。对大部分投资者来说,如果最终只能选择美元定存,其实并不合算。

对于留学和出国旅游的百姓来说,如果短期内用到美元,提前购汇可能省点钱,因为美元的换汇成本持续增加了,未来继续贬值,势必会增加留学成本。但如果长期需要,不妨再多观察一阵,毕竟汇率的变动还是很难精准预测的。

(资料来源:根据凤凰财经、新浪财经、搜狐财经等相关报道信息整理)

【本章小结】

1. 外汇指的是外币或以外币表示的用于国际债权、债务结算的各种支付手段。具体是指以外国货币表示的可用于国际结算的支付凭证。这些支付凭证包括以外币表示的信用工具和有价证券,如银行存款、商业汇票、银行汇票、银行支票、外国政府库券及其长短期证券等。

2. 汇率又称汇价,是两种货币之间的兑换比率。其标价方法有两种:直接标价法和间接标价法。按照不同的分类标准,汇率可分为不同的种类。

3. 在金本位下，决定汇率的基础是铸币平价；在纸币本位下，决定汇率的基础应为两种货币所具有的购买力之比。汇率变动是受诸多因素影响的，其中既有国内的，也有国外的；既有经济的因素，也有政治的，乃至社会的、心理的因素。这些因素相互交织在一起，使汇率变动具有很大的不确定性。同时，汇率的变动又会对一国的物价水平、进出口贸易、经济结构，乃至对世界经济、国际资本流动等产生重大的影响。

4. 汇率制度是指一国货币当局对本国货币汇率变动的基本方式所做的安排和规定。汇率制度的基本类型，可分为固定汇率制度和浮动汇率制度。两种汇率制度利弊共存。不同的汇率制度是特定历史条件下的必然产物，我们很难判断汇率制度孰优孰劣。

【关键概念】

外汇　外汇汇率　汇率变动　固定汇率制度　浮动汇率制度

【本章习题】

一、思考题

1. 什么是外汇？
2. 什么是直接标价法？什么是间接标价法？
3. 汇率的种类有哪些？
4. 汇率变动主要受哪些因素的影响？
5. 汇率的变动如何影响一国经济？
6. 试对固定汇率制与浮动汇率制进行比较。

二、实训题

1. 如果人民币对美元的汇率从 USD/CNY＝8.278 9 降至 USD/CNY＝8.111 1，请问人民币升值了多少？

2. 如果你以电话向中国银行询问 EUR/USD 的汇价，中国银行答道："1.214 2/1.214 5"。请问：

(1) 中国银行以什么汇价向你买进美元？
(2) 你以什么汇价从中国银行买进欧元？
(3) 如果你向中国银行卖出欧元，汇率是多少？

3. 如果你是银行，你向客户报出 USD/HKD 为 7.805 7/7.806 7，客户要以港币向你买进 100 万美元。请问：你应给客户什么汇价？

4. 某公司手中有 100 万英镑需要进行交易，它向 6 家银行询问了报价，请问该公司应到哪一家银行卖出英镑？

GBP/USD

A 银行：1.716 6/1.717 2
B 银行：1.716 5/1.717 1
C 银行：1.716 4/1.717 0
D 银行：1.716 3/1.716 9
E 银行：1.716 2/1.716 8
F 银行：1.716 1/1.716 7

5. 假设汇率为：
EUR/JPY　134.376/134.445
GBP/EUR　0.677 5/0.677 8
请问某公司要以日元买进英镑，汇率是多少？

6. 我国某公司出口某商品原报价每公吨 1 000 美元离岸价，现外商要求改报瑞士法郎价格。依下列两种情况应改报多少法郎？

（1）中国外汇市场上，$1＝¥8.260 0/8.263 0，SF 1＝¥6.140 0/6.144 0。

（2）纽约市场上，$1＝SF 1.450 0/1.456 0。

7. 在金本位货币制度下，假如 1 英镑的含金量为 7.322 38 克纯金，1 美元的含金量为 1.504 63 克纯金，在英国和美国之间运送 1 英镑黄金的费用及其他费用约为 0.03 美元，试计算美国的黄金输出点和黄金输入点。（精确至小数点后 4 位）

第三章
外汇交易实务

【学习目标】

知识目标

1. 了解外汇风险的基本概念和外汇交易的基本类型。
2. 理解外汇风险的处理方式和各类外汇交易的过程。
3. 掌握各类外汇交易的原理以及在不同需求下初步的应用。

能力目标

1. 能对即期外汇交易的盈亏进行计算。
2. 能对远期外汇交易的盈亏进行计算。
3. 能对套汇和套利交易的盈亏进行计算。

【导入案例】

人民币汇率波动增加了进出口企业利润的不稳定性

在隔夜美元指数大涨推动下,2014年6月3日国内外汇市场人民币兑美元中间价设于6.171,较前一交易日下跌15个基点,创近9个月来新低。货币政策倾向于定向宽松,加上美元近期显著走强,导致近阶段人民币汇率延续弱势运行。

2014年6月1日,国家统计局公布的5月份中国制造业采购经理指数(PMI)为50.8%,比4月份上升0.4个百分点,连续三个月回升,预示中国制造业继续稳中向好,而反映制造业外贸情况的新出口订单指数和进口指数分别为49.3%和49%,均位于临界点之下,说明出口型企业仍面临压力。

人民币兑美元贬值,对此前借人民币升值趋势套利的"热钱"形成了阻力。根据跨境监测数据，2014 年 5 月流入中国的"热钱"延续了 4 月份的跌势，且跌幅进一步放大，就印证了这一点。相比 2014 年年初市场一致预期人民币年内可能升值"破六"的情况，眼下对于人民币汇率走势不再是一致看涨，澳新银行、瑞银、汇丰都预测，到年底人民币较年初将出现约 1.5% 的贬值。值得关注的是，人民币汇率浮动幅度扩大，减少了"热钱"套利的风险，但也增加了企业进出口利润的不确定性，因此需要外贸企业积极适应，加快培育竞争新优势，扩大进出口贸易人民币使用，也需要金融机构开发更多适合进出口企业需求、定价合理的汇率避险产品，帮助企业提高对汇率风险的承受和规避能力，增强服务实体经济的能力。

在人民币汇率波动幅度扩大的形势下，如何运用外汇交易进行合理的保值避险，是本章将要重点阐述的内容。

（案例来源：李贺，等. 国际金融——理论·实务·案例·实训[M]. 上海：上海财经大学出版社，2015：62.）

第一节　外汇交易基础知识

外汇交易是指在不同国家的可兑换货币间进行货币买卖兑换的行为，即以约定的汇率将一种货币兑换成另一种货币，并在确定的日期进行资金的交割。

一、外汇交易惯例

（一）交易时间

外汇交易的参加者常会提到外汇市场的"开市"和"收市"两个概念，但这并不意味着外汇交易者只能在开市后、收市前进行交易。因为，所谓开市和收市仅仅是相对于单个外汇市场什么时候开始营业和什么时候结束营业而言，但对于全球外汇市场而言，即使一个外汇市场收市了，外汇交易仍可继续在其他外汇市场进行。由于世界各地存在时差，全世界外汇市场的交易或顺承相连或相互交错，使亚太地区、欧洲地区和北美地区外汇市场能 24 小时不停地进行交易。

如以香港时间为参照，每天早上 5 点，亚太地区的惠灵顿外汇市场开市；欧洲则在下午 2~3 点先是法兰克福外汇市场、苏黎世外汇市场开市，过后 1 小时是伦敦外汇市场开市；晚上 9 点纽约外汇市场开市直到第二天凌晨 5 点收市，从而构成一天 24 小时交易。

外汇交易者在一个交易日中应特别关注的交易时间有：早上亚洲外汇市场的开盘，下午欧洲外汇市场的开盘，晚上纽约外汇市场的开盘和次日凌晨纽约外汇市场的收盘。其中交易量最大、最活跃、最繁忙的时候当属欧洲当地时间下午 1 点至 3 点的时刻。此时，世界几大交易中心如伦敦、纽约、法兰克福、芝加哥同时开市，这时是顺利成交、巨额交易的时间段。在一个交易周中，交易者应关注的交易时间有：星期一早上悉尼外汇市场的开盘，其对外汇行情起承上启下的作用；星期五晚上纽约外汇市场的行情，因为美国的许多经济数据在该时公布；星期五纽约外汇市场收盘，决定下周的汇率市场走势。

参考资料 3-1

一个北京的投资者可以在深夜通过中国银行的外汇交易系统进行外汇买卖，参照表 3-1 的外汇市场开市与收市时间。

表 3-1　全球主要外汇市场交易时间（均为北京时间）

地　区	城　市	开市时间	收市时间
大洋洲	悉尼	7：00	14：00
亚洲	东京	8：00	15：00
亚洲	香港	9：00	16：00
亚洲	新加坡	9：00	17：00
亚洲	巴林	14：00	22：00
欧洲	法兰克福	16：00	24：00
欧洲	苏黎世	16：00	24：00
欧洲	巴黎	17：00	次日凌晨 1：00
欧洲	伦敦	18：00	次日凌晨 2：00
北美洲	纽约	20：00	次日凌晨 4：00
北美洲	洛杉矶	21：00	次日凌晨 5：00

需要注意的是，这几大外汇市场的交易时间在北京时间早上 5：00—7：00 点是空挡时段。

（二）交易的参加者

外汇交易的参加者包括中央银行、商业银行、外汇经纪商，一些非银行金融机构和政府、企业、个人等一般性客户。这些参加者无论以何种形式入市，最终均通过外汇交易员的交易活动来完成。

（三）交易的规则

在外汇交易中，存在一些约定俗成的、大家共同遵守的习惯和做法，最后逐渐被外汇交易员们认定为规则，在外汇交易中使用。这里简单列举交易中几种主要的规则。

规则一：外汇交易中的报价。此报价是外汇交易中双方兑换货币成交的价格。通常，银行在报价时对每一种货币应同时报出买入价（Bid Price）和卖出价（Offer Price），即所谓双价制。另外，报出的汇价通常由两个部分构成：大数（Big Figure）和小数（Small Figure）。大多数的汇价，其小数点后第二位以前的数据值为大数，以后的数据值为小数，如美元兑欧元汇价：USD/EUR 为 0.753 8/42，其中 0.75 为大数，38/42 为小数。仅有少数几个汇价，其整数部分为大数，小数部分为小数，如日元兑美元汇价：USD/JPY 为 120.35/45，其中 120 为大数，35/45 为小数。一般在一个交易日内，外汇市场上汇率波动不大，外汇交易员为了节省时间、尽力求简，只报汇率的最后两位数，能让熟悉行情的对方明了就可以了。如前述美元兑欧元汇率只报出 38/42，至于前面大数可省略不报。

另外，外汇交易员的报价必须以美元为中心，即几乎全部的外汇交易均采用以某种货币对美元的买进或卖出的形式进行，除非有特殊说明。

规则二：使用统一的标价方法。汇率的标价方法有直接标价法、间接标价法之分。为使交易迅速顺利地进行，交易各方使用统一的标价方法，即除英镑、澳大利亚元、新西兰元和欧元采用间接标价法以外，其他交易货币一律采用直接标价法。

规则三：交易额通常以 100 万美元为单位进行买卖。如交易中 One Dollar 表示 100 万美元，Five Dollar 表示 500 万美元。如果交易额低于 100 万美元，应预先说明是小额的，然后再报出具体金额。

规则四：交易双方必须恪守信用，共同遵守"一言为定"的原则和"我的话就是合同"的惯例。交易一经成交，不得反悔、变更或要求注销。

规则五：交易术语规范化。迅速变化着的汇率要求交易双方以最短的时间达成一项交易。因此，交易员为节省时间常使用简语或行话，如买入可用 Bid, Buy, Pay，卖出可用 Offer, Sell 等。我卖给你 500 万美元，可用 Five Yours。

案例 3-1：（即期交易）

A：Hi, BANK OF CHINA SHANGHAI, Calling For Spot JPY For USD PLS.

B：MP. 124.20/30.

A：Taking USD10.

B：OK. Done, I Sell USD 10 Mio Against JPY at 124.30 Value July 20, JPY PLS to ABC BANK TOKYO for A/C No. 123456.

A：您好，中国银行上海分行，请问即期美元兑日元报什么价？

B：等一等，1 美元兑 124.20/30 日元。

A：买进 1 000 万美元。

B：好的，成交！我卖给你 1 000 万美元买进日元，汇率是 124.30。起息日为 7 月 20 日，我的日元请付到东京 ABC 银行，账号 123456。

二、外汇交易的程序

(一) 银行同业间交易程序

银行同业间的交易一般是由银行内部的资金部门或外汇交易室通过路透交易系统、德励财经交易系统、传真和电话来完成的。以路透交易系统为例，交易员可通过交易机的键盘输入某银行的英文代号，呼叫该银行，待叫通后，荧光屏上即开始显示双方交易内容，如询价、报价、买进、卖出余额等。这些交易对话打印出来即作为交易的原始凭证或交易合约。一笔交易成交之后，交易员需根据交易内容填写相应的交易单（Dealing Slip），并在头寸登记表（Position Sheet）上记录交易头寸。交易单将作为清算机构进行资金清算和会计处理的凭证，而头寸登记表可以帮助交易员掌握头寸情况和盈亏变化，也便于事后核查。

参考资料 3-2

路透交易系统、德励财经交易系统

路透交易系统是一部高速的电脑系统，主要包括控制器、键盘、荧光屏和打印机等。用户的终端交易机联网后，交易员只需启动机器，通过键盘输入自己的终端密码，即可与银行进行联系。全世界参加路透交易系统的银行达数千家，每家银行都有一个指定的英文代号，如中国银行总行代号为 BCDD。交易员若想与某银行进行交易，在键盘上输入对方银行的代号，叫通后即可询价并可与其还价。交易员可同时与 2~4 个交易对手询价，即时择优选择汇价成交。若与一交易对手在议价过程中想更改价格或其他项目，按"介入"键便可重新控制对话。对话完毕，双方的交易过程全部显示在终端机的荧屏上，交易完毕后即可通过打印机打印出来。

德励财经资讯系统隶属于美国道琼斯公司，于 1969 年创设电子化金融信息市场，并开始以即时同步方式提供全球最新的经济和金融信息。其资讯来自全球 1 900 余家银行、证券交易所及商品交易中心等。主要服务有：货币汇价和经济新闻，提供汇率、利率、黄金、证券和期货等的即时同步报价；提供美联社的全球性新闻服务。

资料来源：刘玉操，曹华. 国际金融实务 [M]. 大连：东北财经大学出版社，2015：11—12.

随着电脑系统在金融领域的广泛应用，一些银行的交易室已经采用先进的电脑风险管理系统，实现了"无纸化"操作。交易员无须填写交易单和头寸登记表，电脑联网的交易系统可以自动记录每一笔交易，并把交易头寸和盈亏情况显示出来。各级交易主管也能通过该系统随时了解其下属交易员的交易情况，可以更为有效地进行风险管理。

（二）通过外汇经纪人进行交易的程序

银行根据自己的需要或客户订单的要求，通过路透交易系统或电传、电话直接呼叫，请经纪商报价；经纪商报价后，银行当即决定买入或卖出货币，交易便告成功。然后，交易商通知该笔交易是与哪一家银行做成的，双方互相交付货币。有时，银行或客户订下买卖的基准，通过电话、电传等以订单形式交给经纪行，经纪行根据众多订单的要求，把买方或卖方的订单结合起来，然后以电传的形式通知买卖双方，以证实书确认，并开出该笔交易的佣金收取通知单。

无论是银行同业间的交易，还是通过外汇经纪人进行的交易，交易清算都是重要的环节。即交易双方各自按对方的要求，将卖出的货币及时解入对方指定的账户进行账务处理。交易成交，交易单送交清算机构后，清算人员首先对交易单的内容进行审核，看交易内容与所附的交易记录是否吻合；交易单核对无误后，清算人员会将交易逐笔输入清算系统，制作交易证实书发送给交易对手。交易证实书应包括整笔交易的全部详细内容，主要有交易银行的名称、汇价、买入卖出货币金额、起息日、双方账户行等。清算机构也会收到交易对手送达的交易证实书，需要同交易单进行核对。如果两者有出入，应立即向交易室查询，随后再向交易对手查询。清算人员根据交易进行相应的账务处理，调拨资金，同时也起到风险监控的作用。清算机构通过对所有外汇交易头寸进行汇总、统计，就能反映出各项资金的变化状况，了解是否有异常情况发生，及时将资金风险状况反馈给交易室。先进的电脑风险管理系统能使交易系统和清算系统连为一体，提高资金清算和会计处理的工作效率，并能随时反映资金和风险的变化情况。

三、外汇市场的行情解读

这里我们以伦敦金融时报网站公布的国际金融市场行情为例来说明。首先我们看 2013 年 12 月 30 日欧元在外汇市场的汇率（如表 3-2 所示）。

这是一张典型的外汇行情表，不过在这上面采用的标价方法是外汇市场上一种新的标价方法"欧元标价法"。欧元标价法的特点与美元标价法的特点类似：所有在外汇市场上交易的货币都对欧元报价。表格最左两列表示国家（或地区）名称和该国（或地区）的货币符号。自上而下共分三个地区：欧洲、美洲和亚太/中东/非洲。

现在我们就来分析这张表，首先看第一行的第一个项目（Closing mid-point），其含义是该交易日（本表表示的是 2013 年 12 月 30 日）收市时某货币的中间价，以丹麦克朗为例，这天的中间价是 1 欧元＝7.460 0 丹麦克朗。

第二个项目（Change on day）表示该货币在这一天上涨或下跌的幅度，以欧元兑丹麦克朗的汇率为例，欧元下跌 0.000 1 丹麦克朗，我们也可以说欧元兑丹麦克朗的汇率下跌 1 个点，在外汇市场上，我们一般将 0.000 1（日元为 0.01）称为 1 点。

第三个项目（Bid/Offer spread）表示的是欧元兑其他货币的买入价和卖出价。在外汇市场上，银行报价通常采用双向报价，即同时报出某外汇的买入价（Bid）和

表 3-2　2013 年 12 月 30 日欧元的交易行情

EURO SPOT FORWARD AGAINST THE EURO

Dec 30	Closing mid-point	Change on day	Bid/offer spread	Day's mid High	Day's mid Low	One month Rate	One month %PA	Three month Rate	Three month %PA	One year Rate	One year %PA
Europe											
Czech Rep. (Koruna)	27.4030	-0.0255	880-180	27.4730	27.3420	27.3952	0.3	27.3822	0.3	27.3019	0.4
Denmark (Danish Krone)	7.4600	0.0001	598-601	7.4626	7.4465	7.4582	0.3	7.4548	0.3	7.4458	0.2
Hungary (Forint)	296.295	0.0400	140-450	297.480	295.610	296.840	-2.2	297.758	-2.0	302.101	-1.9
Norway (Nor. Krone)	8.3965	-0.0398	945-985	8.4583	8.3756	8.4063	-1.4	8.4247	-1.3	8.5120	-1.4
Poland (Zloty)	4.1468	-0.0013	457-478	4.1552	4.1365	4.1550	-2.4	4.1702	-2.3	4.2427	-2.3
Russia (Rouble)	45.3278	0.4497	079-477	45.3700	44.7533	45.5694	-6.4	45.9994	-5.8	48.0276	-5.6
Sweden (Krona)	8.8773	-0.0807	758-788	8.9814	8.8554	8.8820	-0.6	8.8910	-0.6	8.9405	-0.7
Switzerland (Fr)	1.2246	0.0011	243-248	1.2272	1.2234	1.2242	0.3	1.2236	0.3	1.2207	0.3
Turkey (New Lira)	2.9361	-0.0225	351-370	2.9658	2.9200	2.9541	-7.3	2.9930	-7.6	3.1935	-8.1
United Kingdom (£)	0.8359	0.0006	357-361	0.8373	0.8326	0.8361	-0.3	0.8365	-0.3	0.8393	-0.4
Americas											
Argentina (Peso)	9.0157	0.0686	130-184	9.0181	8.9081	9.5945	-72.4	10.4994	-56.5	13.5481	-33.5
Brazil (Real)	3.2608	0.0198	599-617	3.2633	3.2006	3.2874	-9.7	3.3323	-8.6	3.5544	-8.3
Canada (Canadian $)	1.4729	-0.0005	725-732	1.4771	1.4690	1.4739	-0.9	1.4761	-0.9	1.4868	-0.9
Mexico (Mexican Peso)	18.0583	0.0697	551-615	18.0615	17.9151	18.1053	-3.1	18.1881	-2.9	18.5900	-2.9
Peru (New Sol)	3.8612	0.0242	580-643	-	-	3.8819	-6.4	3.9129	-5.3	4.0263	-4.1
United States (US $)	1.3815	0.0037	813-816	1.3819	1.3727	1.3814	0.0	1.3814	0.0	1.3824	-0.1
Pacific/Middle East/Africa											
Australia (A$)	1.5504	0.0009	499-508	1.5556	1.5467	1.5536	-2.5	1.5596	-2.4	1.5896	-2.5
Hong Kong (HK $)	10.7129	0.0281	114-144	10.7164	10.6439	10.7125	0.0	10.7119	0.0	10.7192	-0.1
India (Indian Rupee)	85.5877	0.2706	715-039	85.6039	84.8970	86.2539	-9.3	87.4731	-8.6	92.6426	-7.6
Indonesia (Rupiah)	16,867.5	-23.7113	186-315	16,883.2	16,756.7	16,959.3	-6.5	17,147.2	-6.5	18,134.5	-7.0
Iran (Rial)	34,215.0	113.000	215—	34,235.0	34,007.0	-	-	-	-	-	-
Israel (Shekel)	4.8043	0.0126	026-060	4.8060	4.7717	4.8071	-0.7	4.8104	-0.5	4.8268	-0.5
Japan (Yen)	145.101	0.4713	064-137	145.170	144.450	145.077	0.2	145.031	0.2	144.775	0.2
Kuwait (Kuwaiti Dinar)	0.3894	0.0002	881-907	0.3896	0.3867	0.3900	-1.7	0.3907	-1.3	0.3929	-0.9
Malaysia (Ringgit)	4.5512	0.0215	486-538	4.5538	4.5180	4.5602	-2.4	4.5760	-2.2	4.6501	-2.1
New Zealand (NZ $)	1.6850	0.0019	843-857	1.6924	1.6796	1.6887	-2.6	1.6961	-2.6	1.7418	-3.3
Philippines (Peso)	61.3122	0.1642	883-361	61.3290	60.8790	61.2844	0.5	61.2360	0.5	61.3206	0.0
Saudi Arabia (Riyal)	5.1811	0.0139	803-818	5.1825	5.1480	5.1812	0.0	5.1813	0.0	5.1864	-0.1
Singapore ($)	1.7511	0.0064	504-517	1.7514	1.7402	1.7511	0.0	1.7510	0.0	1.7511	0.0
South Africa (Rand)	14.4445	0.0084	360-529	14.4986	14.2850	14.5117	-5.6	14.6382	-5.3	15.2975	-5.6
Korea South (Won)	1,457.91	5.4892	755-828	1,458.28	1,447.92	1,461.09	-2.6	1,466.06	-2.2	1,482.02	-1.6
Taiwan ($)	41.3296	0.0377	244-347	41.4722	41.0020	41.2935	1.2	41.2051	1.2	40.8055	1.3
Thailand (Baht)	45.3945	0.1216	757-132	45.4132	45.0594	45.4620	-1.8	45.5801	-1.6	46.1382	-1.6
UAE (Dirham)	5.0741	0.0137	734-748	5.0756	5.0412	5.0737	0.1	5.0734	0.1	5.0759	0.0

Euro Locking Rates: Austrian Schilling 13.7603, Belgium/Luxembourg Franc 40.3399, Cyprus 0.585274, Finnish Markka 5.94572, French Franc 6.55957, German Mark 1.95583, Greek Drachma 340.75, Irish Punt 0.787564, Italian Lira 1936.27, Malta 0.4293, Netherlands Guilder 2.20371, Portuguese Escudo 200.482, Slovakian Koruna 30.1260, Slovenia Tolar 239.64, Spanish Peseta 166.386. Bid/offer spreads in the Euro Spot table show only the last three decimal places Bid, offer, Mid spot rates and forward rates are derived from the WM/REUTERS CLOSING SPOT and FORWARD RATE services. Some values are rounded by the FT.

资料来源：http://www.ft.com

卖出价（Offer）。在所报的两个汇价中，前一个数字小，后一个数字大，因为银行作为交易中介总是低价买入外汇、高价卖出外汇，所以在这里，前一个数字表示银行买入外汇的汇率，后一个数字表示卖出外汇的汇率。以丹麦克朗为例，表中的数字为：598－601，这是一种简单写法，因为买入价和卖出价的前面几位数字是相同的，所以这里是从小数点后第二位写起的。那么，上述银行报价的完整形式即 1 欧元的买入价和卖出价分别是：7.459 8－7.460 1 丹麦克朗。

第四个项目（Day's mid high/low）表示当天欧元兑其他货币的最高值和最低值。以丹麦克朗为例，当天中间价的最高值为 7.462 6，最低值为 7.446 5。

第五、第六和第七个项目（One month Rate，Three month Rate，One year Rate）依次分别表示 1 个月、3 个月和 1 年的远期汇率（右边的百分比表示标价货币相对于欧元的年汇水率）。我们还是以丹麦克朗为例，欧元兑丹麦克朗的 1 个月的远期汇率为 7.458 2 丹麦克朗，3 个月的远期汇率为 7.454 8 丹麦克朗，1 年的远期汇率为 7.445 8 丹麦克朗。

第二节 即期外汇交易

一、即期外汇交易概述

（一）即期外汇交易概念

即期外汇交易（Spot Exchange），也称现汇交易，是指在外汇市场上交易双方当即成交，原则于当日或两个营业日内办理交割的外汇交易。

例 3-2 2005 年 8 月 15 日，纽约花旗银行与日本东京银行达成一笔美元与日元的交易，即期汇率为 1 美元＝122 日元，交易金额为 100 万美元。通过交割，花旗银行将 100 万美元解入东京银行指定的账户内，东京银行将 1.22 亿日元解入花旗银行指定的账户内。

成交日是指达成买卖外汇协议日，交割日是实际办理外汇收付日。不同外汇市场的交割习惯不同：欧美外汇市场习惯于成交后第二个营业日交割，东京则习惯于成交后第一个营业日办理交割。香港外汇市场港元对美元的兑换交割是在兑换的当日；对日元、新加坡元、马来西亚元和澳大利亚元则在成交的次日交割；对其他币种在成交后第二个营业日交割。

一般来说，居民和旅客的小额外币现钞、旅行支票及其他小额外汇交易则在当日成交、当日交割。

（二）即期外汇交易的报价

即期外汇交易市场上通常采用双向报价方式，即报价者同时报出买入价格及卖出价格（如表 3-3 所示）。

表 3-3 国际标准银行报价实例

汇兑货币	汇　率	汇兑货币	汇　率
USD/JPY	116.40/50	USD/CHF	1.345 0/60
USD/CAD	1.542 5/35	GBP/USD	1.677 5/85

银行报价传统上分为直接标价法和间接标价法。第二次世界大战后，由于美元的特殊地位，各国银行间的报价普遍采用"美元标价法"，即单位美元折合多少其他货币的标价方法，非美元间的货币汇率可通过各自对美元的汇率套算得出。

完整的外汇交易一般包括询价、报价、成交、证实四个步骤，报价则是关键。外汇交易报价行在报价时要根据市场条件和自身情况，在盈利机会和竞争力之间取得平衡，既要提供富有竞争力的价格吸引交易，又要通过报价来保护自己，在承担风险的同时获取一定的盈利。在报价时需要考虑几个因素：

(1) 报价行的外汇头寸。

报价行的外汇头寸，即报价行现时的某种外汇数量多少情况。例如，若询价方需要买入银行持有较多的某种外汇时，银行报价时一般会较低报价，以便于抛出该货币，减少风险。

(2) 询价者的交易意图。

一般情况下，询价者在询价时不必透露买卖意图，而报价者必须报出价格，报价行交易员需要试探和估计对方的意图。有经验的交易员在报价时，能够推测问价方的交易目的（买入或卖出），借此调整报价。例如，问价方意欲卖出某种货币，报价则稍稍压低一点；反之则抬高一点。询价者交易意图的掌握还需要通过经验和对交易者习惯的了解，这需要有较长时期的积累。

(3) 收益率与竞争力。

交易行在报出价格后，就期望询价者按其报出的价格进行交易。为了增加竞争力，一般需要缩小买卖差价，但买卖差价的缩小又会使利润下降，报价时必须将市场竞争力和收益率两者顾及。

(4) 市场行情。

市场行情是银行报价时的决定性依据。包括：①现行的市场价格，一般是指市场上一笔交易的成交价或是指市场上核心成员的买价或卖价；②市场情绪，即指报价行对外报价时，市场是处于上升还是下降的压力之下，这种依据具有很大的主观性。

(5) 国际经济、政治及军事最新动态。

报价银行所在国家及西方主要国家（如美国、日本、德国、英国等）的繁荣或萎缩、财政的盈余或赤字、国际收支的顺差或逆差、政治军事动荡与稳定等，都会引起外汇行市的动荡。报价银行的外汇交易员必须时刻注意并以此调节本行的报价。

二、即期外汇交易应用实例

（一）即期外汇套期保值交易

外汇市场上的对冲投资交易，是指以某种货币为中介货币，同时买卖另外两种货币，由于买卖的损益互相对冲，从而达到避险的投资交易行为。其依据是：当外汇市场某一关键货币呈上涨趋势时，与之相应的其他货币就相对地呈现下跌趋势。利用两个同涨同跌的货币，通过关键货币为中介一买一卖。

案例 3-3 2001 年 10 月 10 日的外汇市场行情如下：即期汇率为 USD/AUD=1.651 0/20，USD/CHF=1.345 9/69。做一笔以 USD 为中介货币，买入 AUD，卖出 CHF 的对冲投资交易。如果至 10 月 20 日平仓，即期汇率为 USD/AUD=1.658 0/90，USD/CHF=1.354 8/58。在不考虑利率变化影响的情况下，则会有以下保值结果。

投资交易：
10月10日以1.6510卖出USD，买入AUD
　　　　以1.3469卖出CHF，买入USD
10月20日以1.6590卖出ADU，买入USD
　　　　以1.3548卖出USD，买入CHF
损益情况：
在AUD上，每USD获取利润＝1.6510－1.6590＝－0.0080ADU
在CHF上，每USD获取利润＝1.6510－1.6590＝－0.0080CHF

（二）即期外汇投机交易

在浮动汇率制度下，外汇市场涨跌不定，甚至暴涨暴跌，使国际货币的价格产生差价，正是利用此进行即期外汇投机交易。例如，某日即期外汇市场上，USD/RMB＝8.2720，投机者预期三个月后人民币将升值，可以进行投机交易，以8.2720价格买入人民币82 720元，则卖出美元10 000元。三个月后如果预期准确，人民币升值，价格为USD/RMB＝8.1120，该投机者获取了82 720÷8.1120－10 000＝197.2美元的利润。

第三节　远期外汇交易

一、远期外汇交易的概念与汇率的决定

（一）远期外汇交易的概念

远期外汇交易（Forward Exchange），又称期汇交易，是指外汇买卖双方先签订交易合同，规定买卖外汇的币种、数额、汇率和交割日期（两个营业日之后的将来），再按合同办理交割的外汇交易。

远期外汇交易的期限一般按月计算，通常为1个月、2个月、3个月、6个月、9个月或1年。最常见的是3个月期限的外汇交易。远期交易期限可以为不规则日期。1年以上的远期交易称为超远期外汇交易。

（二）远期外汇交易中汇率的表示

远期汇率（Forward Exchange Rate）是以即期汇率为基础的，但两者并不相同。在外汇市场上，远期汇率有几种表示方法：
（1）直接标出远期汇率。
即在外汇交易市场直接标出远期交易的汇率。在这种表示方法下，交易才可以直接按照表示的汇的汇率确定交易关系，但这种表示方法没有反映即期与远期的

关系。

如纽约外汇市场某日的汇率表示英镑 1 个月远期为 1.353 8/58，标明交易者要购买 1 个月远期英镑，价格为 1.355 8，而卖出 1 个月的远期英镑价格为 1.353 8。

（2）标出即期与远期的差价。

在外汇交易市场中不直接标出远期汇率，而是标示出远期与即期的差价，即升水与贴水。在这一标价法下，交易者不能直接读出远期交易使用的汇率，而是在根据即期汇率和升贴水情况来计算出远期汇率。直接标价法与间接标价法下的汇率计算有所不同。

直接标价法下远期汇率的计算：

$$远期汇率 = 即期汇率 + 升水$$

$$远期汇率 = 即期汇率 - 贴水$$

间接标价法下远期汇率的计算：

$$远期汇率 = 即期汇率 - 升水$$

$$远期汇率 = 即期汇率 + 贴水$$

案例 3-4 某日苏黎世外汇市场上，美元的即期汇率为美元/瑞士法郎 1.873 5/85，3 个月远期贴水 1.45～1.55 生丁，3 个月远期汇率可以由即期汇率和远期贴水计算出来：

该标价法为直接标价法，根据上述公式计算可得：

$$
\begin{aligned}
远期汇率 &= 即期汇率 - 贴水 \\
&= (1.873\ 5 - 0.015\ 5) / (1.878\ 5 - 0.013\ 5) \\
&= 1.858\ 0 / 1.865\ 0 \\
&= 1.858\ 0 / 650
\end{aligned}
$$

2003 年 10 月的某日，纽约外汇市场欧元对美元的即期汇率为 1.131 9/8 010，银行报出 3 个月远期升水 0.7～0.8 美分，3 个月远期汇率为 1.138 9/809

（3）"点数"标示法。

"点数"标示法实际上是差价标示法的一种形式，银行在进行远期汇率报价中，通常使用"点数"。"点数"是汇率表达的基本单位，在银行公布的外汇汇率中，其有效数一般为五位，如 1 美元=1.264 5 欧元，1 美元=113.94 日元。所谓"1 点"是指五位有效数的最后一位变动一个单位。在美元对欧元的汇率表达中即为 0.000 1，在美元对日元的汇率表达中为 0.01。

"点数"标示法下，远期交易使用汇率的计算与差价标示法相同。

在实际远期外汇交易中，银行只报出远期汇率升贴水的"点数"，并不说明是升水还是贴水。我们必须进行判断，再对汇率进行加减。银行报出的升贴水"点数"为一组数字，在计算实际应用汇率时，必须判断是什么标价法。是升水还是贴水？不管是直接还是间接标价，升水还是贴水，如果远期汇率"点数"组为前大后小，就用减法；远期汇率"点数"组为前小后大，就用加法。

如 USD/CAD 即期汇率：1.565 4/64

1个月远期：100/95

6个月远期：200/190

可以计算出远期汇率为：

1个月期远期汇率为 1.555 4/69

6个月期远期汇率为 1.545 4/74

（三）远期汇率的决定

在远期外汇交易中，外汇银行报出某种货币远期汇率的升贴水，是有一定依据的。远期汇率的决定有三个基本因素：即期汇率、买入货币与卖出货币间的利率差和远期期限的长短。

案例 3-5　即时外汇市场价：1 美元＝118.60 日元

3个月美元利率：1.806 25％（折年率）

3个月日元利率：0.064 38％（折年率）

美元/日元 3个月远期价为多少？

远期价值＝本金＋利息

假设美元本金为 100 万，则日元本金为 1.186 亿。

美元远期价值＝1 000 000＋1 000 000×1.806 25％×（90/360）

＝1 004 515.63

日元远期价值＝118 600 000＋118 600 000×0.064 38％×（90/360）

＝118 619 088.67

远期价格：货币远期价值之比

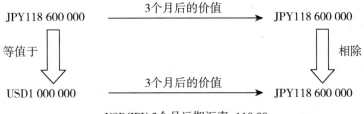

USD/JPY 3个月远期汇率=118.09

远期汇率＝货币 1 远期价值/货币 2 远期价值

升（贴）水＝远期价－即期价

＝118.09－118.60＝－0.51

USD/JPY 即期汇率为 118.60，远期汇率为 118.09。

远期汇率比即期汇率低——贴水；远期汇率比即期汇率高——升水。

高息货币对低息货币是贴水；低息货币对高息货币是升水。

如上例，USD/JPY 即期汇率为 118.60，远期汇率为 118.09。所以，美元对于日元是贴水，日元对于美元是升水。

它只是一个近似的远期汇率，在此推算中没有考虑存贷差价、外汇交易差价和交易费用,但可作为远期利率决定的重要依据。应该指出,一般情况下,两种货币的利率差是决定远期货币升贴水及其数值大小的主要因素,然而国际市场的经济政治形势变化、货币发行国的政治经济形势、货币所在国的汇率政策、中央银行对外汇市场的干预及外汇市场的投机程度等诸多不确定因素,或多或少地影响着货币的远期汇率。这些因素有时甚至使远期汇率的升贴水完全背离了两种货币的利差。

任务 3-1

已知伦敦外汇市场 3 个月远期美元外汇升水为 1.225 美分,即 0.012 25 美元,英镑与美元的即期汇率是 1.960 0,求升水数折年率为多少?

答案:2.5%

二、远期外汇交易的主要类型

(一)根据交割日的不同,远期外汇交易可以分为规则交割日交易与不规则交割日交易

规则交割日交易指的是远期期限为 1 个月的整数倍的交易。比如远期 1 个月、2 个月、3 个月、6 个月等的交易。不规则交割日交易是指远期期限不是 1 个月的整数倍的交易,比如远期 38 天的交易等。

(二)固定交割日交易与选择交割日远期外汇交易

远期外汇交易按照交割日期是否固定可以分为固定交割日的远期外汇交易和选择交割日的远期外汇交易。

(1)固定交割日的远期外汇交易。

固定交割日的远期外汇交易是指按照事先规定的交割日期,到期办理交割的远期外汇交易。例如,某英国商人于 3 月 15 日与美国花旗银行签订了一项购买美元、期限为 1 个月的远期外汇交易合同,这项交易的交割日在 4 月 17 日。在 4 月 17 日,按照双方约定的汇率,英国商人交付英镑,花旗银行交付美元。远期交易的交割是在到期日后两个交易日内。

(2)选择交割日的远期外汇交易。

选择交割日的远期外汇交易又称为择期外汇交易,是指交割日期不确定的远期外汇交易,即买卖双方可以在约定的期限内的任何一个营业日办理交割。如上例,交割日可以是 3 月 17 日至 4 月 17 日期间的任何一个营业日,也可以双方约定从将来某一日期开始到合同到期日。

在择期外汇交易中,因为客户有选择有效期限内的任何一天按约定的汇率交割的权利,报价银行在报价时必须考虑到风险性,在报价时要根据对报价银行最有利的价格报出。

参考资料 3-3

在国际外汇市场上,远期外汇交易的期限范围很广,最短的为 3 天,最长的为 5 年。但最常见的期限有 1 个月、2 个月、3 个月、6 个月、1 年期。交易最多的是 3 月期交易,1 年期以上的很少见。一般报刊公布的外汇行市中,远期都只标出 1 个月和 3 个月两种。我国所开展的远期外汇交易,最短为 7 天,最长为 6 个月(即中国外汇远期交易最长为 6 个月),分 13 个档次。该项业务的币种有美元、日元、欧元和港元。

三、远期外汇交易的应用

利用远期外汇交易进行保值避险具有以下优势:

(一) 锁定汇率防范风险,避免了汇率波动可能带来的损失

案例 3-6 客户出口一批产品到日本,预计三个月后收到日元 1 亿元,成本为 USD 801 146.00。

即期汇率:118.52/118.58

以即期汇率折算,客户能收到 USD 843 312.53,利润率为 5.26%。

存在的问题:三个月后的汇率无法预知。

125.00	USD 800 000.00
118.58	USD 843 312.53
115.00	USD 869 565.22

对策:做远期外汇买卖。

118.09	USD 846 811.75

任务 3-2

中国出口商向美国进口商出口价值为 10 万美元的商品,约定 3 个月付款,双方签约时汇率是 1 美元兑 6.356 0 元人民币,按此汇率计算,出口这批商品可换得 63.560 万元人民币。但是,外汇市场时刻在变化,该出口商如何规避汇率风险?

答案:与银行签订卖出 10 万美元的远期外汇合同。如按每 1 美元兑 6.350 0 元人民币的汇率卖出远期外汇,可收益 63.500 0 万。若美元下跌至 6.300 0 元,没有签订卖出远期外汇合同的话,只能得到 63.000 0 万元人民币。可见,签订了远期外汇卖出合同,可以减少 5 000 元的损失。

(二) 客户外汇收支的时间上有不确定性,可以做择期外汇交易

客户出口一批产品到日本,预计三个月后或四个月后收到 1 亿日元,成本为

USD 761 217.95（或人民币 6 291 161.87）

即期汇率：124.30/124.80

以即期汇率折算，客户能收到 USD 801 282.05，利润率为 5%。

存在的问题：

如仅做普通的远期外汇买卖，到期时可能还未收到日元，因而无法交割。

对策：做择期交易。

交割期限为交易日后的三个月至四个月中的任一银行工作日。

任务 3-3

在纽约外汇市场上，即期汇率 EUR1＝USD 1.290 0。一投机商预期 1 个月后欧元升值为 EUR1＝USD 1.360 0，所以，就在现汇市场上以 129 万美元买入 100 万欧元。试根据远期汇率具体的变化，求该投机商的盈利状况。

答案：1 个月后，若真如所料，EUR1＝USD 1.360 0，该投机商抛售 100 万欧元，就换回 136 万美元，由此净赚 7 万美元。

第四节 掉期交易

一、掉期交易的概念

掉期交易（Swap Transaction），是指人们同时进行不同交割期限同一笔外汇的两笔反方向交易。这也就是同时把一种货币的即期买进与远期卖出相结合，或者同时把一种货币的即期卖出与远期买进相结合，买入卖出同时进行。例如，某企业按 USD/JPY＝118.35 的即期汇率卖出 100 万美元，买进 1.183 5 亿日元，与此同时，在远期外汇市场上以 USD/JPY＝116.55 买入 6 个月 100 万美元，以避免汇率下跌的风险，该企业所做的就是掉期交易。

在掉期交易中，一种货币被买入的同时即被卖出，或者是被卖出的同时即被补进，而且卖出与买入的货币在金额上是相等的。交易者通过掉期交易所持有的外汇头寸并未发生变化，变化的是持有者持有货币的期限。

掉期交易与一般的套期保值有两点不同：一是第二笔交易与第一笔交易同时进行，一般的套期保值是在第一笔交易发生之后；二是掉期的两笔交易金额完全相等，而一般套期保值交易金额与第一笔交易不完全等同。

我们通过一个实际业务中的案例了解一下什么是掉期交易。

案例 3-7 背景：

2004 年 5 月 28 日，某客户出口一批产品到日本，预计三个月后或四个月后收到 1 亿日元，成本为 USD 761 217.95（或人民币 6 291 161.87）。

即期汇率：124.30/124.80

以即期汇率折算，客户能收到 USD 801 282.05，利润率为 5%。

客户卖 JPY1 亿，择期三个月至四个月，汇率 124.24，804 893.75，利润率为 5.7%。

但是，客户在收汇时发生了意外，四个月后（2004 年 9 月 30 日）客户仍未收到 JPY，而且预计要再过三个月（2004 年 12 月 30 日）才能收到 JPY。这时，可以通过掉期交易来解决问题。

解决办法：

于 2004 年 9 月 28 日做掉期交易，即期买 JPY1 亿，对冲 2004 年 5 月 28 日做的择期交易。远期卖三个月 JPY1 亿。

具体操作如下：2004 年 9 月 28 日叙做掉期交易，假设当时的即期汇率为 128.40/50。

客户买入 JPY1 亿，则需要卖出 USD 100 000 000/128.40＝778 816.20。

对冲 2004 年 5 月 28 日的远期，也就是说按照当时的汇率 124.24，客户买入 JPY1 亿，则需要买 USD 100 000 000/124.24＝804 893.75。

客户盈利 USD 804 893.75－778 816.20＝26 077.55。

再假设，交割日 2004 年 12 月 30 日远期汇率为 128.14，则再卖出 JPY1 亿，买入 USD 780 396.44。

在掉期交易和实际业务中，客户可以获得总共收入 USD 806 474.00＝780 396.44＋（804 893.75－778 816.20）

二、掉期交易的一般类型及汇率计算

掉期交易从不同的角度可以分成不同的类型。一般分类是按照掉期交易的交割期期限，分为即期对远期的掉期交易、即期对即期的掉期交易、远期对远期的掉期交易。

1. 即期对远期的掉期交易

即期对远期的掉期交易是指买入或卖出某种即期外汇的同时，卖出或买入同种货币的远期外汇。

案例 3-8 假如，欧元 3 个月拆放年利率为 6%～6.550%，3 个月美元的拆放年利率为 5%～5.450%，即期汇率 EUR/USD＝1.201 0－1.202 0。计算 3 个月欧元的掉期率。

分析：

① 在交易中，银行买入 3 个月欧元卖出 3 个月美元，同时要卖出即期欧元买入即期美元。要拆入欧元（用于卖出，利率 6.550%），将即期买入的美元存 3 个月（利率为 5%，3 个月后卖出，得到的欧元用于归还拆入款），年利率差为：

$$6.550\% － 5\% ＝ 1.550\%$$

这种利差损失在3个月的掉期业务中要从远期汇率中补回。根据利率平价原理，3个月欧元贴水为47点：

$$1.2020 \times 1.550\% \times 90/360 = 0.0047$$
$$1.2010 - 0.0047 = 1.1983$$

银行在掉期业务中，要按1.1983的汇率买入3个月欧元。

② 在交易中，银行卖出3个月欧元，买入3个月美元，同时要买入即期欧元，卖出即期美元。要拆入美元（用于卖出，利率5.450%），将即期买入的欧元存3个月（利率为6%，3个月后卖出，得到的美元用于归还拆入款），年利率差为：

$$6\% - 5.450\% = 0.550\%$$

根据利率平价原理，银行卖出3个月欧元时贴水为17点：

$$1.2010 \times 0.550\% \times 90/360 = 0.0017$$
$$1.2020 - 0.0017 = 1.2003$$

在掉期业务中，银行是按1.2003卖出3个月欧元。

银行在掉期业务所报的3个月掉期汇率为47/17。

在掉期业务中，第一个远期差价是即期卖出价格与远期买入价格之差，第二个远期差价是即期买入价格与远期卖出价格之差。因此，掉期业务中的远期买入价格是即期卖出价格加或减第一个远期差价，远期卖出价格是即期买入价格加或减第二个远期差价。

任务 3-4

某日，中国银行公布的即期外汇汇率是1美元＝6.4000元人民币，1个月远期汇率为1美元＝6.5000元人民币，人民币贬值1.315%。这时外汇投机商可做一笔掉期交易，请问该如何操作才能盈利？盈利多少？

答案：投机商就可以做一笔即期对远期的掉期交易。投机商以即期汇率买入1亿美元，卖出6.4000亿元人民币；同时，投机商以远期汇率卖出1亿美元，买入6.5000亿元人民币。投机商盈利1 000万元人民币（不计费用）。

2. 即期对即期的掉期业务

即期对即期的掉期业务，是指买进或卖出一笔即期某种货币的同时，卖出或买入另一笔同种货币的即期。两笔即期交易的区别在于它们的交割日期不同。即期对即期的掉期交易根据到期日的不同，可以分为今日对明日掉期、明日对次日掉期，以及即期对次日掉期。这类掉期交易主要用于大银行之间的交易，目的在于避免同业拆借过程中存在的汇率风险。

3. 远期对远期的掉期交易

远期对远期的掉期交易，指两笔交易均在超过两个营业日后才交割的掉期交易，也就是说，在买进或卖出某种货币较短的远期的同时，卖出或买入该货币较长的远期。这种掉期交易可以利用有利的汇率机会，并能从汇率变动中获利。

案例 3-9　英国某银行在 6 个月后应向外支付 500 万美元，同时在 12 个月后将收到另一笔 500 万美元的收入。假设外汇市场行情为：

即期汇率　GBP/USD＝1.677 0/80

1 个月掉期率 20/10

2 个月掉期率 30/20

3 个月掉期率 40/30

6 个月掉期率 40/30

12 个月掉期率 30/20

可见，英镑兑换是贴水，其原因在于英国的利率高于美国。但是，若预测英美两国的利率在 6 个月后将发生变化，届时英国的利率可能反过来超过美国，因此英镑兑换美元会升水。如何进行掉期获利？

分析：

该银行可以做"6 个月对 12 个月"的远期对远期掉期交易。

① 按 1.673 0 的远期汇率水平买入 6 个月远期美元 500 万，需要 2 988 643.2 英镑。

② 按 1.676 0 的远期汇率水平卖出 12 个月远期美元 500 万，可得 2 983 293.6 英镑。

整个交易使银行损失 2 988 643.2－2 983 293.6＝5 349.6 英镑。

当第 6 个月到期时，假定市场汇率果然因利率变化发生变动，此时，外汇市场的行情变为：

即期汇率　GBP/USD＝1.670 0/10

6 个月掉期率 100/200

③ 按 1.671 0 的即期汇率将第一次交易时卖出的英镑在即期市场上买回，为此需要 4 994 022.8 美元。

④ 按 1.680 0 的远期汇率将买回的英镑按 6 个月远期卖出，可得到 5 020 920.5 美元（在第一次交易时曾买入一笔为期 12 个月的远期英镑，此时正好相抵）。

这样一买一卖获利 5 020 920.5－4 994 022.8＝26 897.7 美元，按当时即期汇率折算为 16 106.407 英镑，除去第一次掉期交易时损失的 5 349.6 英镑，可获利：

16 106.407－5 349.6＝10 756.807 英镑

第五节　套汇和套利交易

一、套汇交易概述

套汇（Arbitrage），是指套汇者利用不同市场或相同市场但不同时间的某些货币的汇率差异，从低价的市场或时间买入，再到高价的市场或时间抛出，从而赚取汇率差价利润的行为。套汇具有较强的投机性。

各地外汇市场由于外汇供求的差异，以及信息交流的不充分等原因，会出现不同的外汇市场在同一时间内的汇率不一致，由于不同货币的利率差异和人们的市场预期等原因而形成不同时间上的汇率差异，这种汇率差异往往是短暂而微小的，但是也给套汇者提供了套汇的机会。套汇者正是抓住这微小而短暂出现的差异进行套汇活动，赚取利润。

套汇活动的结果，使低汇率货币供不应求，汇率上升；汇率高的货币供大于求，汇率下跌。不同市场的汇率趋于平衡。因此，套汇活动一般为一些信息畅通、在国外设有分支或代理机构、资金雄厚的国际大银行所采用。

套汇交易可分为时间套汇和地点套汇两种。时间套汇是指套汇者利用不同交割时间的汇率差异，在买入或卖出即期外汇的同时，卖出或买入远期外汇；或者在买入或卖出远期外汇的同时卖出或买入即期外汇，获得时间上的汇率收益。地点套汇是指利用不同市场的汇率差从低汇率的市场买入，高汇率市场抛出获取差价的行为，又可分为直接套汇和间接套汇两种形式。

二、直接套汇

直接套汇（Direct Arbitrage）又称两角套汇，是指套汇者利用两个不同地点的外汇市场的某些货币的汇率差异，在两个市场上同时买卖某种货币，低汇率市场上购入，高汇率市场上抛出获取差价的行为。直接套汇下，套汇者可直观地根据不同市场的汇率差异判断出是否有利可图。

案例 3-10　伦敦市场　GBP1＝USD1.787 9/99

纽约市场　USD1＝GBP1.783 8/53

不难看出，英镑汇率在伦敦市场上相对较高，套汇者可在纽约市场上以 1.785 3 的价格购入英镑，然后在伦敦市场上以 1.787 9 的价格出售英镑。假若套汇者以 100 万美元的资金投入套汇，在不计套汇成本的前提下瞬间可获利润：

$$1\,000\,000 - 1\,000\,000 \div 1.785\,3 \times 1.787\,9 = 1\,456 \text{ 美元}$$

任务 3-5

在纽约外汇市场上，1 美元＝120.750 0 日元；在东京外汇市场上，1 美元＝121.000 0 日元，日元在纽约价贵，在东京价贱。试问该如何套汇？

答案：套汇者在纽约以 USD1＝JPY120.750 0 的汇率卖出日元，买进美元，在东京同时以 USD1＝JPY121.000 0 的汇率卖出美元，买进日元。在两地进行套汇买卖后，1 美元就可以获得 0.25 日元的利润。

三、间接套汇

间接套汇（Indirect Arbitrage）又称三角套汇和多角套汇，是指套汇者利用三个或三个以上不同地点的外汇市场中三种或多种不同货币之间的汇率差异,赚取汇率差额的一种套汇交易。

案例3-11 某日外汇市场的汇率如下:

伦敦市场　　GBP1＝EUR 1.347 3
巴黎市场　　EUR1＝USD 1.352 3
纽约市场　　GBP1＝USD 1.758 5

假若套汇者投入1 000万英镑进行套汇,先在伦敦市场上兑换成欧元,再在巴黎市场上将欧元兑换成美元,最后在纽约市场上将美元兑换成英镑,收回英镑:

$$1\,000万 \times 1.347\,3 \times 1.352\,3 \div 1.758\,5 = 1\,036.084\,0\text{万英镑}$$

净获套汇利润36.084 0万英镑。

在三个或三个以上的市场进行投机套汇,套汇者必须在套汇前对是否存在套汇机会进行判断,如果存在,再来决定套汇的做法。对于三个或三个以上的市场的套汇判断,可依据下述原则。

先将三个或多个市场汇率换成同一标价法(直接标价法或间接标价法),并将被标示的货币的单位统一为1,然后将得到的三个或多个汇率相乘。如果积为1则无套汇机会,如果不等于1则有套汇的机会。上述例子换成同一标价法(间接标价法),被标示的货币单位统一为1后则为:

伦敦市场　　GBP1＝EUR 1.347 3
巴黎市场　　EUR1＝USD 1.352 3
纽约市场　　USD1＝GBP 0.568 6

三个汇率相乘之积为1.036 1,不等于1,说明有套汇的机会。如果纽约市场汇率为GBP1＝USD 1.822 0,那么就没有套汇的机会了。

任务3-6

某日,路透社交易机显示的纽约、新加坡、伦敦三地市场汇率,有以下两种不同结果:

第一种情况:

纽约市场: 　USD1＝SGD5.00
新加坡市场:GBP1＝SGD8.54
伦敦市场: 　GBP1＝USD1.72

第二种情况:

伦敦市场: 　GBP1＝USD2.00
新加坡市场:GBP1＝SGD10.00
纽约市场: 　USD1＝SGD5.00

试问:能否进行套汇?具体如何操作?

答案:第一种情况,套汇者先在纽约市场上卖出1 000万美元,买进5 000万新加坡元,然后在新加坡市场上卖出5 000万新加坡元,买进585.48万英镑,再立即在伦敦市场上卖出 585.48 万英镑，买进 1 007.025 7 万美元。套汇结果（不考虑套汇费用）是净获利润 70 257 美元。

第二种情况，由于三地汇率没有差异，是均衡汇率，所以不能套汇。如果去套，只能花套汇费用。

四、套利交易

套利交易是指投资者利用两个不同金融市场上短期资金利率存在的差异，并权衡远期汇率的升贴水情况，将资金从利率较低的市场调往利率较高的市场，以赚取利率差异好处的一种外汇买卖。

在资金安全和通胀水平等情况相同的条件下，资金总是从利率低的市场流向利率高的市场。例如，某个时期，假设美国金融市场的3个月期短期资金利率折为年率是12％，英国金融市场的3个月期短期资金利率折为年率是10％。现一英国投资者手中有100万英镑，这时伦敦外汇市场上英镑对美元汇率为£1＝US＄1.584 0。假如，他要进行3个月的短期投资，一般情况下，他会将这笔英镑资金兑换成美元调往美国进行投资。若3个月后英镑与美元之间的汇率仍保持不变，这个投资者在英国投资要比在英国投资多获利2％（年率）。但3个月后，英镑与美元之间的汇率很难保持不变，假如美元发生贬值，则该投资者到期收回美元兑换成英镑的数额将会变少。当美元贬值达到一定程度，将会使该投资者在美国投资所得的本利之和兑换成英镑的数额比在英国投资所得的英镑本利之和还要少，这样，套利反而因美元贬值遭受损失。

为了防范套利过程中存在的汇率风险，套利者可利用掉期交易，即在当初将英镑卖掉而买进美元的同时，卖出远期美元（期限为3个月，数额为在美国投资所得的本利和）。我们将这种与远期外汇交易相结合起来进行的套利称为抵补套利。通过掉期交易，3个月后，投资期满时该投资者可将其在美国投资所得的美元本利和按规定好的汇率卖掉而换回英镑。因卖出远期美元的汇率在现在即可知道，该投资者进行套利是否有利可图可立即判断出来。只要卖出远期美元的贴水年率小于两个金融市场上的利率差（年率）2％，套利都将有利可图（尚未考虑交易费用）。若卖出远期美元的贴水年率等于或大于两个金融市场上的利率差（年率），则套利交易中高利率带来的好处将被汇率贬值带来的损失所抵消甚至侵蚀，因此套利将无利可图甚至出现亏损。若不考虑、交易费用，抵补套利的成本就是远期外汇的升水或贴水数。为了便于比较，这个套利成本通常以年率形式表示。

在本例中，卖出远期美元的贴水数不能大于 $1.584\ 0 \times 2\% \times 3/12 = 0.007\ 9$ 美元，即卖出远期美元时的远期汇率不能低于£1＝US＄1.591 9。

任务 3-7

在某一时期，美国金融市场上3个月定期存款利率为年率为12％，英国金融市场上 3 个月定期存款年率为 8%。在这种情况下，资金就会从英国流向美国，获取高利。试问，具体应该如何操作？

答案：英国的投资者用英镑购买美元现汇，存入美国银行，作为 3 个月的短期投资。这样就可获得年率 4% 的利差收益。如果资金总额为 10 万英镑，该投资者就可以通过套利多获利润 $100\ 000 \times 4\% \times 3 \div 12 = 1\ 000$ 英镑。当然，这是在不考虑汇率变动对收益的影响情况下。

任务 3-8

假设在上例中，3 个月的美元期汇贴水 10 点，即期汇汇率为 1 英镑＝2.001 0 美元。那么又该如何操作保证盈利？

答案：英国投资者在买入美元现汇存入美国银行的同时卖出 3 个月期的美元期汇，不论以后美元汇率如何变动，他都可以确保赚取一定的利差收益。3 个月后，他把投资所获的本息额 206 000 美元，按 1 英镑＝2.001 0 美元换回 102 949 英镑，扣除成本 102 000 英镑，仍可多赚 949 英镑。

参考资料 3-4

一种新型的外汇交易——可"敲出"外汇买卖

近年来，远期外汇买卖已逐渐被广大风险管理者所接受，它是对冲汇率风险、固定换汇成本的基础工具。但是，正常的远期外汇买卖在期末必须按照事先约定的价格进行交割，缺乏一定的灵活性；同时它对于市场变动的应变性较差，能够享受到的市场利益空间较小。新型远期外汇买卖便克服了这些缺点，且其交割方式和保值本质与普通远期交易没有差异。

可"敲出"的远期外汇买卖是新型远期外汇买卖的一种。它是指买卖双方签订远期合约，一方可在交割日按照优于正常远期汇率的价格，买入或卖出约定数量的货币。上述远期合约得以实现的前提条件是：双方设定一个"敲出"汇率，如果在交割日前市场即期汇率从未触碰过该"敲出"汇率，上述合约得以履约；否则，上述合约自动取消。

成功案例

2005 年 10 月，某企业须于半年后支付 5.4 亿日元用于原材料进口。该企业的主要资产和销售收入来源为人民币和美元，支付货币与收入货币存在不匹配，使企业须承担日元升值的风险。为了对冲风险，该企业考虑通过中国银行叙做远期产品固定汇率成本。按照市场价格，美元兑日元即期汇率为 1 美元＝107.00 日元，6 个月美元贴水 3.50 日元，远期汇率为 103.50 日元，也就是说企业须以高出即期汇率

3.50 日元的远期汇率来购买远期日元。

企业希望等待更好的价格购买远期日元，可是等待无异于令其现金流暴露于汇率风险的敞口下。中国银行针对客户的需求为其提供了可"敲出"的远期外汇买卖产品。双方签订远期合约，设定敲出汇率 100.50。如果在交割日 2000 年 4 月 15 日前，市场汇率从未触碰过该敲出汇率，客户可以按照 108.00 日元的价格购买 5.4 亿日元；否则，本合约自动取消。

交易完成后的半年中，美元兑日元汇率持续在一个窄幅区间波动，最高 111.25，最低 101.31，合约期间未触碰过敲出汇率 100.50。客户最终在交割日以 108.00 的价格购入日元，比交割日即期汇率 105.80 节省了 2.2 日元。

启 示

本产品较适用于区间市场。从本案例的价位设定可见，风险管理者预期日元会在一个区间内窄幅波动，难以突破 101 日元的阻力位，故设定 100.50 为敲出汇率，从而获得了 108 日元的交易价格。

叙做本产品不但令客户获得了比较好的成交汇价，更主要的是变被动地等待汇市朝有利的方向运动为主动利用市场波动和产品特性进行对冲交易；当然一旦敲出汇率被触碰而解除合约，客户将暴露在汇率风险之下。从本案例的操作可见，通过客观地分析市场，充分利用市场汇率的波动，主动地进行适度的汇率管理是企业风险管理的良策之一。

【本章小结】

1. 即期外汇交易也称现汇交易，是指在外汇市场上交易双方当即成交，原则于当日或两个营业日内办理交割的外汇交易。

2. 远期外汇交易又称期汇交易，是指外汇买卖双方先签订交易合同，规定买卖外汇的币种、数额、汇率和交割日期（两个营业日之后的将来），再按合同办理交割的外汇交易。

3. 掉期交易是指人们同时进行不同交割期限同一笔外汇的两笔反方向交易。也就是同时把一种货币的即期买进与远期卖出相结合，或者同时把一种货币的即期卖出与远期买进相结合，买入卖出同时进行。

4. 套汇是指套汇者利用不同市场或相同市场但不同时间的某些货币的汇率差异，从低价的市场或时间买入，再到高价的市场或时间抛出，从而赚取汇率差价利润的行为。

5. 套利是指投资者利用两个不同金融市场上短期资金利率存在的差异，并权衡远期汇率的升贴水情况，将资金从利率较低的市场调往利率较高的市场，以赚取利率差异好处的一种外汇买卖。

【关键概念】

即期外汇交易　远期外汇交易　　掉期交易　套汇　套利

【本章习题】

一、思考题

1. 什么是远期外汇交易？远期外汇交易有什么作用？试举例说明。

2. 中国某公司，在3个月后要收回一笔美元的应收账款。请根据所学的知识，分析该公司应该防范美元贬值带来的损失。

3. 计算下列各货币的远期交叉汇率：

① 即期汇率　　　　　　GBP/USD=1.563 0/40
　 6个月期掉期率　　　　　318/315
　 即期汇率　　　　　　AUD/USD=0.687 0/80
　 6个月期掉期率　　　　　157/154
　 设GBP为基准货币，计算GBP/AUD 6个月的双向汇率。

② 即期汇率　　　　　　USD/JPY=107.50/60
　 3个月期掉期率　　　　　10/88
　 即期汇率　　　　　　USD/GBP=1.546 0/70
　 3个月期掉期率　　　　　157/154
　 设GBP为基准货币，计算GBP/JPY 3个月的双向汇率。

二、计算题

1. 某年3月10日，外汇市场行情为即期汇率GBP/USD=1.677 0/80，3个月远期差价125/122。一美国出口商签订了向英国出口价值10万英镑的医疗仪器的合同，按合同规定，3个月后收到英镑。美国出口商预测3个月后英镑有较大幅度的贬值，三个月后的汇率将会达到1.660 0/10。如不考虑交易费用，分析：

① 汇率变化如预测，如果美国出口商不采取避免汇率风险的保值措施，3个月后将收到的英镑折算为美元时相对于3月10日兑换美元将会损失多少？

② 美国出口商将如何利用远期外汇市场进行套期保值？

2. 2002年4月，美元对日元的即期汇率为120.25/55，3月期远期汇率为115.45/70，美国进口商从日本进口价值100万日元的货物，3个月后支付日元。进口商预测日元将会有较大的跌幅，将在3个月后贬值为112.10/30，实际情况也如进口商所料，那么：

① 若美国进口商现在支付100万日元需要多少美元？

② 若美国进口商现在不付，也未采取避险保值措施，而是等三个月后用美元购买100万日元支付，届时需要多少美元？

③ 美国进口商3个月后支付所需要的美元比现在支付所需要的美元预计多支出多少？

④ 美国进口商现在采取远期保值措施，如何操作？与不进行套期保值相比是否少支付美元？少支付多少？

3. 某日即期市场行情为 EUR/USD=1.123 2/42，3个月掉期为25/18。假如，一美国进口商从德国进口价值 100 000 欧元的机械设备，在3个月后支付欧元，若美进口商预测3个月后，欧元升值至 EUR/USD=1.133 2/42，试判断：

① 美国进口商不采取保值措施，延后3个月支付欧元比现在支付欧元预计多支付多少美元？

② 美进口商如何利用远期外汇市场进行保值？

4. 某年5月中旬，外汇市场的行情为：即期汇率 GBP/USD=1.670 0，3个月远期贴水16，美国出口商签订出口 25 000 英镑仪器的协议，预计3个月后才能收到英镑，到时英镑兑换成美元核算盈亏。假如，美出口商预测3个月后，GBP/USD 即期汇率将贬值到 1.660 0。不考虑买卖差价等交易费用，试判断：

① 若美出口商现在收到 25 000 英镑，可获得多少美元？

② 若美出口商现在收不到英镑，也不采取避免汇率变动风险的保值措施，而是延后三个月才收到 25 000 英镑，预计到时这些英镑可兑换成多少美元？

③ 美出口商3个月到期后将收到的英镑折成美元，相对5月中旬兑换美元将会损失多少美元？（不考虑两种货币的利息因素）

④ 若美出口商现在采取保值措施，如何运用远期外汇市场进行？

5. 现有美国货币市场的年利率为12%，英国货币市场的年利率为8%，美元兑换英镑的即期汇率为 GBP/USD=1.785 0，一投资者用8万英镑进行套利交易。计算美元升水20点与贴水20点时该投资者的损益情况。

6. 某英国商人持有120万英镑，当时纽约市场上年率6%，伦敦市场上的年利率为10%，伦敦市场上即期汇率为 GBP/USD=1.075/1.80，3个月远期差价点数为"10~8"，试判断：

① 该英国商人应将120万英镑投放哪个市场？能获利多少？

② 这种操作过程如何？

三、实训题

1. 实训项目一

实训题目：模拟外汇操作

实训目的：

① 加强学生对个人外汇交易的感性认识。

② 锻炼学生对外汇市场行情的判断能力。

③ 学会一些外汇交易的基本知识。

实训内容：

① 利用互联网上外汇交易模拟系统，如输入以下网址，http://218.19.141.

37/，选择用实盘交易系统操作。

② 注册、登录后，可以看到每个模拟账户上都有 10 万美元的模拟资金。要求每位同学在一天的时间内进行外汇买卖交易。

③ 将结果复制到一个文本文件上，写上交易操作的心得后发给老师评分。

2. 实训项目二

实训题目：远期外汇交易法的操作

实训目的：通过练习，使学生掌握利用远期外汇交易法防范外汇风险的操作的方法。

实训内容：某进口公司与美国公司签订了进口成套设备的合同，6 个月收到货物付款。假设签合同时间为 3 月 5 日，则付款日期为 9 月 5 日，该公司将要用美元支付货款，价值 1 000 000 美元。该公司手中有数目可观的港币，因此希望用港币换成美元支付货款，而美元存在银行，刚好 6 个月后到期。因为外汇市场动荡不定，该公司担心在 6 个月后美元升值，会带来汇率风险。

第四章
外汇风险与防范实务

【学习目标】

知识目标

1. 了解外汇风险防范的必要性和重要性。
2. 熟悉外汇风险的概念和构成,以及外汇风险的预测。
3. 掌握在国际贸易与国际结算中可能遇到的各种具体的外汇风险。

能力目标

1. 能根据折算风险、交易风险、经济风险的概念,识别企业面临的具体外汇风险种类。
2. 能根据外汇风险防范策略,制定企业具体的外汇风险防范方法。

【导入案例】

浮动汇率制与外汇风险

外汇市场的投资投机者,经常说外汇市场如何如何赚钱。但我们换一个角度看,则把全球汇市的波动起伏视为风险,不论是参加外汇交易的个人还是银行、企业,只要有外汇,就有外汇风险。一般地说,人们将"因汇率变动而蒙受的损失,以及将丧失所期待的利益的可能性"称为外汇风险。通常还将承受外汇风险的外币金额称为"受险部分"。

自1973年实行浮动汇率制以来,货币汇率波动频繁,不仅幅度大,而且各种主要货币之间经常出现强弱、地位互相转换的局面。我国在改革开放前,由于一直实行严格的外汇管理,汇率调节机制僵化,且多数涉外企业没有真正成为自负盈亏的主体,所以外汇风险主要由国家来承担。随着我国外汇体制改革的推进，银行、企业已经不能依赖政府的庇护，因此，如何防范外汇风险就成为银行、企业、个人的燃眉之急。

外汇风险的表现之一是外汇交易风险。由于进行本国货币与外币的交换才产生外汇风险。以外汇买卖为业务的外汇银行负担的风险主要是外汇风险。银行以外的企业在以外币进行贷款或借款，以及伴随外币贷款、借款而进行外汇交易时，也要发生同样的风险。个人买卖外汇同样也存在风险。

外汇风险的表现之二是企业进行会计处理和进行外币债权、债务决算时如何以本国货币进行评价的问题。比如在办理决算时，评价债权、债务，因所适用的汇率不同，就会产生账面上损益的差异，因此也称为"评价风险"或"外汇折算风险"。

外汇风险的表现之三是经济风险，即企业或个人的未来预期收益因汇率变化而可能受到损失的风险。

第一节　外汇风险的概念与分类

一、外汇风险的含义

外汇风险（Foreign Exchange Exposure），是指一个经济实体或者个人以外币计价的资产(债券、权益)与负债(债务、义务)在涉外经济活动中因外汇汇率的变动而使其价值上涨或者下降的可能。从事对外贸易、投资及金融的公司、企业组织、个人及国家外汇储备的管理与营运机构等，通常会在国际范围内收付大量外币，或持有外币债权债务，或以外币表示其资产、负债价值。由于各国使用的货币不同，国际外汇市场上汇率经常变化，因此在国际经济往来中，在国际收付结算中，就会产生外汇风险。外汇风险可能有两个结果：获得利润，或是遭受损失。

外汇风险有广义和狭义之分。广义的外汇风险包括汇率风险、利率风险、信用风险、流动性风险，以及国家风险等；狭义的外汇风险仅指汇率风险。广义外汇风险对银行影响较大，在对银行外汇风险的管理中将采用广义的外汇风险概念。本章内容仅对狭义外汇风险进行分析。

从外汇风险的定义可知，经济实体或者个人持有的外币资产和负债都存在因汇率变动而受损失的可能性。但是，并不是所有的外币资产和负债都要承担外汇风险，只有其中的一部分才承担外汇风险，这部分承担外汇风险的外币资金通常称为"受险部分""敞口"或"风险头寸"。具体来说，在外汇买卖中，风险头寸表现为外汇持有额中"超买"或者"超卖"的部分，在企业经营中表现为其外币资产与外币负债不相匹配的部分，如外币资产大于或者小于外币负债，或者外币资产与外币负债金额上相等，但是在长短期限上不一致。

案例4-1　2004年上市公司年报显示，钢联股份的项目贷款利息，以及国外出口信贷由于欧元升值所产生的汇兑损失高达8 047万元，宝钢股份的2002年汇兑损失也高达 3.1 亿元，漳泽电力在 2004 年上半年也形成高达 1.23 亿元的大额汇兑损失。

案例 4-2　2003 年 6 月 18 日某市的《青年时报》第十版报道，当地 48 家纺织企业 2002 年底从意大利、德国等欧洲国家进口约 15 亿欧元的纺织设备。因缺乏外汇风险方面的意识和知识，轻易地接受了对方提出的终止美元支付的惯例，转为以欧元计价结算且外方还开出同意延期付款的"优厚条件"，而到 2003 年 5 月付款时，由于欧元升值，该市纺织企业白白多支付了 2.37 亿元人民币。

二、外汇风险的构成因素

外汇风险一般包括三个因素：本币、外币和时间。

一个涉外企业在其经营过程中所遇到的外币收付，如应收账款、应付账款、货币资本的借入或贷出等，均需与本币进行折算，以便结清债权债务并考核其经营活动成果。本币是衡量企业效果的共同指标，从交易达成到应收账款的最后收进、应付账款的最后付出、借贷本息的最后偿付均有一个期限，这个期限就是时间因素。在这个期限内汇率完全可能发生变化，从而产生外汇风险。因此，本币、外币和时间三个因素共同构成外汇风险，三者缺一不可。例如，某企业 60 天后有一笔外汇收入。这个时候，企业既有时间风险，又存在价值风险。而如果某企业开展进出口业务，只用本币进行结算，根本不涉及货币汇兑问题，因此也不会出现外汇风险；如果某企业因进出口业务需要，同一天收入一笔外汇，并支出币种相同、金额相同、期限相同的另一笔外汇，不存在时间间隔，也就没有外汇风险。

一笔应收或应付外币账款的时间结构对外汇风险的大小具有直接影响，时间越长，汇率波动的可能性越大，外汇风险相对较大；反之，外汇风险相对较小。

三、外汇风险的种类

按照外汇风险发生的时间阶段，可以将外汇风险分为三类：折算风险、交易风险和经济风险（如图 4-1 所示）。

图 4-1　外汇风险的种类

（一）折算风险

折算风险（Accounting Exposure）又称为会计风险或者转换风险，是指定期把公司资产负债表上外币计价的项目折算成本币时所产生的损益变化。公司在编制报表时，为了把原来用外币计量的资产、负债和所有者权益合并到本国货币账户内，必须把这些用外币计量的项目发生额用本国货币重新描述。在将外币转换成本币时，会因汇率变动给公司带来损失。

案例 4-3 我国某跨国公司在 M 国有一家分公司，该分公司 2013 年 12 月 31 日的资产负债表如表 4-1 所示。

表 4-1　2013 年 12 月 31 日 M 国分公司资产负债表

单位：千美元

资　产	金　额	负债和所有者权益	金　额
现金	40 000	负债	100 000
应收账款	60 000	所有者权益	160 000
厂房及设备	120 000		
存货	40 000		
合计	260 000		260 000

我国该跨国公司在准备编制合并财务报表时，总要按照某个特定的汇率将资产负债表的金额折算成以人民币计价的资产负债表，假定采用 12 月 31 日美元对人民币的现汇价 USD100＝RMB627.65 计算，那么折算以后以人民币计价的资产负债表如表 4-2 所示。

表 4-2　2013 年 12 月 31 日 M 国分公司资产负债表

单位：人民币千元

资　产	金　额	负债和所有者权益	金　额
现金	251 060	负债	627 650
应收账款	376 590	所有者权益	1 004 240
厂房及设备	753 180		
存货	251 060		
合计	1 631 890		1 631 890

假设 2014 年 1 月 1 日，汇率变为 USD100＝RMB627.56，那么折算后的资产负债表如表 4-3 所示。

表 4-3　2014 年 1 月 1 日 M 国分公司资产负债表

单位：人民币千元

资　产	金　额	负债和所有者权益	金　额
现金	251 024	负债	627 560
应收账款	376 536	所有者权益	1 004 096
厂房及设备	753 072		
存货	251 024		
合计	1 631 656		1 631 656

从上述两个资产负债表中可以看出，由于汇率变动，折算成人民币计价的资产

由 1 631 890 元变为 1 631 656 元,一天中减少 234 元。权益也发生了相同的变化,这就是会计风险这项损失纯粹是外汇折算所致,是汇率变动造成资产和权益的实际价值下降。

(二)交易风险

交易风险(Transaction Exposure)是指一个经济实体在以外币计价的国际贸易、非国际贸易收支活动中,由于汇率波动而引起应收账款和应付账款的实际价值发生变化,使得交易者蒙受损失的可能性。

交易风险大致有以下三种情况:

(1)以即期或延期付款为支付条件的商品或劳务的进出口,在装运货物或提供劳务后,货款或劳务费用尚未支付这一期间,外汇汇率变化发生的风险,其中最重要的是涉外企业有以外币计价的应收款或应付款。

案例 4-4 我国一家企业某日从美国某公司进口一批价值 10 万美元的货物,付款期限为 90 天。按成交当日美元对人民币的现汇价 USD100=RMB627.65 计算,该企业应付账款为 627 650 元人民币。但是 90 天后付款时,汇率升至 USD100=RMB627.68,该企业需应付人民币 627 680 元,进口成本增加了 30 元。

(2)以外币计价的国际信贷活动,在债权债务未清偿前所存在的风险。

案例 4-5 我国某金融机构在日本筹集一笔总额 100 亿日元的资金,以此向国内某企业发放 10 年期美元固定利率贷款,按当日汇率 USD1=JPY125 计,100 亿日元折合 8 000 万美元。10 年后若汇率变成 USD1=JPY100,此时,仅 100 亿日元的本金,就升值至 1 亿美元。而该金融机构到期收回本金 8 000 万美元与利息 1 120 万美元(按年利率 1.4% 计),总计 9 120 万美元,折合 91.2 亿日元,连借款的本金都无法偿还。

(3)外汇银行在中介性外汇买卖中持有的外汇头寸的多头或空头,也会因汇率变动而可能蒙受损失。

案例 4-6 假设某外汇银行与客户进行外汇买卖时,从客户手中买入 100 万美元,同时又有客户需要购买 80 万美元,剩下 20 万美元没有卖掉,出现了 20 万美元的多头(长头寸)。这一多头额在将来卖掉时会因汇率变化形成盈利或亏损的,外汇银行则面临外汇交易的风险。假设在外汇银行形成 20 万美元多头的当天,USD1=JPY200,则 20 万美元价值 4 000 万日元。如果外汇银行在卖掉 20 万美元时的汇率为 USD1=JPY180,则 20 万美元的多头额只值 3 600 万日元,损失了 400 万日元。

(三)经济风险

经济风险(Economic Exposure)是指由于外汇汇率的变动而引起国际性企业未来收益发生变化的一种潜在风险。经济风险对企业影响最大,是企业最关心的一种外汇风险。把握这个概念需要注意"外汇汇率的变动"是指意料之外的汇率变动，意料之中的汇率变动不会给企业带来经济风险，可见经济风险并未包括汇率变动给企业收益带来的全部影响。所以经济风险很大程度上取决于企业的预测能力，预测的准确程度将直接影响该公司在融资、销售与生产方面的战略决策。

当一国货币贬值时，该国进口商一方面因出口品以外币表示的价格下降，有可能刺激出口，使其出口额增加而收益；另一方面，如果出口商进行生产所使用的原材料为进口品，因本币贬值，会提高以本币表示的进口品的价格，使企业的生产成本提高。结果，该出口商将来的纯收入可能增加，也可能减少，此种风险就是经济风险。涉外企业、跨国公司无论在本币升值还是本币贬值时都可能存在经济风险。

案例 4-7

美国跨国公司的经济风险

从事国际业务的跨国公司，承受汇率波动带来的经济风险的程度远远高于纯粹的国内企业。

在 20 世纪 80 年代早期，墨西哥比索对美元贬值了 40%，美元升值大幅提高了墨西哥顾客的购买力，结果，美国通用公司向墨西哥出售软件的业务受到惨重打击，通用公司对墨西哥的销售大幅下降。美国杜邦公司与通用公司一样，因国外进口需求下降，出现了巨额的经济风险，据其财务主管估计，1983 年因汇率影响造成的损失为 1 亿美元。当然，美元并非一直坚挺，1985—1988 年间和 1990—1991 年间的美元疲软，也使通用公司、杜邦公司以及其他许多美国跨国公司受益匪浅，它们的出口量急剧增加。

再如，美国凯特比勒公司的销售收入严重依赖进口。美元走强将增加该公司的外国进口商支付的价款，因此凯特比勒公司特别容易受到美元价值波动的影响。在 20 世纪 80 年代前叶，美元出现了持续的强势，对其他主要货币的升值幅度超过 40%，因其主要竞争对手——日本的小松公司的出口品以日元计价，在日元兑美元贬值时，许多外国进口商放弃了凯特比勒而选择了小松。

美元变动给美国跨国公司造成的经济风险并不一样，原因有三个：一是各家公司的特点不同；二是它们的国外竞争对手对美元变动的反应不同，在美元疲软期间，如果国外竞争对手自愿减少它们的边际利润，则美国跨国公司未必受益于汇率的变动；三是它们使用的货币不同，各货币对美元汇率变动是有差异的。例如，1993 年前半年，尽管日元兑美元升值，但是一些欧洲货币却对美元贬值，这样，重点对欧洲出口的美元跨国公司受到了不利影响，而重点对日本出口的公司受到了有利的影响。

综上所述，会计风险和交易风险是汇率变动对过去的已经发生的以外币计价交易的影响，经济风险则是汇率变动对未来纯收入的影响。交易风险关系到现金流动，对企业造成真实的损益，即汇率变动给交易风险的承担者带来实实在在的损失，或者带来意外的好处。会计风险则不同,主要影响企业资产负债表和利润表,与现金流动无关,只造成账面上的损益。

第二节 外汇风险的预测

外汇风险对特定的企业、个人、事业单位造成的损失有很大的差异,准确度量所面临的各种外汇风险,做到心中有数,是进行有效外汇管理的必要前提。要成功的管理外汇风险,首先要预测未来汇率走势和风险敞口头寸的大小,然后据此计量外汇风险对经济主体价值的影响程度,最后选择有效的、合理的外汇管理办法来规避风险,实现利润的最大化。

一、外汇风险的测量

(一)折算风险的测量

折算风险基本测量方法有四种,即现行汇率法、流动与非流动项目法、货币与非货币项目法和时态法。外币汇集报表折算时,由于各项目采取不同的汇率进行折算。从而产生了折算差额。折算差额的大小取决于所选用的折算方法、汇率变动的方向和过程、外币资产与外币负债的比例等因素。对于该折算差额有两种会计处理方法:一是递延处理,二是计入当期损益。将折算差额计入当期损益,可以真实地反映企业所承受的汇率风险,但不足的是,将折算反映在损益表中,也就是将未实现的损益计入当期损益,有可能引起对会计报表的误解。因此,将折算差额在所有权益下单列出来并逐年累计是较通用的做法。

案例 4-8 美国一家跨国公司在英国的分公司第一年赚得 1 000 万英镑,第二年也赚得 1 000 万英镑。当这些利润和其他子公司的利润一起合并时,它们要按当年的加权平均汇率来计算。假设第一年的加权平均汇率为 1.90 美元,第二年为 1.50 美元。表 4-4 反映了该跨国公司前后两个报告期折算为美元的收益。

表 4-4 跨国公司的折算风险

报告期	英国子公司的当地收益	报告期英镑的加权平均汇率	折算后英国子公司的美元收益
第一年	10 000 000 英镑	1.90 美元	19 000 000 美元
第二年	10 000 000 英镑	1.50 美元	15 000 000 美元

从上表可以看出,第一年和第二年在英国的子公司英镑利润额虽然相同,但是第二年英国子公司折算的合并美元利润减少了 400 万美元。造成该公司折算风险的原因在于,第二年英镑加权平均汇率下跌了 21%。财务分析人士、投资者有可能因为第二年子公司的美元利润减少而给予该跨国公司较低的评价。

(二) 交易风险的测量

1. 银行外汇买卖的测量

银行承担的外汇风险主要是外汇买卖风险,是银行在外汇市场上频繁进行本币与外币之间反复兑换的过程中产生的。测量外汇买卖风险时,要明确每种货币的净头寸,在此基础上测量外汇买卖风险的大小。一般会采取限额管理主要是缺口限额法来控制外汇买卖风险。

为了明确外汇缺口头寸的大小,银行建立外汇交易记录表,按照每种货币合约到期日记录每笔交易的外汇流量,这些头寸按比重和期限列示(如表4-5所示)。外汇交易记录表是测量外汇风险的重要工具,在这个表中不能判断目前外汇头寸的盈亏情况,难以体现汇率风险的总体情况。为了控制汇率波动造成的头寸盈亏,银行会应用市场汇率重新估价外汇头寸,分析外汇头寸的盈亏情况。

表 4-5 银行英镑交易记录表

单位:万英镑

期限	买入(+)	卖出(−)	合计
即期	20		+20
1个月		100	−100
2个月	80		+80
3个月		150	−150
6个月	200		+200
12个月	250		+250
24个月		200	−200
合计	550	450	+100

在上表中,该银行在每一个时期英镑头寸都是不平衡的,当汇率波动时,这些头寸会承担风险。例如,英镑/人民币的即期汇率从12.12下降到12.10,即期多头损失4 000元人民币。为了控制缺口头寸的汇率风险,银行要制定对应每种货币各个时期的缺口限额,当缺口超过限额时,交易员必须在外汇市场上将多余的头寸对冲掉。

2. 企业交易结算风险的测量

汇率具有高度易变性,交易风险是企业最常见的外汇风险,因此也是外汇管理的重点,一般来说,测量交易风险的步骤是首先确定每种外币与其现金流量净额,然后确定这些外币的总体风险。

(1) 外币预计的流量净额。

外汇交易风险产生于两个方面:浮动汇率制下名义汇率的变动和外汇交易敞口头寸不为零。因此在计算外汇交易风险时首先要按计量企业各种外汇流入量与流出量差额,明确每种货币的流量净额。

$$净现金流量 = 现金流入量 - 现金流出量$$

对于跨国公司而言，确定每种货币的净现金流量更为重要。跨国公司一般关注短期的交易风险，只有在短期内，货币的现金流量才能被合理准确地测量。跨国公司的交易风险敞口头寸等于以某种外币定值结算的合同现金流入与合同现金流出的差额。每个子公司的管理层在报告与其流入量和流出量的过程中起着决定性作用，然后由母公司合并子公司的财务报告，以便确认整个跨国公司在未来的几个月内外币的预计净头寸。假设跨国公司的子公司 M 的净现金流入量为 600 000 英镑，而子公司 N 的净现金流出量为 500 000 英镑。合并到母公司现金净流入为 100 000 英镑，如果在单个现金流量发生前英镑贬值，便会对子公司 M 产生不利影响，因为当英镑兑换成相应的核算货币时，其价值量减少了。可是，英镑贬值会对子公司 N 产生有利影响，从跨国公司来说，英镑贬值对跨国公司总体的影响较小。

（2）确定总体风险。

由于企业常常发生多种外币交易，准确测定各种汇率之间的相互关系和关联程度对计量企业的交易风险是十分重要的。一种外币汇率发生变动时可能引发其他外币同向或反向变动，因此整体外汇交易风险并不是各货币外汇头寸的简单加总，而是需要了解总体风险的货币易变性和相关性。标准差可以作为测量某一外币波动程度的方法，货币的标准差越小，意味着在某一时期内货币围绕其均值上下波动的幅度越小；货币的标准差越大，意味着其波动性越大。因此，跨国公司要对有关外币的汇率的历史数据进行分析，运用方差或者标准差来估计每种外币的潜在的波动幅度，进而结合期末汇率预测值，来确定汇率的可能范围。

在确定总体风险时，除了需要明确货币波动的可能性大小，也要重视货币的相关性。货币的相关性可用相关系数计量，相关系数表示两种货币变动的相关程度，从而使跨国公司可以运用这样的信息确定交易风险的程度。

（三）经济风险的测量

经济风险对企业的影响是长期的，而且是复杂的、多层面的，在测量经济风险时候就要采取整体的、系统的方法，最常用的是收益和成本的敏感性分析和回归分析。

1. 收益和成本的敏感性分析

收益和成本的敏感性分析是把现金流量按照收益表的不同项目分类，并根据汇率预测情况对收益表的各项做出主观的预测，考虑各种可能的汇率，修正利润表项目的预测值，通过观察利润表盈利预测值如何随备选的汇率值变化，企业就能够减小货币币值变动对收益和成本下的现金流量的影响。企业的现金流量取决于原材料和产品的价格、销售量以及各项费用，这些因素的综合代表了企业的竞争力，汇率的变动正是通过改变各种价格对企业的竞争力和市场环境产生影响的。

2. 回归分析

企业较常用的另一种敏感性分析方法是回归分析法，该方法是利用已有的公司绩效变量（一般为现金流量和股票价格）和汇率的历史数据进行回归分析，测定企业的经济风险。这种方法具有客观性，相对来说，收益和成本敏感性分析更多的要求企业管理人员做出很多主观的估计分析，过度的依赖管理人员个人的判断，而回归分析则可以比较客观的通过对历史数据进行数字处理,得出未来的可能的经济风险大小。

二、外汇风险的预测

案例 4-9

瑞信与高盛同降澳元汇率预测

瑞信与高盛今日大幅调低澳元汇率预测,理由是澳洲经济放缓以及澳元债券需求减弱。

高盛现时估计,澳元兑美元汇率将于未来 3 个月回复 1 算,此前高盛估计澳元将兑 1.08 美元。高盛亦将对澳元 12 个月的预测由原来的 1.08 美元降至 0.98 美元。高盛指出,储备多元化的进度似乎减缓。鉴于市场重燃对欧债危机的忧虑,加上澳元经济数据荣辱互见,因此澳元本周大幅下跌,最新报 1.005 4 美元。

瑞信策略师 Jarrod Kerr 亦将未来 3 个月对澳元的预测调低至 0.95 美元,12 个月预测降至 0.96 美元。Kerr 指出,即使澳元只是出现如 2011 年般的不景气情况,澳元前景仍然令人看淡。

另外,高盛亦将对未来 3 个月澳元的预测由原来的 0.83 美元调低至 0.78 美元,12 个月预测由 0.87 美元降至 0.81 美元。

(2013.5.11,http://hkstock.cnfol.com)

汇率波动是产生外汇风险的决定性因素,把握汇率波动方向,对其波动幅度进行准确的预测,是确定风险大小、风险危害程度的首要工作,离开准确的汇率预测,外汇风险管理就会失去科学的依据。汇率预测的关键是把握导致汇率变动的最基本的因素,外汇的预测方法有很多,一般来说有四种:市场预测法、技术预测法、基本预测法和混合预测法。

(一) 市场预测法

市场预测法是一种根据市场中的汇率价格预测未来汇率的方法,预测成本低廉,在对预测精确度要求不高的情况下使用,市场预测法有即期汇率预测法和远期汇率预测法。

1. 即期汇率预测法

如果某种货币的汇率波动比较小,外汇市场比较平稳,在预测该货币的短期汇率时,可以认为当期的即期汇率就是下一期的即期汇率。例如,2005 年 2 月 10 日人民币的汇率为 USD100=RMB827.65,鉴于当时人民币是盯住美元的,就可以预测 2005 年 2 月 11 日人民币对美元的汇率也是 827.65。

这种方法只适用于市场较为稳定的情况,即各国经济运行相对平稳,而且没有出现较大的政策改变,同时,国际游资的炒作力量也不活跃时。

2. 远期汇率预测法

主要的国际货币通常都有发达的远期外汇市场或者期货市场,远期汇率反映了市场对货币未来即期汇率的、在国际金融市场套利机制的作用下，远期汇率就是未来即期汇率的无偏估计。

案例 4-10 假设欧元 30 天远期汇率为 1.22 美元，投资者普遍预期 30 天后欧元的未来即期汇率为 1.25 美元，所以投资者可以以 1.22 美元的价格购买 30 天后的欧元，然后以 30 天后的即期汇率抛出。如果预测准确，每欧元可赚取 0.03（1.25－1.22）美元。

（二）技术预测法

技术预测法是用历史的汇率数据来预测未来的汇率，首先需要搜集研究对象的历史资料，然后分析这些资料，最后判断哪些形态会稳定的重复发生。技术预测法是在历史会重演、汇率变化具有一定的趋势以及市场行为涵盖了一切信息的基本假设下进行的。使用技术分析来预测汇率的方法很多，主要以价格分析为主，大体可以分为图表技术分析法和计量经济分析法两类。

1. 图表技术分析法

汇率的图表技术分析法是根据汇率的过去表现，有条理的做出图表记录，借助图表和曲线来预测将来汇率的可能性趋势。图表技术分析法主要有曲线图分析法、点型图分析法、K 线图分析法、移动平均线分析法、相对强弱指数分析法等。

2. 计量经济分析法

在图标分析的基础上增加数量化方法可以运用计量经济学法预测汇率，一般有四个步骤：首先，根据预测目标，搜集和调查有关资料；其次，分析资料，判断各变量之间的相互资料，并经过数据运算，确定有关参数，建立计量经济模型；再次，检验模型，把历史资料带入计量经济模型，将运算结果与已经发生的经济现象进行比较，测定该模型的误差；最后，利用已确定的模型对汇率进行预测。

（三）基本预测法

基本预测法是根据经济变量同汇率间的基本关系进行预测，这些经济变量主要有利率、经济增长率、国际收支、货币供应量等，基本预测的方法主要有定性分析、计量经济模型和德尔菲法三种类型。

1. 定性分析

定性分析是根据特定的理论或经验对汇率的大致走势做出主观的判断，而不考虑各种因素与汇率之间的数量关系。例如，在其他条件不变的情况下，一国的利率下降会导致该国货币汇率下跌。

2. 经济计量模型分析

经济计量模型就是利用数学模型来预测汇率走势，不同的经济计量模型的区别主要在于经济理论基础的不同，将这些经济理论与线性、非线性数学模型结合，就形成了预测未来汇率的各种计量分析方法。

3. 德尔菲分析法

德尔菲分析法是美国兰德公司首先开发使用的最负盛名的预测方法，它利用多轮匿名函询调查来得到有关未来事件的判断信息，具体做法是：①在专家访谈方法的基础上形成关于未来信息的一般性调查表；②让专家对调查表中的各个项目作重要的判断和预测；③组织者对收回的调查表做统计分析，并把包含上一轮统计分析结果和说明的调查表再返回专家，征求预测意见，继续调查下去，直到专家意见趋于一致，得出前后一致的预测结论。

（四）混合预测法

混合预测法是综合使用以上各种汇率预测方法的方法，可以加强向顾客提供咨询的价值，汇率预测者首先运用不同预测方法得出某一种外币的不同预测，然后给不同方法分配权重，总权重为100%，对于更可靠的方法，给予较高的权重，这样，跨国公司的实际预测值便成了各种预测值的加权平均值。

参考资料 4-1

谁是全球预测汇率最准的机构？

国际著名的财经通讯社——彭博社日前对全球54家知名的汇率预测机构进行了一项调查，从2004年一季度的数据看，美林以1.77%的平均误差率取代德意志银行，成为全球对汇率预测最准确的金融企业。美国第五大银行瓦乔维亚以1.95%的平均误差率在这次调查中位列第二，德意志银行以1.98%的误差率位居第三。

美林集团是世界第二大国际金融集团公司、全球最大的综合投资银行，迄今已有一百多年历史。它在全球45个国家拥有约900个公司及代表处，共有雇员70 000多名，几乎涵盖了投资银行业务的所有领域。美林也是首家在我国设立代表处的美国投资银行。

尽管从数据上看，排名前三名的国际机构对于汇率的预测都极为准确，但有经验的投资者都知道，别人的分析判断永远只能作为自己决策的辅助。"即使是最权威的机构，也不是市场的主宰者。"对于现在普遍存在的迷信权威的现象，一位职业投资者的看法一针见血。而一位业内专家也表示，每个投资者都有自己不同的资金实力、风险偏好、时间分配，我们对汇市进行的分析预测也是普遍性的。

第三节 外汇风险的管理

外汇风险客观存在，各种风险都有自己的特点，或从不同方面，或综合起来影响参与外汇交易者的利益，对于涉足外汇市场的交易者来说，进行外汇风险管理都显得十分必要。

一、折算风险的管理

折算损益是一种会计账面上的损失,一般并不涉及企业真实价值的变动,在相当程度上具有"未实现"的性质,除非有关的会计准则规定必须将所有外汇损益在当期收益中给予确认。折算风险管理方法通常有两种:套期保值和外币资产与负债配比法。

(一)折算风险的套期保值

跨国公司可以通过运用远期合约对折算风险套期保值。例如,一家美国公司仅在英国有一个子公司,该子公司的年初预计收益为3 000万英镑,并打算将其所有的利润全部投资于英国,不上缴给美国的母公司。如果当前英镑价值为1.60美元,并且该价值在一年内保持不变,那么预测的英国收益折算为4 800万美元。当英镑加权价值在本年下降时,跨国公司可能担心子公司收益的折算风险会降低,可以对预期收益进行远期套期保值,即卖出一年远期3 000万英镑。假设远期汇率为1.60美元,同即期汇率一样。年末,跨国公司可以按照即期汇率买入3 000万英镑,履行卖出3 000万英镑的远期合约义务。如果本年英镑贬值,那么该公司将能在年末买入英镑,而且买入汇率比卖出英镑履行远期合约的汇率低,这样,它将产生抵消折算损失的收益。

(二)外币资产与负债配比法

外币资产与负债配比法要求企业调整资产和负债,使得以各种功能货币表示的资产和负债的数额相等,只计算折算风险头寸,即会计报表折算差额等于受险资产与受险负债之差。这样汇率风险无论如何变动,也不会带来会计折算上的损失。具体做法是:首先计量资产负债表各账户、科目中各种货币的规模,确定净折算风险头寸的大小;然后确定调整的方向,例如,如果以某种外币表示的受险资产大于受险负债,则需要减少受险资产或者增加受险负债,或同时进行;最后通过分析和权衡,进一步明确调整的具体的账户科目,使调整的综合成本最小。

二、交易风险的管理

外汇交易风险的管理是以短期收益最大化和外汇损失最小化为目标,经济主体在复杂的交易风险面前,管理要遵循一定的原则,即在管理成本一定的情况下,使汇率变动对本币造成的经济损失最小化。交易风险的管理主要有银行外汇买卖的风险管理和企业交易结算风险的管理。

(一)银行外汇买卖的风险管理

外汇银行在从事外汇业务过程中所遇到的外汇风险主要是外汇买卖的风险。而在外汇买卖风险中其拥有的受险部分是以外汇头寸来表示的,因此,外汇买卖的风险管理的关键是制定适度的外汇头寸,即限额管理法,加强自营买卖的风险管理。

限额管理是外汇交易风险控制的主要方法,即为交易所币种的现货和远期设置限制。银行在制定外汇敞口头寸的限额时,必须分析影响限额规模的各种因素。第一,外汇交易的损益期望。在外汇交易中,风险与收益成正比,对外汇收益期望越大,对外汇风险的容忍程度越强,银行的限额越大;反之,银行的限额越小。第二,对亏损的承受程度。银行对亏损的承受程度越强,银行的限额越大;反之,银行的限额越小。第三,交易的币种。交易的币种越多,交易量越大,限额就越大。第四,交易人员的水平。交易人员的水平越高,限额越大;反之,限额可能越小。

针对外汇交易中存在的汇率风险,限额控制主要有:①即期外汇头寸限额,即根据交易货币的稳定性、交易的难易程度和相关业务的交易量而定。②掉期外汇买卖限额,即在限额时,考虑该种货币利率的稳定性。远期期限越长,风险越大。③敞口头寸限额,即对于没有及时抵补形成的某种货币多头或者空头的敞口的头寸,一般需要规定相应的限额时间和金额。④止损点限额,即银行对交易人员建立外汇头寸后,面对汇率风险引起外汇损失的限制,是银行对最高损失的容忍程度。

(二) 企业交易风险的管理

企业外汇交易风险管理的重点在于如何规避外汇净头寸或外币净资产的产生,以及在外汇净头寸或外币净资产存在的情况下,如何避免或减少由于汇率变动而可能承受的损失。企业外汇交易风险的管理方法主要有货币选择法、提前收付或拖延收付法、配对管理法、多种货币组合法等。

1. 货币选择法

在国际经济交往中,选择使用什么货币计价结算,将直接影响到债权债务双方各自的经济利益。在进出口贸易、国际借贷活动中掌握汇率浮动趋势,选择计价结算货币,是普遍采用的一种避险措施。

选择计价货币,实际上是有意识地选择汇率变动对交易者自身有利的货币作为计价结算货币。不但可以避免风险,而且还能从避险中获利。主要方法有:在未来有现金收入时,尽量选择汇率趋升的硬货币计价结算;在未来有现金支付时,尽量选择汇率趋跌的软货币计价结算。

案例 4-11 我国某企业向英国某公司出口 132 万元人民币的商品,双方约定用人民币结算。成交日英镑对人民币的汇率是 1 英镑=13.20 人民币。我国出口商预测英镑汇率将下跌,即以人民币 132 万元报价。若 3 个月后英镑汇率跌至 1 英镑=12.90。按此汇率计算该批商品约折合 10.233 万英镑。我国银行可多收入外汇 2 330 英镑。

2. 提前收付或拖延收付法

提前收付或拖延收付法是根据汇率变动情况,更改货币收付日期的一种防范风险的方法。对于要收取外汇的企业来说,如果预测外汇汇率将上升,应尽量推迟收汇,如果预测汇率下降,就提前收汇;对于要支付外汇的企业来说,如果预测外汇汇率将上升,就提前付汇;如果预测汇率下降,应尽量推迟付汇。

3. 配对管理法

配对管理就是让相同货币、相同期限的外汇债权、债务相应地并存以冲抵汇率风险的一种防范措施。例如,某企业有一笔日元债务,该企业可设法建立一笔相同金额、相同期限的日元债权。这样就可以避免用本币兑换外币和用外币兑换本币,只需用日元债权清偿日元债务就可以了,从而使进出口企业免遭汇率折算风险,又可以抵消因为汇率变动所引起的外汇损益。

4. 多种货币组合法

多种货币组合法也叫"篮子货币计价法",指在进出口合同中使用两种以上货币来计价以消除外汇汇率波动的风险。当公司进口或出口货物时,假如其中一种货币的价值发生变动而其他货币的价值不变,则该货币价值的改变不会给公司带来大的外汇风险。若计价货币中某些货币升值、某些货币贬值,则升值货币带来的损(益)将被另一些货币带来的益(损)所抵消,从而消除外汇风险或减轻风险程度。

三、经济风险的管理

经济风险管理涉及企业营销策略、生产策略和财务策略的调整,通过进行必要的营销和生产方案的修订,企业可以应付货币贬值或升值带来的不利影响,也可以利用货币升值或贬值提供的机会。

表 4-6 规避经济风险的经营管理策略

营销策略	生产策略	财务策略
市场选择	要素组合策略	资产债务匹配
定价策略	海外建厂策略	业务分散化
促销策略	提高生产效率	融资分散化
产品策略	增强应变能力	营运资本管理

(一)经济风险的营销管理

在本币频繁波动的情况下,根据汇率波动趋势,调整企业的营销战略可以确保企业获得很多国际竞争优势。企业采纳的营销策略调整措施主要有市场选择、定价策略、促销策略和产品策略。

1. 市场选择调整

如果出现长期的汇率变动态势,企业应考虑调整其进出口商品的市场战略,如产品的购销市场选择,以及投向每个市场的营销、采购力量分配,详细如表 4-7 所示。

表 4-7 汇率变动对企业市场战略的影响

	对国际市场的影响		市场选择调整策略	
	出口企业	进口企业	出口企业	进口企业
本币升值	本国产品在贬值国市场因价格上涨而缺乏竞争力；国内市场受到国外同类产品的竞争，时常份额下降	外国商品的进口成本因本币升值而下降，外国商品的市场竞争力上升	退出无利可图的贬值国家的市场，努力巩固本国以及其他非贬值国家市场	扩大中间产品或者替代品的进口力度；将中间产品的采购尽可能的转向货币贬值国
本币贬值	本国产品在升值国因价格下降而增强竞争力，盯住升值货币的国家以及国内市场同样具有竞争优势	外国商品的进口成本上升，在国内市场的竞争力下降，国内进口替代品具有竞争优势	大力拓展货币升值国家的市场，迅速提高市场份额；努力扩展本国和盯住升值货币国家的市场	放弃或减少进口品，转而采购本国的产品，或者与本国货币保持汇率稳定国家的产品

市场选择的调整要考虑到市场的细分情况，例如，一些公司以高收入阶层为目标客户，当他们面对本币升值时，所受到的冲击要比那些以一般大众为目标客户的公司要小，而当他们面对本币贬值时，产品市场可以向大众市场渗透。

2. 定价策略

企业在面对汇率风险进行产品定价时要考虑两个关键性因素：一是保持市场份额或者保持利润的两难选择；二是价格调整以怎样的频率合适。

① 市场份额与利润率之间的两难选择。在本币升值的情况下，本国的出口企业以及与外国进口商品竞争激烈的企业面临着这样的难题：是保持本币价格不变以维持其原有的利润率，从而损失销售量、缩小市场份额，还是降低本币价格以保持市场份额，从而降低原有的利润率？在本币贬值的情况下，存在着相反的两难选择。

案例 4-12 假定中国的冠生园公司在汇率为 1 英镑＝12.5 人民币时向英国以每盒 5 英镑的价格出口巧克力，每盒巧克力的人民币收入为 62.5 元，如果英镑贬值为 1 英镑＝11.5 人民币，那么每盒巧克力的人民币收入减少为 57.2 元，要维持原有的收入不变，只有将其英镑定价提高为每盒 5.43 英镑，在激烈的市场竞争面前，这样会失去一定的市场份额；如果不愿失去一定的市场份额，要维持原有的英镑价格不变，就要承担人民币收入减少的损失。

② 定价调整的方法。在本币升值的情况下，企业出口商品的外币价格可以有所提高，但是为了保持国际市场份额，提价的幅度一般应该低于外币贬值的幅度，企业将通过降低其出口利润率的方式承担一部分外汇风险的损失；在本比贬值的情况下，出口商可以采取撇脂定价法，提高出口产品的本币价格，而保持外币价格不变，从而提高单位利润率，或者通过渗透定价法，降低出口商品的外币价格，而同时保持本币价格不变以扩大市场占有率。

③ 价格调整的频率。受企业在国际竞争中的地位的限制，在外汇汇率发生变化时，企业调整价格的能力和愿望有很大的差异，具有较强竞争力的企业具有更大的跟随汇率变动调整价格的可能性，而竞争力偏弱的企业更多的保持价格的稳定，通过自己的让利来保持稳定客户的基础。经常变动价格对出口企业的海外经销商也会产生消极的影响。但是当汇率长期波动时企业面临较大的风险，适时适当地调整价格是保证利益、规避风险的有效方法。价格调整的尺度，需要企业在实施前权衡利弊，谨慎决策。例如，在1985年美元贬值后，德国汽车制造商甚至提高了销往美国的豪华汽车的售价，而不损害其市场竞争力，合理地把握了价格调整的尺度。

3. 促销策略

汇率的变动，可能使预期的促销计划因预算资金的不足而不能顺利完成，企业在制订促销策略时，应考虑到汇率的变动，在不同国家之间合理地分配促销预算资金。如果本币贬值，只要出口品的外币价格保持不变，企业促销的开支的单位利润就会因其价格上升的优势而上升，企业应扩大促销开支。相反，本币升值可能降低促销开支的利润率，从而要求企业对其产品政策进行根本性的改变。

案例 4-13 20世纪80年代初，美元巨幅升值时，欧洲国家的滑雪场纷纷进行了促销战略的调整，增加对美国的促销预算，展开强大的促销攻势，大力宣传美元升值后阿尔卑斯山滑雪场的成本如何低廉，因此吸引了众多的美国洛矶山脉滑雪场的滑雪者，使他们转而选择阿尔卑斯山滑雪场。

4. 产品策略

企业通过调整产品策略来应对外汇经济风险的方法主要有：一是选择新产品的推出时机。当本币升值时，跨国公司可以拓展海外经营，是提高产出的有利时机；反过来，当本币贬值时，公司需要重新定位其市场目标，变更生产线，设计出新产品来满足那些需要高质量产品的客户群，抓住向升值国推出新产品的有利时机。二是更新生产线。在本币贬值时，企业应尽量扩大生产线，以适应市场需求的增加；而在本币升值时，企业必须将产品定位瞄准质量敏感度高而价格敏感度低的市场。三是要进行产品创新。只有更加迎合市场需求的新产品才能不断地保持市场竞争的优势，降低需求价格弹性，增加研发的费用，以产品的新颖、奇特和先进赢得市场。

（二）经济风险的生产策略

当汇率波动太激烈，采取以上营销策略调整完全无效时，企业必须从降低成本方面着手，对外汇经济风险进行有效的管理。针对外汇经济风险，企业可采用生产管理调整策略有以下几种。

1. 生产要素重组策略

在本币升值的情况下，国内生产要素的成本相对上升。为了降低成本、维持产品的竞争地位，企业应设法利用国外相对便宜的生产要素进行生产，生产要素重组的策略很多，其中最常用的方法有海外直接投资建厂和从国外采购零部件在国内组装。

案例 4-14 20 世纪 80 年代美元升值后，大多数美国公司增加了它们在全球范围内的零部件采购。卡特皮勒公司在美元升值和面临日本企业竞争的情况下，零部件的来源从国内生产转向国外采购。该公司在美国国内生产中使用的活塞 50% 来自国外，其中主要来自巴西。

2. 转移生产策略

在世界不同国家和地区拥有工厂的跨国企业，可以根据本币生产成本的变化，将生产任务分配给不同的国家的工厂完成。在确定转移生产策略时尽量增加在货币贬值国的生产，减少在货币升值国的生产。

3. 提高劳动生产率

提高劳动生产效率是降低成本、提高企业的持续赢利能力和市场竞争力的根本途径。跨国公司要想提高自身竞争力，需要提高自动化生产程度，严格管理产品质量，对员工采取有效的激励机制，关闭效率低下的工厂等。

（三）经济风险的财务管理

财务管理是对企业的债务结构进行重新调整，以便在汇率发生变动时，企业资产收益的下降会被相应的清偿债务的成本下降所抵消。第一，资产债务匹配，也就是企业将融资的来源与未来将要获得的收益进行搭配，来消除因为汇率变动可能造成的损失。第二，业务分散化。企业在全球范围内分散其生产基地和销售市场，是防范经济风险的有效策略。第三，融资分散化。各种债务计价货币汇率的变动可以通过分散化相互抵消，减少债务成本的不确定性。第四，资本运营管理。跨国公司可以通过转移定价在母公司和子公司之间、子公司之间转移资金与利润。当预期某个子公司所在国的货币发生贬值时，应当通过转移定价及早将子公司以当地货币表示的利润转到母公司所在国或其他子公司；相反，当预期某子公司所在国的货币将发生升值时，应当通过转移定价及早将母公司或其他子公司的利润转到该子公司。

【本章小结】

1. 个人以外币计价的资产（债券、权益）与负债（债务、义务）在涉外经济活动中因外汇汇率的变动而使其价值上涨或者下降的可能。凡是外汇风险一般包括三个因素：本币、外币和时间。按照外汇风险发生的时间阶段，可以将外汇风险分为三类：折算风险、交易风险和经济风险。

2. 不同的风险应采取不同的预测方法，折算风险基本测量方法有四种，即现行汇率法、流动与非流动项目法、货币与非货币项目法和时态法。交易风险主要有银行外汇买卖预测和企业交易结算风险的测量；经济风险测量主要采取收益和成本的敏感性分析和回归分析。

3. 折算损益是一种会计账面上的损失，一般并不涉及企业真实价值的变动，在相当程度上具有"未实现"的性质，除非有关的会计准则规定必须将所有外汇损益在当期收益中给予确认。折算风险管理方法通常有两种：套期保值和外币资产负配比法。

4. 外汇交易风险的管理是以短期收益最大化和外汇损失最小化为目标，经济主体在复杂的交易风险面前，管理要遵循一定的原则，即在管理成本一定的情况下，使汇率变动对本币造成的经济损失最小化。交易风险的管理主要有银行外汇买卖的风险管理和企业交易结算风险的管理。

5. 经济风险管理涉及企业营销策略、生产策略和财务策略的调整，通过进行必要的营销和生产方案的修订，企业可以应付货币贬值或升值带来的不利影响，也可以利用货币升值或贬值提供的机会。

【关键概念】

外汇风险　折算风险　交易风险　经济风险

【本章习题】

一、思考题

1. 什么是外汇风险，外汇风险有哪些类型？
2. 简述企业外汇交易结算风险的测量。
3. 如何进行经济风险的营销管理、生产管理和财务管理？

二、实训题

现有一家香港贸易公司，日常资金以美元形式持有，即以美元为本位币，由于经营需要，每年需要在欧洲国家选购贸易产品及其他用品，年支出约1亿美元左右，所购产品在中国内地及香港地区销售和贸易，在欧洲进货时是以欧元计算，而销售结算则以美元结算，因此每次的进货和销售都要经历一次以下两种货币之间转化的循环：以美元现金兑换欧元，在欧洲购货以欧元支付货款，在中国内地或香港地区进行商品交易最后仍结算美元。如果美元对欧元货币汇率在上述循环过程中（存货周转次数假设为120天）波动较大，尤其是如果欧元升值，那么这家贸易公司将会在每一次的业务循环中面临巨大的汇兑损失风险。

试运用所学知识分小组做一下探讨。

1. 该公司面临的是何种外汇风险？
2. 防范这种风险有哪些方法？
3. 上述业务循环中，在哪部分环节上最可能发生外汇风险？你认为有什么具体办法？
4. 根据以上的分析，你对该公司的业务循环与公司资金组合有何建议？

第五章
国际货币体系

【学习目标】

知识目标
1. 了解国际货币体系的含义、主要内容及演变过程。
2. 理解国际金融一体化的特征及原因。
3. 掌握国际金本位制、布雷顿森林体系和牙买加体系各自的内容及缺陷。

能力目标
1. 能运用国际货币体系基本概念分析现行国际货币体系的优缺点。
2. 能根据国际货币体系的演变过程分析国际货币体系发展中的热点问题。

【导入案例】

G20 将创新和完善现有国际货币体系

2016年3月,在北京举行的"中国发展高层论坛2016"上,中国人民银行副行长易纲表示,2016年中国主办的G20峰会成立了国际金融架构工作组,将对国际货币体系和国际金融架构进行创新和完善。

易纲表示,G20承诺要强劲、可持续、平衡地增长,但是这个增长需要一个金融体系、金融系统、金融市场来支持,没有一个非常稳定的或者有韧性的金融体系来支持实体经济,这种强劲、可持续和平衡的增长是不可能的。在过去当金融发生危机的时候,都会严重影响经济增长,比如说2009年雷曼危机,2009年全世界的GDP是负增长。可见,如果金融市场不好,金融发生了大的问题,G20整个的目标就会受到影响,比如亚洲金融危机、次贷危机、雷曼危机、希腊危机等,都会对经济增长带来非常负面的影响。

易纲称，以2016年G20在中国杭州召开为契机，成立了G20的国际金融架构工作组，一致同意要研究以下五个问题。一是继续推动国际货币基金组织份额和治理结构的改革。二是要改善国际主权债务重组体系，维护债务的可持续性。主要是想把集体行动条款和同权条款加入到现在的国际主权债的存量中。三是要研究监督和管理跨境资本的流动。现在由于QE、QQE，还有其他新的货币形式，跨境资本流动非常大；有些发展中国家由于资本的大进大出，其汇率也大幅波动。四是要完善全球金融安全网。全球金融安全网现在有四个层面：第一个层面，各国自己的外汇储备；第二个层面，双边的互换；第三个层面，区域的安排，如金砖的安排、欧洲的ESM；第四个就是全球的安排，全球的金融安全是一个以国际货币基金组织为中心的安排。怎么在这四个层面中加强协调，是要考虑的问题。五是要加强SDR的作用。

（资料来源：http：//news.hexun.com/2016-03-19/182853969.html）

第一节 国际货币体系概述

一、国际货币体系的含义

国际货币体系（International Monetary System）是指为适应国际贸易与国际支付需要，各国政府对货币在国际范围为发挥世界货币职能所确定的原则而采取的措施和建立的组织机构。它是国际货币制度、国际金融机构以及由习惯和历史沿革所约定俗成的国际货币秩序的总和。

国际货币体系一般包括以下几个方面的内容。

（一）各国货币比价的确定

根据国际交往与国际支付的需要，使货币在国际市场上发挥世界货币的职能，各国之间的货币一定要确定一个比价，亦即确定一个汇率。围绕汇率的确定，各国政府一般还规定：货币比价确定的依据、货币比价波动的界限、货币比价的调整、维持货币比价所采取的措施、对同一货币是否采取多元比价等。

（二）各国货币的兑换性与对国际支付所采取的措施

如前所述，可兑换是指一国对外支付是否进行限制与管制而言，如解除了各种限制或管制，该国货币即为全面可兑换货币，或自由兑换货币。有时一国对某些项目的国外支付加以限制，对另外一些项目的支付则不加限制；有的国家则对国外一切项目的支付都加以限制，等等。各国政府一般还颁布金融法令，规定本国货币能否对外兑换与对外支付是否进行限制等。

(三)国际储备资产的确定

为应付国际支付的需要,一国必须有一定的国际储备,保存一定数量的、为世界各国所普遍接受的国际储备资产,也是构成国际货币体系的一项主要内容。第一次世界大战以前,资本主义国家的主要国际储备资产是黄金;第一次世界大战以后,黄金与外汇储备起着同等重要的作用;当前,一国在国际货币基金分得的特别提款权也与黄金、外汇并列,构成一国的国际储备资产。

(四)国际结算的原则

一国对外的债权债务,或者立即进行结算,并在国际结算中实行自由的多边结算;或者定期进行结算,并实行限制的双边结算。

(五)黄金外汇的流动与转移是否自由

黄金外汇的流动与转移,在一定时期,在某些国家没有限制,可以在世界范围内自由流动;在一定时期,在另外一些国家则有限制;有的国家还规定,黄金外汇可在一定的范围内,如在同一的货币区内自由流动,而在货币区外则没有自由等。

二、国际货币体系的作用

理想的国际货币制度应能够促进国际贸易和国际资本流动的发展,它主要体现在能够提供足够的国际清偿能力并保持国际储备资产的信心,以及保证国际收支的失衡能够得到有效而稳定的调节。国际清偿能力应保持与世界经济与贸易发展相当的增长速度,过快的增长会加剧世界性的通货膨胀,而过慢的增长会导致世界经济和贸易的萎缩。保持清偿能力的适量增长也是维持储备货币信心的关键。所谓信心是指各国政府和私人都愿意继续持有国际储备资产,而不发生大规模的抛售国际储备货币的危机。此外,理想的国际货币制度还需有良好的国际收支调节机制,它使各国公平合理地承担国际收支失衡调节的责任,并使调节付出的代价最小。

国际货币体系的作用主要表现为以下几个方面:

第一,确定国际清算和支付手段来源、形式和数量,为世界经济发展提供必要充分的国际货币,并规定国际货币及其同各国货币相互关系的准则。

第二,确定国际收支的调节机制,以确保世界的稳定和各国经济的平衡增长。该调节机制涉及汇率机制、对国际收支逆差国的资金融通机制,以及对国际货币(储备货币)发行国的国际收支纪律约束机制等不同方面。

第三,确立有关国际货币金融事务的协商机制及建立相应的组织机构。

三、国际货币体系的类型

国际货币制度可以从储备资产的保有形式和汇率制度的形态两个角度进行区分。

储备货币或本位货币是国际货币制度的基础,根据国际储备划分,有金本位制度、金汇兑本位制度和信用本位制度。

汇率制度是国际货币制度的核心，以汇率制度分类，可以分为固定汇率制度和浮动汇率制度。然而，有时也可以同时以国际储备货币和汇率制度来作为国际货币制度分类的标准。例如金本位条件下的固定汇率制度，以不兑现的纸币（如美元）为本位的固定汇率制度，以黄金和外汇作为储备的可调整的固定汇率制度或管理浮动汇率制度，以及完全不需要保有国际储备资产的纯粹自由浮动汇率制度，等等。

在历史的各个不同时期，国际货币制度在不断地演变，最早的国际货币制度是大约形成于1880年而延续至1913年的国际金本位制度。此后第一次世界大战的爆发使金本位制崩溃，国际货币关系陷于混乱，各国不得不纷纷停止黄金的兑换，并采取浮动汇率制的形式。1925年之后各国又开始致力于恢复金本位制，但这时建立的是国际金汇兑本位制度。1929—1933年大危机的爆发又使国际货币关系陷于混乱，金汇兑本位制也随之垮台。第二次世界大战以后，1945—1973年，国际上实行的是布雷顿森林体制，是可兑换的美元本位，实行可调整的固定汇率制度。1973年布雷顿森林体制宣告崩溃，各主要西方国家的货币从此进入了浮动汇率时期，或者确切地说，是有管理的浮动汇率制。图5-1简要说明了国际货币体系的组成。

```
                        ┌ 金币本位制
             ┌ 国际金本位制 ┤ 金块本位制（生金本位制）
国际货币体系 ┤             └ 金汇兑本位制（虚金本位制）
             ├ 布雷顿森林体系
             └ 牙买加体系
```

图 5-1　国际货币体系的组成

第二节　国际金本位体系

一、国际金本位体系的制度特征

世界上首次出现的国际货币制度是国际金本位制度。一般国家在它们的经济发展到一定阶段之后，必然会采用贵金属作为货币。黄金由于其优良的金属特性，币材便逐步过渡到黄金上。英国作为最早的发达的资本主义国家，于1816年实行了金本位制，用黄金来规定货币所代表的价值。只有英国实行金本位制，还不能够形成国际金本位制度，1880—1890年期间，欧洲和美洲的主要资本主义国家都先后实行了金本位制度，国际金本位制才逐步形成。

国际金本位体系的制度特征主要体现在以下几个方面。

第一，黄金充当了国际货币，是国际货币制度的基础。这一时期的国际金本位制度是建立在各主要资本主义国家国内都实行金铸币本位制的基础之上，其典型的特征是金币可以自由铸造、自由兑换，以及黄金自由进出口。由于金币可以自由铸造，金币的面值与黄金含量就能始终保持一致，金币的数量就能自发地满足流通中的需要。由于金币可以自由兑换，各种金属辅币和银行券就能够稳定地代表一定数量的黄金进行流通，从而保持币值的稳定。

第二，各国货币之间的汇率由它们各自的交换比例决定。因为金本位条件下金币的自由交换、自由铸造和黄金的自由输出输入将保证使外汇市场上汇率的波动维持在由金平价和黄金运输费用所决定的黄金输送点以内。实际上，英国、美国、法国、德国等主要国家货币的汇率平价自1880年至1914年，35年内一直没发生变动，从未升值或贬值。所以国际金本位是严格的固定汇率制，这是个重要的特点。

第三，国际金本位有自动调节国际收支的机制。当外汇收支出现逆差，黄金外流时，如果中央银行的黄金储备明显减少，会导致货币供给紧缩的效应，进而使物价下降，这将会提高本国商品出口的竞争能力并抑制进口；同时紧缩也会使利率上扬，引起资本注入。这种机制的作用促使外汇收支恢复平衡。反之，如果是外汇收支顺差引起黄金流入，国内货币供给增加，收入和价格水平提高，出口减少、进口增加，利率下降，资本外流。

参考资料 5-1

法定货币的种类

法律规定的货币种类有本位币和辅币两种。

本位币：在金属铸币时期，本位币是指用法定货币金属按照规定的规格经国家铸币厂铸成的铸币。在信用货币制度下，本位币表示一个国家流通中标准的基本的通货。

辅币：小于一个货币单位的货币则称为辅币，主要用于小额支付和找零之用。当商品或劳务的价格低于一个货币单位时就要用到辅币了。

二、国际金本位体系的崩溃与制度评价

（一）国际金本位制的作用

1880年至1914年是国际金本位制的"黄金时代"，也是资本主义自由竞争的全盛时期。当时国际国内政局比较稳定，各国物价和汇率稳定，国际收支基本平衡，既没有重大的国际收支问题存在，也没有重大的国际金融风暴发生。国际金本位制度虽然有缺陷，但作为迄今为止相对比较理想的国际货币体系，对促进当时的经济发展确实是功不可没的。

（1）维持了各国汇率的稳定。

各国货币的汇率以铸币平价为基础,受外汇市场供求的影响,实际汇率在黄金输送点范围内波动,幅度较小。相对稳定的汇率为促进国际贸易和资本流动创造了条件。

(2) 促进了商品生产和流通的发展。

严格的固定汇率制度便于进行生产成本核算和国际支付,国际投资风险小。这种严格的固定汇率制度推动了商品生产、国际贸易和国际投资的极大发展。

(3) 自动调节了国际收支。

由于各国货币直接和黄金挂钩,黄金可以自由铸造、自由兑换和自由输出输入,因而对国际收支的平衡可以起到自动调节的作用。由于各国都严格遵守国际金本位制度的三条原则,因此国际金本位制度经历了从1880年至1914年的35年的"黄金时代"。

(4) 有助于各国经济政策的协调。

在国际金本位制度下,要求各国将对外目标置于对内目标上,即将汇率稳定和国际收支平衡当作经济政策的首要目标,而物价、就业和国际收入是次要的目标。这就从客观上创造了一个宽松的环境,使各资本主义国家更有可能协调其经济政策。但是,这种以牺牲国内利益为代价的国际货币体系,为未来经济危机埋下了隐患,并最终导致了该货币体系的崩溃和另一货币体系的诞生。

(二) 国际金本位体系的崩溃

1914年第一次世界大战爆发,各参战国实行黄金禁运和纸币停止兑换黄金。战争结束以后,世界经济形势发生了很大的变化,战争期间各参战国为了融通战争经费,均发行了大量不能兑现的纸币,这些纸币在战后大大贬值,并造成了严重的通货膨胀。同时各国货币之间汇率剧烈被动,对国际贸易和国际收支产生了严重的影响。所以,在战后国际政局稍稍稳定的情况下,各国曾试图恢复金本位制。但在战后的形势下,要重新实行金币流通已不可能。这样,各国重新实行的只能是蜕化了的金本位制,如金本位制或金汇兑本位制。

在金本位制下,虽然名义上仍以金币作为本位货币,但实际流通的只是纸币和银行券。银行券已不能直接兑换金币,而只能向中央银行兑换金块。例如,英国在1925年规定,在用银行券兑黄金时,每次最低限度为400盎司的金块,约值1 700英镑。法国1928年规定的最低兑现额则为21.5万法郎,这实际上是对兑换黄金实行限制。

在金汇兑本位制下,同样只实行纸币和银行券流通,但银行券不能与黄金兑现而只能兑换外汇。由于实行金汇兑本位制的国家的货币都与实行金块本位制国家的货币有固定的比价,因此银行券在换取外汇后能到国外去兑现金块。在第一次世界大战中失败的德国和许多殖民地、附属国实行的就是这种货币制度。这种退化了的金本位制已不具有金本位制原来的相对稳定性。由于不再实行金币流通,通过黄金储藏手段职能自发调节货币流通量的作用已不存在。银行券与黄金的自由兑换已受到很大的限制,当银行券过多时其退出流通的过程便受到了阻碍。金汇兑本位制使许多国家的货币制度紧密结合在一起,只要当一国的经济和货币流通发生问题,就必然会影响到其他国家。所以,资本主义国家试图通过恢复金本位制来稳定货币流通的愿望并没有实现。

1929—1933 年,资本主义国家发生了有史以来最严重的经济危机,并引起了深刻的货币信用危机。货币信用危机从美国的证券市场价格猛跌开始,并迅速扩展到欧洲各国。奥地利、德国和英国都发生了银行挤兑风潮。大批银行因之破产倒闭。1931 年 7 月,德国政府宣布停止偿还外债,实行严格的外汇管制,禁止黄金交易和黄金输出,这标志着德国的金汇兑本位制从此结束。欧洲大陆国家的银行大批倒闭,使各国在短短两个月内就从伦敦提走了将近半数的存款,英国的黄金大量外流,在这种情况下,1931 年 9 月,英国不得不宣布英镑贬值,并被迫最终放弃了金本位制。一些以英镑为基础实行金汇兑本位制的国家,如印度、埃及、马来西亚等,也随之放弃了金汇兑本位制。其后,爱尔兰、挪威、瑞典、丹麦、芬兰、加拿大等国放弃实行的各种金本位制。1933 年春,严重的货币信用危机刮回美国,挤兑使银行大批破产。美国联邦储备银行的黄金储备一个月减少了 20%。美国政府被迫于 3 月 6 日宣布停止银行券兑现,4 月 19 日又完全禁止银行和私人储存黄金和输出黄金,5 月政府将美元贬值 41%,并授权联邦储备银行可以用国家债券担保发行通货。这样,美国实行金本位制的历史也到此结束。最后放弃金本位制的是法国、瑞士、意大利、荷兰、比利时等一些欧洲国家。它们直到 1936 年八九月份才先后宣布放弃金本位制。至此,金本位制终于成为资本主义货币制度的历史陈迹。

国际金本位制彻底崩溃后,20 世纪 30 年代的国际货币制度一片混乱,正常的国际货币秩序遭到破坏。主要的三个国际货币,即英镑、美元和法郎,各自组成相互对立的货币集团——英镑集团、美元集团、法郎集团。各国货币之间的汇率再次变为浮动的,各货币集团之间普遍存在着严格的外汇管制,货币不能自由兑换。在国际收支调节方面,各国也采取了各种各样的手段。为了解决国内严重的失业,各国竞相实行货币贬值以达到扩大出口、抑制进口的目的,即所谓"汇率战"。而且,各种贸易保护主义措施和外汇管制手段也非常盛行。结果是国际贸易严重受阻,国际资本流动几乎陷于停顿。

总而言之,国际金本位制度崩溃的根本原因在于资本主义制度内部矛盾的发展,当资本主义制度发展到一定阶段之后,内部矛盾的激化已使政府干预经济不可避免,而这与金本位制要求的自由竞争前提是背道而驰的。并且,资本主义制度政治经济发展不平衡的规律,在国际金本位条件下直接体现在货币黄金分配家手中,这不但影响黄金的国际结算职能,也使部分国家失去实行金本位制的基础;同时也加剧了资本主义货币信用制度和国际金融领域的混乱。另外,在金本位制下,货币黄金的供应量要受限于黄金的产量,而黄金的产量要受资源和生产能力的限制,最终难以保持与世界商品生产同步增长,这个矛盾最终也导致国际金本位退出历史舞台。

（三）国际金本位制的评价

国际金本位制盛行之时，正值资本主义自由竞争的全盛时期，国内和国际政治都比较稳定，经济发展迅速。当时世界的主要工业制成品来自英国，其他国家的贸易赤字可以得到英国贷款资金的弥补，国际收支可以大体上保持平衡。在这样有利的条件下实行国际金本位制度，它所带来的固定汇率对发展国家间的贸易、借贷和投资非常有利。因而可以说，国际金本位制度对这一时期的资本主义世界经济高度繁荣和发展起了积极有力的推动作用。但是若把当时的世界经济高速发展完全归功于国际金本位制，也是不恰当的。实际上，国际金本位制本身边还存在着一些缺陷。

首先，国际金本位制的自动调节机制并不像理论上所说的那么完善，其作用的发挥要受到许多因素的限制。

(1) 在国际金本位制的三十多年时间中，黄金在各国之间的流动并不频繁。一国发生贸易赤字，不一定总要卖出黄金，它可以利用国外的贷款来弥补赤字。同样，发生盈余的国家也可以利用资本输出，如对外贷款和投资来减少盈余，也不一定要卖出黄金。这样，贸易的不平衡就难以通过引起双方货币供应量和价格的相反变动来得到纠正。

(2) 自动调节的机制还必须通过国家之间物价水平的变动，使得进出口贸易发生变化，进而引起黄金在两国间的流动。然而事实上，主要资本主义国家之间，尤其是英国和美国之间，在金本位时期物价变动趋势相当一致，并没有发生物价变动引起黄金流动的现象。实际上国际贸易中的商品价格是由世界市场供求力量决定的，并不完全取决于国内生产成本，并且国际贸易将消除各国之间的价格差异。

(3) 国际金本位的正常运行是建立在各国政府都遵守金本位制的基本要求，对经济不加干预的基础之上。然而，资本主义国家的政府职能发展到这一阶段之后，便不可能让国民经济完全听凭于市场的摆布，必然要对经济实行政策干预。在金本位制的末期，各国的中央银行或货币管理当局已经不是听凭金本位制发挥自动调节作用，而是经常设法抵销黄金流动对国内货币供应量的影响。当黄金流入国内时，货币供应量本应增加，但国内货币当局为了稳定物价，会采取措施抑制供应的增长；反之，当黄金流出时，货币供应虽应减少，但货币当局也可采取措施使货币供应不会减少很多。于是，一国中央银行或货币管理当局执行这样的货币政策，便会破坏货币发行价格与黄金储备之间的关系，从而使金本位的自动调节机制难以实现。实际上，在资本主义制度下，各国之间的矛盾使国际金本位制不可能自动调节达到国际收支平衡。

其次，在国际金本位时期，价格并不是长期稳定的。一些有关的研究表明，国际金本位时期的价格波动，与世界黄金产量的波动直接相关，这是金本位制的缺陷。

在金本位制条件下，商品的货币价格可以表示为黄金的货币价格与黄金和商品交换比例的乘积。如果货币与黄金保持固定的联系，那么要实现商品价格的稳定，黄金与商品的交换比例或贸易条件就必须保持不变。然而，如果黄金的供应剧烈波动，这个贸易条件就不可能保持稳定。在金本位制时期，黄金产量的变化与物价水平的变化密切相关。总的来说，当货币黄金的增长率超过物质产品的增长率时，价格水平就趋于上升；反之则趋于下降。当然黄金产量的波动对物价的影响是长期而缓慢的，还可能有滞后期。

第三节 布雷顿森林体系

一、布雷顿森林体系的创建过程

第二次世界大战使帝国主义国家之间的力量对比发生了重大变化。德国、意大利、日本是战败国，国民经济破坏殆尽。英国和法国虽然是战胜国，但经济遭到严重破坏。英国经济实力虽然下降，但英镑区和帝国特惠制仍然存在，国际贸易的40%仍用英镑结算，英镑仍然是主要国际储备货币。为此，英国竭力保持英镑的地位。

美国由于远离战场，经济非但没有遭到破坏，反而大发战争财，政治、经济地位进一步提高。1938年到1944年，美国工业生产提高2倍。1945年美国工业生产总值占资本主义国家的60%，对外贸易占世界贸易总额的1/3以上，黄金储备达200.8亿美元，占资本主义世界黄金储备的59%。战争使美国在政治、经济、军事等各方面都取得了绝对优势。战争期间，美国通过"租借法案"向英国、法国等同盟国提供价值470多亿美元的军火，也乘机占领了西欧各国及其附属国的广大市场。由于国外投资猛增，美国成为最大的债权国。这一切都为美元的霸权地位创造了特殊条件。早在战争期间，美国就积极策划为取代英镑而建立一个以美元为中心的国际货币制度。

美英两国都从本国的利益出发，设计新的国际货币秩序。1943年4月7日，英美两国政府分别在伦敦和华盛顿同时公布了凯恩斯计划和怀特计划。

怀特计划是美国财政部长助理怀特提出的联合国平准基金计划，主要内容如下：

（1）以基金制为基础。基金至少为50亿美元，由会员国按规定的份额缴纳。份额的多少根据会员国的黄金外汇储备、国际收支及国民收入等因素决定。

（2）基金货币与美元和黄金挂钩。基金规定使用的货币单位为尤尼它，每一尤尼它等于10美元或含纯金137格令（1格令＝0.0648克纯金）。

（3）表决权取决于会员国缴纳的份额。各会员国在基金组织里的发言权与投票权同其缴纳的基金份额成正比例。

（4）稳定货币汇率。会员国货币都要与尤尼它保持固定比价，不经基金会员国四分之三的投票权通过，会员国货币不得贬值。

（5）取消外汇管制、双边结算和复汇率等歧视性措施。

（6）调节国际收支。对会员国提供短期信贷，以解决国际收支逆差。

（7）基金的办事机构设在拥有最多份额的国家。

怀特计划企图由美国控制联合国平准基金,通过基金使会员国的货币"盯住"美元。这个计划还意图取消外汇管制和各国对国际资金转移的限制。

凯恩斯计划是英国财政部顾问凯恩斯拟订的国际清算同盟计划,内容主要如下:

(1) 建立国际清算同盟,相当于世界银行。

(2) 会员国中央银行在"同盟"开立往来账户,各国官方对外债权债务通过该账户用转账办法进行清算。

(3) 顺差国将盈余存入账户,逆差国可按规定的份额向"同盟"申请透支或提存。

(4) "同盟"账户的记账单位为班科,以黄金计值。会员国可用黄金换取班科,但不可以用班科换取黄金。

(5) 各国货币以班科标价,非经"同盟"理事会批准不得变更。

(6) 会员国在"同盟"的份额,以战前3年进出口贸易平均额的75%来计算。

(7) "同盟"总部设在伦敦和纽约,理事会会议在英美两国轮流举行。

凯恩斯计划是基于英国当时的困境,尽量贬低黄金的作用。这个计划实际上主张恢复多边清算,取消双边结算。当然,也暴露出英国企图同美国分享国际金融领导权的意图。

怀特计划和凯恩斯计划虽然都以设立国际金融机构、稳定汇率、扩大国际贸易、促进世界经济发展为目的,但两者的运营方式是不同的。由于英国经济、军事实力不如美国,双方于1944年4月达成了基本支持怀特计划的"关于设立国标货币基金的专家共同声明"。

1944年7月1日,在美国新罕布什尔州的布雷顿森林举行有44国代表参加的联合国货币金融会议(简称"布雷顿森林会议")。经过3周的讨论,会议签订了《国际货币基金协定》和《国际复兴开发银行协定》,总称布雷顿森林协定,确立了以美元为中心的国际货币体系,即布雷顿森林体系。

二、布雷顿森林体系的主要内容

布雷顿森林体系的实质是建立了一种以美元为中心的国际货币体系,其基本内容是美元与黄金挂钩,其他国家的货币与美元挂钩,实行固定汇率制度。

(一)各国货币比价的挂钩

(1) 美元与黄金挂钩。即各国确认1934年1月美国规定的35美元/盎司的黄金官价,每一美元的含量为0.888 671克黄金。各国政府或中央银行可用美元按官价向美国兑换黄金。这样,美元居于等同黄金的地位,其他国家的货币则不能兑换黄金。为使黄金官价不受自由市场的金价冲击,各国政府需协同美国政府在国际金融市场上维持这一黄金官价。

(2) 其他国家货币与美元挂钩。其他国家政府规定各自货币的含金量,通过含金量的比例确定同美元的汇率。会员国也可以不规定货币的含金量,而只规定同美元的汇率。例如,1946年,1英镑的含金量为3.581 34克纯金,1美元的含量为

0.888 671 克黄金,则英镑与美元的含金量(黄金平价)之比为:1 英镑＝3.581 34/0.888 671＝4.03 美元,这便是法定汇率。

(3) 实行可调整的固定汇率。《国际货币基金协定》规定,各国货币对美元的汇率,一般只能在法定汇率上下各 1% 的幅度内波动。若市场汇率超过法定汇率 1% 的波动幅度,各国政府有义务在外汇市场上进行干预,以维持汇率的稳定。布雷顿森林体系的汇率制度被称为"可调整的盯住汇率制度"。若会员国法定汇率的变动超过 10%,就必须得到国际货币基金组织的批准。1971 年 12 月,这种即期汇率变动的幅度扩大为上下 2.25% 的范围,而决定"平价"的标准,亦由黄金改为特别提款权。

黄金 ← 美元 ← 其他货币

图 5-2 双挂钩

(二) 各国货币的兑换性与国际支付结算的原则

《国际货币基金协定》规定了各国货币自由兑换的原则:任何会员国对其他会员国在经常项目往来中积存的本国货币,若对方为支付经常项货币可以换回本国货币。由于各国立即普遍实行货币自由兑换原则是不现实的,故《国际货币基金协定》又作了"过渡期"的规定。

关于国际支付与国际结算的原则,《国际货币基金协定》规定,会员国未经基金组织同意,不得对国际收支经常项目的支付或清算加以限制。

(三) 国际储备资产的确定

在这种制度中,外汇与黄金并列,共同构成国际储备资产。《国际货币基金协定》中关于货币平价的规定,使美元处于等同黄金的地位,成为各国外汇储备中最主要的国际储备货币。

(四) 国际收支的调节

国际货币基金组织会员国份额的 25% 以黄金或可兑换成黄金的货币缴纳,另外的 75% 则以本国货币缴纳。会员国发生国际收支逆差时,可用本国货币向基金组织按规定程序购买(即借贷)一定数额的外汇,并在规定时间内以购回本国货币的方式偿还借款。会员国所认缴的份额越大,得到的贷款也越多。贷款只限于会员国用于弥补国际收支赤字,即用于经常项目的支付。

(五) 建立国际金融机构

通过建立两个国际金融机构,即国际货币基金组织(IMF)和国际复兴开发银行(IBRD),维持布雷顿森林体系的运行。IMF 属于短期的融资机构,宗旨是重建国际货币秩序,稳定外汇,促进资金融通及推动国际经济繁荣。IBRD 属于长期的融资机构,宗旨是从长期资金方面配合 IMF 的活动,促进国际投资,协助战后受灾国家经济的复兴,协助不发达国家经济的发展,解决国际收支长期失衡问题。

参考资料 5-2

国际货币基金组织

国际货币基金组织(IMF)是于 1945 年 12 月根据布雷顿森林会议达成的《国际货币基金协定》而成立的,是在国际合作的基础上,为协调国际货币政策、加强货币合作而建立的政府间的国际金融机构。国际货币基金组织于 1947 年 3 月开始业务活动,同年,与联合国正式签订相互关系协定,成为联合国的一个专门组织。其总部设在美国的华盛顿。

三、布雷顿森林体系的制度症结及崩溃过程

(一) 维持布雷顿森林体系的条件

以美元为中心的国际货币制度能在一个较长的时期内顺利运行,是与美国雄厚的经济实力和充足的黄金储备分不开的。要维持布雷顿森林体系的运转,必须具备三项基本条件。

(1) 美国国际收支保持顺差,美元对外价值稳定。若其他国家通货膨胀严重,国际收支逆差,则在国际货币基金组织同意下,该国货币可以贬值,重新与美元建立固定比价关系。这并不影响美元的国际地位。但若美国国际收支持续性逆差,美元对外价值长期不稳,美元则会丧失其中心地位,危及布雷顿森林制度存在的基础。

(2) 美国的黄金储备充足。在布雷顿森林体系下,美元与黄金挂钩,外国政府或中央银行持有的美元可向美国兑换黄金。美国要履行 35 美元兑换一盎司黄金的义务,必须拥有充足的黄金储备。若美国黄金储备流失过多,储备不足,则难以履行兑换义务,则布雷顿森林体系难以维持。

(3) 黄金价格维持在官价水平。第二次世界大战后,美国黄金储备充足,若市场价格发生波动,则美国可以通过抛售或购进黄金加以平抑。若美国黄金储备不足,无力进行市场操作和平抑金价,则美元比价就会下降,国际货币制度的基础也就会随之动摇。

(二) 布雷顿森林体系的缺陷

由于资本主义发展的不平衡性,主要资本主义国家经济实力对比一再发生变化,以美元为中心的国际货币制度本身固有的矛盾和缺陷也就日益暴露。

(1) 金汇兑本位制本身的缺陷。由于美元与黄金挂钩,享有特殊地位,这就极

大地加强了美国对世界经济的影响。一方面，美国可以通过发行纸币而不动用黄金进行对外支付和资本输出，这就有利于美国的对外扩张和掠夺。但从另一方面看，美国也背上了维持金汇兑平价的包袱。当人们对美元充分信任，美元相对短缺时，这种金汇兑平价可以维持。当人们对美元产生信任危机，美元拥有太多，要求兑换黄金时，美元与黄金的固定平价就难以维持。

（2）储备制度不稳定的缺陷。这种制度无法提供一种既数量充足，又币值坚挺，可以为各国接受的储备货币，以使国际储备的增长能够适应国际贸易与世界经济发展的需要。第二次世界大战后黄金生产增长缓慢，与国际贸易增长相适应的国际储备的增长只有美元增加。1960年，美国耶鲁大学教授特里芬在其著作《黄金与美元危机》中指出，布雷顿森林制度以一国货币作为主要的国际储备货币，在黄金生产停滞的情况下，国际储备的供应完全取决于美国的国际收支状况：美国的国际收支保持顺差，国际储备资产不够国际贸易发展的需要；美国的国际收支保持逆差，国际储备资产过剩，美元发生危机，并危及国际货币制度。这种难以解决的内在矛盾，被国际经济学界称为"特里芬难题"，它决定了布雷顿森林体系的不稳定性和崩溃的必然性。

（3）国际收支调节机制的缺陷。该制度规定汇率浮动幅度需保持在1%以内，汇率缺乏弹性，限制了汇率对国际收支的调节作用。这个体系的创始人显然指望国际收支失衡通过基金组织融资、合理的国内政策与偶然的汇率调整就可恢复平衡。这就是说，会员国暂时的不平衡由国际货币基金组织融通资金，根本性的不平衡则靠调整利率来纠正。实践证明，这种调节机制并不成功，因为它实际上仅着重于国内政策的单方面调节。

（4）内外平衡难统一。在固定汇率制度下，各国不能利用汇率杠杆来调节国际收支，而只能采取有损于国内经济目标实现的经济政策或采取管制措施，以牺牲内部平衡来换取外部平衡。当美国国际收支逆差、美元汇率下跌时，根据固定汇率原则，其他国家应干预外汇市场，但这往往会导致和加剧这些国家的通货膨胀；若这些国家不加干预，则美元贬值就会加剧，就会遭受美元储备资产贬值的损失。

（三）布雷顿森林体系的崩溃

布雷顿森林体系的根本缺陷最终导致其崩溃。它崩溃的过程就是美元危机不断爆发、不断拯救、再爆发直至崩溃的过程。

自20世纪50年代末期美元逐渐开始过剩以来，美国的黄金储备开始大量外流，对外短期债务激增；到1960年，美国对外短期债务已经超过其黄金储备额，美元信用基础发生动摇。1960年10月，爆发了第二次世界大战后第一次大规模抛售美元、抢购黄金的美元危机，美国要求其他主要西方国家与美国共同合作来稳定金融市场。各国虽然与美国有利害冲突，但是储备货币的危机直接影响到货币制度的稳定，也关系到各自的切身利益，因而各国采取了协调冲突、缓解压力的态度，通过国际合作设计出"黄金总库""借款总安排""互惠借款协定"等一系列措施来稳定美元的地位，减轻了对美国黄金库存的压力，避免发生向美国挤兑黄金的风潮。

20世纪60年代中期越南战争爆发以后，美国的国际收支进一步恶化，到1968年3月，美国黄金储备只有大约120亿美元，只够偿付其对外短期负债的三分之一。结果在伦敦、巴黎和苏黎世黄金市场爆发了空前规模的抛美元、抢黄金的美元危机，在半个月内美国的黄金储备又流失14亿美元。第二次美元危机爆发后，各国已经认识到布雷顿森林体系的缺陷和危机的性质。为此，经各国长期商讨，IMF于1969年创设了特别提款权（SDR），作为同黄金、美元和IMF头寸并列的补充性国际储备资产。SDR作为成员国在IMF特殊账户上的记账单位，它不以黄金或其他货币为基础，但代表了IMF创造的有价值的国际储备，对此称为"纸黄金"。SDR按各国在基金中的份额进行分配，可用作会员国国际储备、归还IMF贷款，以及中央银行之间的国际结算。SDR的创立分配使用，在一定程度上缓解了美元过剩危机及布雷顿森林体系危机。

尽管如此，美国国际收支状况的恶化，特别是进入20世纪70年代后美国经济的进一步衰落，使以美元为中心的布雷顿森林体系无可挽救地最终还是走向了全面的崩溃。

1971年爆发的第三次美元危机，较之前两次更为严重。在国际汇市抛售美元、抢购黄金和其他硬通货风潮的冲击下，美国尼克松政府不得不在1968年8月15日宣布停止美元与黄金兑换；并在1971年12月18日与主要工业化国家达成的史密森协议中，提出美元兑黄金贬值，日元、西德马克、瑞士法郎等欧洲货币兑美元升值；扩大其他货币盯住美元的准固定汇率波动幅度等诸多措施。

史密森协议虽然勉强维持了布雷顿森林体系下的固定汇率，但史密森协议以后，金融市场对美元的信心并未真正恢复。美元的贬值并未立即改善美国的国际收支，1972年仍然是大量贸易赤字，而且这一时期美国国内金融市场利率较低，所以资金继续不断地外流。到1972年底，各国中央银行手中的美元资产已增至810亿。这笔资金因不能兑换黄金而回流至美国，于是就转而投向了欧洲货币市场。

美国的国际收支赤字和美元储备资产的不断外流，使国际金融市场充满不安的气氛。各国尽力地维持着新的中心汇率，但美元贬值的预期仍然阴云笼罩。投机风暴首先再度袭击英镑，英国被迫于1972年6月放弃中心汇率，让英镑自由浮动。

1973年1月尼克松政府宣布部分解除价格管制，于是管制期间被压抑的能量重新释放出来，美国的通货膨胀又进一步上升。人们普遍认为史密森协议并不能使美国摆脱国际收支赤字，美元势必再度贬值。于是投机风潮又起，还是抛售美元，瑞士当局最先承受不住维持平价汇率抛售瑞士法郎所形成的国内通货膨胀压力，于1973年1月底宣布瑞士法郎自由浮动。此后，对马克、日元的投机转趋激烈。

1973年2月12日，尼克松政府被迫宣布美元再对黄金贬值，使每盎司黄金由38美元提高到42.22美元，美元对其他主要国家货币贬值。至此，已有加拿大元、意大利里拉、日元、瑞士法郎和英镑自由浮动，史密森协议的中心汇率可以说基本上解体。1973年3月，不利于美元的投机风潮再起，于是剩余维持固定汇率的国家也放弃了努力，令其货币自由浮动。至此，布雷顿森林体系的固定汇率制度彻底瓦解。

（四）布雷顿森林体系崩溃原因的进一步分析

（1）制度自身的缺陷。在这种制度下，美元作为国际支付手段与国际储备手段，发挥着世界货币的职能，这本身就存在着不可解脱的矛盾，并成为导致以美元为中心的国际货币制度崩溃的根本原因。

一方面，美元作为国际支付手段与国际储备手段，要求美元币值稳定，才会在国际支付中被其他国家所普遍接受。而美元币值稳定，不仅要求美国有足够的黄金储备，而且要求美国的国际收支必须保持顺差，从而使黄金不断流入美国而增加其黄金储备。否则，人们在国际支付中就不愿接受美元。

另一方面，全世界要获得充足的外汇储备，又要求美国的国际收支保持大量逆差，否则全世界就会面临外汇储备短缺、国际流通渠道出现国际支付手段短缺。但随着美国逆差的增大，美元的黄金保证又会不断减少，美元又将不断贬值。第二次世界大战后从美元短缺到美元泛滥，是这种矛盾发展的必然结果。

（2）美元危机与美国经济危机频繁爆发。资本主义世界经济此消彼长，美元危机是导致布雷顿森林体系崩溃的直接原因。

①美国黄金储备减少。美国在1950年发动朝鲜战争，海外军费剧增，国际收支连年逆差，黄金储备源源外流。1960年，美国的黄金储备下降到178亿美元，已不足以抵补当时的210.3亿美元的流动债务，出现了美元的第一次危机。20世纪60年代中期，美国卷入越南战争，国际收支进一步恶化，黄金储备不断减少。1968年3月，美国黄金储备已下降至121亿美元，而同期的对外短期负债为331亿美元，引发了第二次美元危机。到1971年，美国的黄金储备（102.1亿美元）仅是它对外流动负债（678亿美元）的15.05%。此时美国已完全丧失了承担美元对外兑换黄金的能力。于是，尼克松总统不得不于1971年8月15日宣布停止承担美元兑换黄金的义务。1973年美国爆发了最为严重的经济危机，黄金储备已从第二次世界大战后初期的245.6亿美元下降到110亿美元。没有充分的黄金储备作基础，严重地动摇了美元的信誉。

②美国通货膨胀加剧。美国发动侵越战争，财政赤字庞大，不得不依靠发行货币来弥补，造成通货膨胀。加上两次石油危机，石油提价而增加支出；同时，由于失业补贴增加，劳动生产率下降，造成政府支出急剧增加。美国消费物价指数1960年为1.6%，1970年上升到5.9%，1974年又上升到11%，这给美元的汇价带来了巨大冲击。

③美国国际收支持续逆差。第二次世界大战结束时，美国利用在战争中膨胀起来的经济实力和其他国家被战争削弱的机会，大举向西欧、日本和世界各地输出商品，使美国的国际收支持续出现巨额顺差，其他国家的黄金储备大量流入美国。各国普遍感到"美元荒"。随着西欧各国经济的增长，出口贸易的扩大，其国际收支由逆差转为顺差，美元和黄金储备增加。美国由于对外扩张和侵略战争，国际收支由顺差转为逆差，美国资金大量外流，形成"美元过剩"。这使美元汇率承受巨大的冲击和压力，不断出现下浮的波动。

第四节　牙买加体系

一、牙买加体系的主要内容

布雷顿森林体系崩溃之后，国际金融形势更加动荡不安，美元的国际地位下降，国际储备开始多元化，许多国家实行浮动汇率制，全球性国际收支失衡现象日益严重，西方发达国家之间以及发达国家与发展中国家之间矛盾重重、斗争激烈，各国都在寻找货币制度改革的新方案。在讨论过程中，争论最激烈的问题是黄金和汇率体系。经过国际货币基金组织设立的国际货币制度临时委员会，即三十国委员会的努力和准备，于 1976 年 1 月 8 日在牙买加首都金斯敦举行会议，就汇率制度、黄金处理、扩大基金组织对发展中国家的资金融通，以及增加会员国在基金组织的份额等问题达成了一项协议。由于这次会议是在牙买加召开的，所以又称为"牙买加会议"，所达成的协议被称为"牙买加协议"。其主要内容如下：

（1）浮动汇率合法化。会员国可以自由选择任何汇率制度，可以采取自由浮动或其他形式的固定汇率制度。但会员国的汇率政策应受 IMF 的监督，并与 IMF 协商。IMF 要求各国在物价稳定的条件下寻求持续的经济增长，稳定国内的经济以促进国际金融的稳定，并尽力缩小汇率的波动幅度，避免操纵汇率来阻止国际收支的调整或获取不公平的竞争利益。协议还规定实行浮动汇率制的会员国根据经济条件，应逐步恢复固定汇率制度，在将来世界经济出现稳定局面以后，经 IMF 总投票权的 85% 多数票通过，可以恢复稳定的但可调整的汇率制度。这部分条款是将已经实施多年的有管理的浮动汇率制度予以法律上的认可，但同时又强调了 IMF 在稳定汇率方面的监督和协调作用。

（2）黄金非货币化。废除黄金条款，取消黄金官价。各会员国中央银行可按市价自由进行黄金交易，取消会员国相互之间以及会员国与 IMF 之间须用黄金清算债权债务的义务。IMF 所持有的黄金应逐步加以处理，其中 1/5（2 500 万盎司）按市价出售，以其超过官价（每盎司 42.22 美元）部分作为援助发展中国家的资金。另外 1/6 按官价由原缴纳的各会员国买回，其余部分约 1 亿盎司，根据总投票权的 85% 做出的决定处理，向市场出售或由各会员国购回。

（3）提高特别提款权的国际储备地位。修订特别提款权的有关条款，以使特别提款权逐步取代黄金和美元而成为国际货币制度的主要储备资产。协议规定各会员国之间可以自由进行特别提款权交易，而不必征得 IMF 的同意。IMF 与会员国之间的交易以特别提款权代替黄金，IMF 一般账户中所持有的资产一律以特别提款权表示。在 IMF 一般业务交易中扩大特别提款权的使用范围，并且尽量扩大特别提款权的其他业务使用范围。另外，IMF 应随时对特别提款权制度进行监督，适时修改或增减有关规定。

(4) 扩大对发展中国家的资金融通。以出售黄金所得收益设立"信托基金",以优惠条件向最贫穷的发展中国家提供贷款或援助,以解决它们的国际收支的困难。扩大 IMF 信贷部分贷款的额度,并放宽出口被动补偿贷款的额度,由占份额的 50% 提高到 75%。

(5) 增加会员国的基金份额。各会员国对 IMF 所缴纳的基本份额,由原来的 292 亿增加到 390 亿,增加了 33.6%。各会员国应缴份额所占的比重也有所改变,主要是石油输出国的比重提高一倍,由 5% 增加到 10%,其他发展中国家维持不变,主要西方国家除西德和日本略增以外,都有所降低。

根据牙买加协议,IMF 的执行董事会在 1976 年 3 月完成了 IMF 协定条文的修改草案,送交理事会作书面表决,同年 4 月,IMF 理事会通过了《IMF 协定第二次修正案》。1978 年 4 月 1 日,经修改的 IMF 协定获得法定的 60% 以上的会员国和 85% 以上的多数票通过,从而正式生效。从此,国际货币体系进入一个新阶段。

二、牙买加体系的运行机制

牙买加协议后的国际货币制度实际上是以美元为中心的多元化国际储备和浮动汇率的体系。在这个体系中,黄金的国际货币地位趋于消失,美元在诸多储备货币中仍居主导地位,但它的地位在不断削弱,而西德马克、日元的地位则不断加强。此外,还有特别提款权和欧洲货币单位,它们的储备货币地位也在提高。在这个体系中,各国所采取的汇率制度可以自由安排。主要发达国家货币的汇率实行单独浮动或联合浮动,多数发展中国家采取盯住汇率制度,把本国货币盯住美元、法国法郎或特别提款权等一篮子货币,还有的国家采取其他多种形式的管理浮动汇率制度。另外,在这个体系中,国际收支的不平衡是通过多种渠道进行调节。除了汇率机制以外,国际金融市场和国际金融机构也发挥着重大作用。

(一) 美元仍是主要国际货币,但地位正在下降

美元仍然是最主要的国际货币,具体表现在美元仍是主要的国际计价单位、支付手段和价值储存手段。目前,国际贸易的一些重要商品,如石油、某些初级产品和原料,甚至黄金,都是以美元计值的;各国在计算国民生产总值、工农业总产值、进出口额、外汇储备及人均收入时,都折合成美元来计算;世界上大部分的进出口贸易用美元结算,美元是国际金融市场外汇交易的重要手段和干预货币;在国际价值储存手段职能方面,美元在各国官方外汇储备中所占比重仍占 60% 左右,在西方各国银行存款和欧洲债券发行额中所占比重也远远超过其他国家货币。但是,由于美元汇率的频繁波动,致使美元的国际货币地位正在下降,而德国马克、日元、特别提款权以及 1979 年出现的欧洲货币单位的国际货币地位则日益加强。1976—1986 年,美元在各国官方外汇储备中所占比重由 79.7% 下降到 66%,而德国马克所占比重却由 7% 上升到 14.8%,日元所占比重由 0.8% 上升到 6.9%,欧洲货币单位到 1986 年已达 12.2%。这表明,美元的地位正在下降,国际货币出现多元化趋势。

黄金曾一度为世界货币,但随着"黄金非货币化"的开始,黄金的国际货币作

用受到了严重的削弱,然而并未完全丧失。主要表现在:①黄金仍然是最后的清偿手段和最可靠的保值手段。黄金仍然是一些国家的主要储备资产,一方面是由于黄金是最后的国际清偿手段。当国际收支逆差用其他办法解决不了时,最后可动用黄金储备。另一方面,与外汇相比,黄金是最可靠的保值手段。在当前西方各国普遍发生通货膨胀的情况下,特别是各个主要国家采用浮动汇率制的情况下,黄金与各国货币或其他商品相比,其价值稳定,是一种可靠的保值手段。②黄金是一些国家发行货币的基础。欧洲货币体系至今仍规定各成员国应将其黄金和外汇储备的20%存入欧洲货币基金,作为发行欧洲货币单位的基础。因此,各国货币当局仍保留一部分黄金作为储备。

(二) 以浮动汇率制为主的混合汇率制得到发展

布雷顿森林体系崩溃之后,1976年的牙买加协议已允许各国自行安排汇率制度,同意固定汇率制与浮动汇率制并存。1978年的《IMF协定第二次修正案》又规定会员国应在协定正式生效之后30天内把打算采用的汇率安排通知国际货币基金组织。从此,各国货币的汇率既有实行单独浮动,又有实行联合浮动;有的盯住美元或其他单一货币,有的盯住特别提款权和其他货币篮子。西方有些学者把目前这种多种汇率安排的制度叫作无体制的体制,也有人称它为混合体制。但一般认为它主要还是浮动汇率制,因为最主要的货币都是实行单独浮动或联合浮动。这种汇率体制要比布雷顿森林体系下的汇率制度显得更加复杂和灵活。

各国汇率制度的安排情况总的趋势是盯住美元的货币越来越少,这与美元储备地位的降低和美元汇率的大起大落有关。另外,很多发展中国家由盯住美元或特别提款权改为盯住自选的货币篮子,或者是实行某种有管理的浮动汇率制度,以求本国货币的汇率安排更富有灵活性。还有一些中等收入的发展中国家,近年来选择了货币自由单独浮动。

(三) 国际收支的调整由多种因素结合起来进行

1. 汇率机制调节

目前,主要国家的货币都采用浮动汇率,所以汇率机制是国际收支调节的主要方式。汇率调节的运作方式是,当一国经常账户收支发生赤字时,该国货币的汇率便趋于疲软下跌,于是有利于增加出口、减少进口,从而贸易收支和经常账户得到改善。反之,当一国经常账户收支盈余时,该国货币汇率坚挺上浮,这会使该国增加进口、减少出口,国际收支恢复平衡。但是在实际中,汇率机制调节的作用没有预期的那么大。首先,对于发展中国家来说,其进出口需求弹性一般都很低,出口供给弹性也不大。而且不少发展中国家采用盯住美元等单一货币的汇率安排,这就使汇率机制的调节功能更难发挥。其次,对于发达国家来说,汇率机制的调节也不会立即产生效果,汇率贬值对国际收支的调节作用不那么灵敏,比如1985年2月美元汇率开始下浮以来,对马克、日元、瑞士法郎、荷兰盾等硬币的汇率一路下跌,甚至对英镑、里拉等软币也一再下浮。但是美国的贸易收支状况并没有立即改善,到 1987 年反而达到历史最高水平，此后在 1988 年后才有所好转。

2. 利率机制调节

即通过一国实际利率与其他国家实际利率的差异来引导资金流入或流出，从而达到调节国际收支的目的。目前，国际货币制度的特点是存在着发达的国际金融市场，因而对于发达国家来说，本国与他国实际利率的差异很容易导致资金流入流出。实际利率＝名义利率－通货膨胀率，只要一国严格控制货币供应，促使本国通货膨胀率低于国外，那么提高市场名义利率就可以引导资金流入，取得改善国际收支的效果。利用利率机制实际上就是通过国际收支资本账户的盈余和赤字，来平衡经常账户的赤字和盈余。或者说，是利用债务和投资来调节国际收支。不过利用资本账户来平衡经常账户也有副作用，比如 20 世纪 80 年代初美国高利率在吸引大量资金流入的同时，也促使外汇市场上对美元的需求大于供给，从而美元汇率大幅度升值。但是美元的高汇率却不利于美国商品的出口而有利于进口，进而导致美国贸易收支更趋恶化。

3. 国际金融市场的调节

通过利率机制利用债务和投资来实现国际收支失衡的调节离不开国际金融市场。自 1973 年以来，国际金融市场和私人商业银行在这方面发挥了巨大的作用。在 20 世纪 70 年代的两次石油危机时期，国际收支失衡的基本格局是石油输出国的大量经常账户盈余，非产油国特别是非产油发展中国家的大量经常账户赤字。国际金融市场和国际商业银行将石油输出国的大量"石油美元"存款集中，并转贷给非产油国家，缓解了这些国家的国际收支赤字，从而顺利实现了石油美元的回流。不过也必须指出，巨额的资金通过国际金融市场在国家间转移不仅会导致国际金融领域的动荡和混乱，而且还曾酿成 20 世纪 80 年代初发展中国家的债务危机。此后，国际商业银行不愿对发展中国家再增加贷款，这又加重了发展中国家国际收支方面的困难。

4. IMF 的调节作用

IMF 在调节国际收支方面也发挥着重要的作用，根据协议，它不仅应向赤字国提供贷款，帮助赤字国调整国际收支，以便双方对称地承担国际收支调整义务。牙买加协定还规定，扩大 IMF 信贷部分贷款的额度和出口波动补偿贷款的额度，并利用 IMF 出售黄金的利润建立信托基金，以优惠条件向最不发达国家提供贷款，帮助它们解决国际收支困难。事实上，IMF、世界银行和其他一些重要国际机构在调节国际收支失衡，特别是在解决发展中国家国际收支困难方面的确做了大量的工作。但是总的来说，它们所起的作用，相对于国际收支失衡和发展中国家债务总的规模来说，仍是有限的。

由于以上调节机制的作用都有其局限性，最后还可以通过外汇储备的变动来进行调节。总的来说，发达国家调节国际收支差额的能量比发展中国家大得多，办法也多得多。它们不仅可以从容地利用国际金融市场，而且美国等主要储备货币发行国还享有征收"铸币税"的特权，可以用增加短期负债来弥补赤字，同时还不会像发展中国家那样遇到难以偿还债务的危机。

三、对牙买加体系的评价

牙买加体系对整个货币体系的发展有积极的作用,主要表现在以下几个方面:一是多元化的储备结构摆脱了布雷顿森林体系下各国货币间的僵硬关系,为国际经济提供了多种清偿货币,在较大程度上解决了储备货币供不应求的矛盾;二是多样化的汇率安排适应了多样化的、不同发展水平的各国经济,为一国维持经济发展与稳定提供了灵活性与独立性,同时有助于保持国内经济政策的连续性与稳定性;三是多种渠道并行,使国际收支的调节更为有效与及时。

但牙买加体系属于典型的浮动汇率制,其缺陷也非常明显。主要表现为:一是在多元化的国际储备格局下,缺乏统一、稳定的货币标准,这本身就可能造成国际金融的不稳定。二是汇率大起大落,变动不定,汇率体系极不稳定。其消极影响之一是增大了外汇风险,从而在一定程度上抑制了国际贸易与国际投资活动。对发展中国家而言,这种负面影响尤为突出。三是国际收支调节机制并不健全,现有的渠道都有各自的局限,牙买加体系并没有消除全球性的国际收支失衡问题。

第五节 国际金融一体化

一、国际金融一体化的特征及原因

进入 20 世纪 90 年代后,全球金融一体化的进程明显加速,其特征主要体现在:①金融机构及其业务的全球一体化;②金融市场,尤其是国际证券市场的全球一体化;③金融创新的全球一体化;④区域金融中心的一体化;⑤新兴国际金融中心的一体化;⑥金融立法和交易与国际惯例日益趋于一致。

全球金融一体化的形成有其内在规律。近年来,全球市场的一体化正从过去的贸易市场一体化转向现在的金融市场一体化,特别是全球金融服务贸易协议于 1999 年 3 月 1 日生效后,国家间开放银行、证券、保险和金融信息市场在一定范围内获得正式认可,各国的金融服务业日益开放,相互间的渗透越来越深,国际竞争不断加剧,跨国界的金融机构并购此起彼伏,国际金融业的集中程度迅速提高,跨越国界的国际金融体系日趋发展,全球统一的金融大市场正在形成。近年来世界主要股市和主要国家利率水平基本上呈同步变化,国际证券资本交易规模快速增长,国际短期资本交易量猛增,都说明全球金融市场一体化程度已明显提高。金融市场一体化不仅意味着金融市场、资本流动的全球化,金融服务、投资融资的国际化,也意味着金融机构的国际化和金融信息的全球化。在金融市场一体化的条件下,国际资本能够在国际迅速、大量和自由地流动,使交易成本降低、资本效率提高,在全球范围内实现金融资源的有效配置。它不仅有利于世界资源的再分配,也有利于资本流入国和全球的经济增长与效率提高。

二、国际金融一体化的典范——欧元

(一) 欧洲经济货币联盟——欧元创建的背景

1969年12月,共同体国家在海牙召开的首脑会议上就提出把建立统一货币为中心的"欧洲经济货币联盟",作为加速一体化的进程、抗御美元的影响、提高共同体在世界政治经济中的地位所追求的目标。1989年时任共同体委员会主席的德洛尔在《关于实现欧洲经济和货币联盟的报告》中,再一次明确提出货币联盟的最终目标就是建立单一的欧洲货币。1991年12月欧共体12国领导人共同签署的《马斯特里赫特条约》(以下简称《马约》),确定了《欧洲经济货币联盟条约》与《政治联盟条约》,对实现欧洲单一货币的措施和步骤作了具体安排并提出时间表。《马约》规定,欧盟(《马约》签署后,常以欧洲联盟,简称"欧盟"来取代欧洲共同体)最迟不晚于1999年1月1日建立单一货币体系,并在1998年1月1日以前建立独立的欧洲中央银行。在1995年12月15日召开的欧洲货币联盟马德里高峰会议上,将未来欧洲货币的名称确定为"欧元",以取代欧洲货币体系下所创立的ECU。

(二) 参加欧洲货币同盟、实行统一货币欧元的成员国库具备的条件

为保证货币同盟目标的实现,保证欧元的稳定,具备下述条件的成员国才能申请参加:

(1) 预算赤字不超过其GDP的3%。
(2) 债务总额不超过其GDP的60%。
(3) 长期利率不高于3个通货膨胀率最低国家平均水平的2%。
(4) 消费物价上涨率不超过3个情况最佳国家平均值的1.5%。
(5) 两年内本国货币汇率波动幅度不超过ERM规定。

上述条件即《马约》规定参加欧洲货币同盟的"趋同标准"。1998年3月25日欧盟执委会宣布第一批符合趋同标准的国家有11个,即奥地利、比利时、芬兰、德国、法国、爱尔兰、意大利、卢森堡、荷兰、葡萄牙和西班牙符合使用欧元的条件,有资格成为首批流通欧洲单一货币——欧元的国家。在欧盟15个成员国中,希腊未达到趋同标准,瑞典、英国、丹麦虽已达标,但此前它们决定暂留货币联盟之外。英国已表示一旦条件成熟,即加入货币联盟,但欧盟执委会报告说,英国加入货币联盟的条件是要先加入ERM(欧洲货币体系的汇率机制),加入ERM的条件不一定非满两年。

(三) 欧元推行的时间表

根据《马约》和欧盟的有关规定,欧元的发行到完全取代欧盟成员国的货币,分三个阶段进行。

1. 第一阶段从1999年1月1日开始

这一阶段是成员国货币向欧元的过渡期,其主要的工作内容如下:

(1) 于 1999 年 1 月 1 日不可撤回地确定欧元和参加货币同盟成员国货币的折算率，并按 1∶1 的比例由欧元取代 ECU 进行流通。成员国货币和欧元同时存在于流通领域，按规定比例自由兑换。

(2) 资本市场和税收部门均以欧元进行货币标定，银行间的支付结算均以欧元进行。成员国的政府预算、国债、政府部门与国有企业的财政收支也均以欧元结算；但过渡期内，私营部门有权选择是否使用或接受欧元，对于任何合同、贸易和买卖，仍可按成员国原货币进行支付。

(3) 欧洲中央银行投入运作并执行欧元的货币政策，制定欧元的利率；为保证欧元与成员国货币固定汇率的顺利执行，对成员国的货币发行进行一定的监控。

(4) 执行都柏林会议制定的《稳定和增长公约》中有关规定，如制裁预算赤字超过 GDP 3％的成员国，则罚金为 GDP 的 0.2％；赤字每超过 1％，则课征超过部分 1/10 的罚金。

2. 第二阶段从 2002 年 1 月 1 日开始

在本阶段欧元纸币和硬币开始流通，成员国居民必须接受欧元，欧元纸币和硬币逐渐取代各成员国的纸币和硬币。

3. 第三阶段从 2002 年 7 月 1 日开始

在本阶段将取消成员国原先的货币，完成欧元完全取代成员国原先货币的进程。

(四) 欧洲经济货币联盟的作用

1. 增加欧盟国家的经济实力，提高其竞争能力

未来的欧元区将成为与美国相当的经济实体，其实力强于日本。据经济合作与发展组织（OECD）统计，1996 年欧盟各成员国 GDP 总值占 OECD 各成员国 GDP 总值的 38.3％，而美国和日本分别占 32.5％和 20.5％。在世界贸易中，欧盟对外贸易额（不包括成员国间贸易额）占世界贸易总额的 20.9％，高于美国的 19.6％和日本的 10.5％。可见，欧盟在实行欧元后其经济实力将迅速加强，在与美国、日本等强国竞争中处于有利地位。

2. 减少内部矛盾，防范和化解金融风险

欧洲货币体系下 ERM 机制作用的发挥，对保持成员国货币对外汇率的相对稳定，扩大对外发展起着一定的作用。但是，由于各国币值软硬不一，经常由于利率的差别，使成员国间货币的固定比价不易维持，在美元冲击下，引发欧盟内部货币秩序的混乱与不稳，在一定阶段不得不调整比价，重定波动幅度。欧元作为单货币正式使用后，成员国内部矛盾自会减少，从而加强对国际资金冲击风险的防范与化解能力。

3. 简化流通手续，降低成本消耗，增强出口商品的竞争能力

目前，欧盟成员国之间使用不同货币，增加了贸易交往中的货币兑换、汇率风险防范的费用负担，实行单一货币后免除了货币兑换与佣金损失，估计约值 300 亿美元，从而加快商品与资金流通速度，增加了出口商品的竞争能力。

4. 增加社会消费，刺激企业投资

在欧盟内部尽管统一大市场已经建立，但同样商品、劳务、资源在不同国家会

有不同的价格。这种现象长期存在,将扭曲各国产业结构与投资结构,不利于大市场的合理发展。实施单一货币后,各国物价、利率、投资收益将逐步缩小差别或趋于一致,形成物价和利率水平的总体下降,居民社会消费扩大,企业投资环境改善,最终有利于欧盟总体经济的良性发展。

(五) 欧洲货币同盟对世界经济的影响

(1) 巩固与发展了多元化的国际货币体系,有利于世界范围内汇率的稳定。如前所述,布雷顿森林货币体系崩溃后,多元化的国际货币体系已经形成。欧元单一货币推行后,欧盟内部的汇率波动完全消失,独立的欧洲中央银行和以价格稳定为目标的货币政策以及严格的财政预算制度的执行和利率趋同标准的严格掌握,保证欧元币值的稳定,增强公众的信心,进一步巩固与发展了多元化国际货币体系与汇率的稳定,有利于世界贸易与投资的发展。

(2) 促进国际储备多元化,欧元将与美元、日元并驾齐驱成为一种主要储备货币。目前美元在全球外汇储备的比重已由 1988 年的 67.7% 下降至 1995 年的 56.4%,而欧元比重在此期间上升至 30%,单一货币欧元的行使、统一欧洲中央银行的建立,均有利于未来欧元币值的稳定,各国中央银行将卖出一部分美元、买进一部分欧元,以应国际结算的需要,这会使欧元在国际储备的比重进一步提高,国际储备朝多元化发展已成必然趋势。

(3) 增强欧洲金融市场的地位,有利于欧洲资本投资市场的发展。统一欧元的行使,具有深远战略意义,参加欧洲货币联盟成员国将放弃本国的货币主权,拆除贸易壁垒,加强商品、资本和劳动力的自由流动,使欧洲政治经济的向心力与凝聚力空前加强,从而形成一个透明的、流动性更高的商品资本市场,吸引更多的私人资本流向欧元资本市场,向传统的国际金融市场与新兴的国际金融市场提出严峻的挑战。

(六) 欧洲货币联盟存在的问题

欧元的启动,单一货币的推行,从理论政策上分析虽然前景看好,作用深远,但也存在一定的不可忽视的问题。主要表现如下:

(1) 人为地硬性规定趋同标准,改变不了经济发展不平衡规律。经济发展不平衡是各国经济发展的必然规律,欧洲货币同盟规定了各国经济财政的趋同标准,一些国家通过人为的努力,或采取技术性措施,虽然首批得以参加货币同盟,流通使用欧元。但是,随着时间推移,不平衡规律一定会发挥作用,能否保证全体成员国始终如一地保持趋同标准,中途绝不退出货币同盟是很难预料的。正如欧洲货币体系下的 ERM 机制,有些国家参加后,由于内部条件的变化,中途也被迫退出。

(2) 欧盟中央银行执行统一的货币政策与成员国保有的财政政策发生矛盾时,协调难度很大。统一货币推行后,为保持欧元的稳定,欧盟中央银行执行统一的货币政策,但成员国仍保留推行本国财政政策的权力,当二者发生矛盾、利害冲突较大时，二者关系协调兼顾就很难达到。就像布雷顿森林货币体系存在特里芬难题一样，欧元的内部机制就存在难于克服的内在矛盾。

（3）欧盟扩大、欧元推行必然加剧与发展中国家的矛盾。欧洲统一货币的实施，势必进一步释放欧洲统一大市场的潜在经济力量，欧盟成员国间的贸易关系将更加紧密，对外竞争力提高，这无异于欧洲贸易保护主义加强，排他性上升，并会加剧开放型发展中国家进入这一市场的难度，这不仅加剧与发达国家之间的竞争与矛盾，也加深与发展中国家的矛盾，甚至遭到发展中国家的抵制。

【本章小结】

1. 国际货币体系是指为适应国际贸易与国际支付需要，各国政府对货币在国际范围为发挥世界货币职能所确定的原则采取的措施和建立的组织机构。

2. 世界上首次出现的国际货币制度是国际金本位制度。这种制度的主要特征是：①黄金充当了国际货币，是国际货币制度的基础；②各国货币之间的汇率由它们各自的交换比例决定；国际金本位有自动调节国际收支的机制。

3. 布雷顿森林体系的实质是建立了一种以美元为中心的国际货币体系。其基本内容是美元与黄金挂钩，其他国家的货币与美元挂钩，实行固定汇率制度。

4. 牙买加协议后的国际货币制度实际上是以美元为中心的多元化国际储备和浮动汇率的体系。在这个体系中，黄金的国际货币地位趋于消失，美元在诸多储备货币中仍居主导地位。在这个体系中，各国所采取的汇率制度可以自由安排。

【关键概念】

国际货币体系　国际金本位制　金汇兑本位制　布雷顿森林体系　牙买加货币体系　欧洲货币体系　固定汇率　浮动汇率　欧元

【本章习题】

一、思考题

1. 简述国际货币制度的概念及划分标准。
2. 国际货币体系的主要内容及其作用是什么？
3. 国际金本位制及其作用评价是什么？
4. 布雷顿森林体系的基本内容及其崩溃的主要原因是什么？
5. 当代国际货币体系（牙买加体系）的特点和面临的主要问题是什么？
6. 简述欧洲货币体系的主要内容，及其对国际货币制度改革的意义。
7. 试分析欧元产生的原因及其对国际经济的影响。
8. 试比较分析固定汇率与浮动汇率的利弊。
9. 试就当代国际货币体系的发展趋势谈谈个人见解。
10. 试述国际货币体系的改革方向。

11. 简述区域货币一体化和欧洲货币一体化的含义。

二、案例分析

周小川认为,2008年金融危机的爆发与蔓延使我们再次面对一个古老而悬而未决的问题,那就是什么样的国际储备货币才能保持全球金融稳定、促进世界经济发展?历史上的银本位、金本位、金汇兑本位、布雷顿森林体系都是解决该问题的不同制度安排,这也是IMF成立的宗旨之一。但此次金融危机表明,这一问题不仅远未解决,由于现行国际货币体系的内在缺陷反而愈演愈烈。

从理论上讲,第一,国际储备货币的币值首先应有一个稳定的基准和明确的发行规则以保证供给的有序;第二,其供给总量还可及时、灵活地根据需求的变化进行增减调节;第三,这种调节必须是超脱于任何一国的经济状况和利益。当前以主权信用货币作为主要国际储备货币是历史上少有的特例。此次危机再次警示我们,必须创造性地改革和完善现行国际货币体系,推动国际储备货币向着币值稳定、供应有序、总量可调的方向完善,才能从根本上维护全球经济金融稳定。

(1) 此次金融危机的爆发并在全球范围内迅速蔓延,反映出当前国际货币体系的内在缺陷和系统性风险。

对于储备货币发行国而言,国内货币政策目标与各国对储备货币的要求经常产生矛盾。货币当局既不能忽视本国货币的国际职能而单纯考虑国内目标,又无法同时兼顾国内外的不同目标。既可能因抑制本国通胀的需要而无法充分满足全球经济不断增长的需求,也可能因过分刺激国内需求而导致全球流动性泛滥。理论上特里芬难题仍然存在,即储备货币发行国无法在为世界提供流动性的同时确保币值的稳定。

当一国货币成为全世界初级产品定价货币、贸易结算货币和储备货币后,该国对经济失衡的汇率调整是无效的,因为多数国家货币都以该国货币为参照。经济全球化既受益于一种被普遍接受的储备货币,又为发行这种货币的制度缺陷所害。从布雷顿森林体系解体后金融危机屡屡发生且愈演愈烈来看,全世界为现行货币体系付出的代价可能会超出从中的收益。不仅储备货币的使用国要付出沉重的代价,发行国也在付出日益增大的代价。危机未必是储备货币发行当局的故意,但却是制度性缺陷的必然。

(2) 创造一种与主权国家脱钩并能保持币值长期稳定的国际储备货币,从而避免主权信用货币作为储备货币的内在缺陷,是国际货币体系改革的理想目标。

①超主权储备货币的主张虽然由来已久,但至今没有实质性进展。20世纪40年代凯恩斯就曾提出采用30种有代表性的商品作为定值基础建立国际货币单位"Bancor"的设想,遗憾的是未能实施,而其后以怀特方案为基础的布雷顿森林体系的崩溃显示凯恩斯的方案可能更有远见。早在布雷顿森林体系的缺陷暴露之初,基金组织就于1969年创设了特别提款权(SDR),以缓解主权货币作为储备货币的内在风险。遗憾的是由于分配机制和使用范围上的限制,SDR的作用至今没有能够得到充分发挥。但SDR的存在为国际货币体系改革提供了一线希望。

②超主权储备货币不仅克服了主权信用货币的内在风险，也为调节全球流动性提供了可能。由一个全球性机构管理的国际储备货币将使全球流动性的创造和调控成为可能，当一国主权货币不再作为全球贸易的尺度和参照基准时，该国汇率政策对失衡的调节效果会大大增强。这些能极大地降低未来危机发生的风险、增强危机处理的能力。

1. 请根据上述资料分析现行国际货币体系的优缺点。
2. 根据国际货币体系的演变过程分析如何改革并完善现行国际货币体系。

第六章
国际金融市场

【学习目标】

知识目标

1. 掌握国际金融市场的基本概念。
2. 了解国际金融市场的形成条件及其发展演变。
3. 掌握传统的国际货币市场、国际资本市场、欧洲货币市场的概念及其主要业务内容。

能力目标

1. 能运用国际货币市场基本概念分析货币市场工具的交易原理。
2. 能进行国际货币市场、国际资本市场主要业务的模拟交易。

【导入案例】

英国脱欧后全球金融市场经历了怎样的"惊天变化"

2016年6月23日,英国通过公投决定退出欧盟,全球金融市场对此反应激烈,经历了"惊天变化"。6月24日,从全球汇市看,英镑兑美元一度惨跌11%,至1.322 9,为1985年以来最低;日元兑美元一度升至99.02,是2013年以来首次破100关口。从全球股市看,美股道指崩跌逾600点,创2015年8月以来最大跌幅;标普500指数收盘下跌3.6%,是8月份以来最大跌幅,并抹去2016年的所有涨幅;纳指下跌4.1%,为2011年以来最大跌幅;欧洲股市暴跌7%,创金融危机以来最大跌幅;英国FTSE 100指数一度下跌8.7%,创2008年以来最大跌幅,收盘下跌3.2%。从全球黄金市场看,金价一度上涨8.1%,至1 358.54美元/盎司,成交量是日均值的两倍。

（资料来源：http://www.fx168.com/forex/gbp/1606/1908676.shtml）

第一节 国际金融市场概述

一、国际金融市场的基本概念

金融即资金的融通，金融市场即指由资金融通所形成的各种关系的总和。根据市场经营范围和地点的不同可分为国内金融和国际金融市场，前者的交易是在本国居民之间进行，后者的交易在居民和非居民以及非居民之间进行。

广义上讲，国际金融市场包含了各种国际金融业务活动的场所和关系，具体包括国际外汇市场、国际货币市场、国际资本市场、国际黄金市场以及20世纪70年代以来形成和发展的国际金融期货、期权及其他国际金融衍生品市场。

广义的国际金融市场中，国际外汇市场是各国货币兑换流通的场所，其规模和效率直接决定了其他市场的生存发展，是国际金融市场的前提和基础。

狭义的国际金融市场，是指国际经营借贷资本即进行国际借贷活动的市场，包括国际货币市场和国际资本市场。

国际金融市场的分类如表6-1所示。

表6-1 国际金融市场的分类

分类标准	类 别
按资金的融通期限	国际货币市场、国际资本市场
按市场经营的业务种类及交易对象	国际资金市场、国际证券市场、外汇市场、国际黄金市场
按市场交易对象所在区域	本币市场、离岸市场
按市场所在位置	纽约、伦敦、苏黎世、巴黎等国际金融市场

二、国际金融市场的发展历程

经济生活中的贸易交换产生了对资金汇付及借贷的需求，即资金融通的需求。国际金融市场的产生同样起源于国际贸易的发展和深化并与国内金融市场密切相关。

（一）传统国际金融市场的演变

在传统模式下，服务于某一城市或某一地区的地方性金融市场经过长期的发展逐步衍变成为本国工商企业和个人提供各种金融服务的全国性金融市场。继而随着生产国际化、资本国际化和国际贸易的发展，国际金融联系得以加强和扩大，资金的融通也逐步突破了国界的限制。在这种情况下，那些以强大的工商业、对外贸易与对外信贷等经济实力为基础，在地理位置、金融服务、国际通信等方面能够提供最大便利的全球性金融市场最后演变成世界金融中心和国际金融市场。

第一次世界大战以前，英国的自由资本主义迅速发展，工业生产走向集中并在海外不断殖民扩张，航运业的发展使它的触角伸向世界各地；伦敦囊括了世界上大量的财富。当时英国政治上稳定，英格兰银行的地位巩固，其遍布英国和世界各国或主要地区的银行代理关系逐渐完备，银行信贷、结算制度基本建立。同时，英国对殖民地统治加强，从海外掠夺来的巨额资金，成了提供信贷资金的重要来源。英镑是用于国际结算、国际储备的主要货币。伦敦成为资本主义世界最大的国际金融市场。第一次世界大战后，英国的资本主义头号强国的地位被美国取代。1929年爆发世界经济危机后，英国于1931年9月宣布放弃金本位制，继而实行外汇管制，网罗其殖民地附属国组成排他性的英镑集团。1939年9月将英镑集团改称为英镑区。英镑作为国际结算与国际储备货币的地位急剧衰落，削弱了伦敦作为世界国际金融中心的地位。

第二次世界大战后，伦敦虽仍然作为重要的国际金融市场继续发挥作用，但世界国际金融中心已从伦敦移到纽约。二战期间，英国经济损失惨重，美国经济迅速膨胀。战后，美国以绝对优势的经济实力成为世界的新霸主。随着布雷顿森林体系的建立，纽约金融市场迅速崛起，美元成了各国最重要的储备货币和国际结算货币。美国成为世界最大的资金供应国，控制着整个西方经济。大量的国际借贷和资本筹措都集中在纽约，使纽约成为世界最大的国际金融市场。但进入20世纪60年代以后，美国国际收支持续出现巨额逆差，黄金流失，美元信用动摇；20世纪70年代初，以美元为中心的固定汇率制度崩溃，表明美元的霸主地位岌岌可危，作为世界金融中心的纽约国际金融市场，已随之衰落。但目前，纽约国际金融市场仍然是世界上最大的国际金融市场之一。

传统国际金融市场最重要的特征是从事市场所在国货币的国际借贷（比如美国银行贷出美元给中国一家企业），并受市场所在国政府政策与法令的管辖。它的实质是国内金融市场的延伸，是资金在一国国内金融市场上发生跨国流动的部分，故也称为外国金融市场。

（二）欧洲货币市场的演变

第二次世界大战后，众多原因使然，形成了新型的国际金融市场，主要是指形成的欧洲货币市场，即是在某种货币发行国境外从事该种货币借贷的市场。该市场的交易货币一般不是由市场所在国发行（比如在新加坡的日元贷款业务），其运行相对独立于各国国内的金融市场，基本上不受任何一国的国内政策法令的约束。与传统的国际金融市场相比，欧洲货币市场更具国际意义。

欧洲货币市场产生于20世纪50年代末60年代初，它突破了所在地政府法令的约束，打破了国际金融市场必须是所在国输出资本的供应中心的旧传统，因而为后来的国际金融市场的资金扩大和地域分散创造了有利而重要的前提条件，使许多原来并不重要的地区发展成为重要的国际金融中心，在世界范围内，形成了一个国际金融市场网络。欧洲货币市场的建立，使得当代国际金融市场已经发展成为一个以欧洲货币市场为主体的真正国际化的金融市场。

欧洲货币市场和其他市场的不同之处是与其交易的货币不是市场所在国货币。根据交易主体的不同，我们把居民和非居民之间进行的交易称为在岸交易，而把非居民之间进行的交易称为离岸交易。比如英国银行和德国企业在伦敦进行的美元存贷业务为在岸交易，而日本银行和法国企业在香港进行的美元存贷业务为离岸交易。

二战后科技的推动，经济的发展，专业化分工日趋细密，生产要素的流通突破国界，在全球范围内进行配置优化，国际化达到前所未有的水平，国际资本的流动也达到空前的规模。某些市场因其所在地区政局稳定，经济发展较快，地理位置和时区、金融机构和设施、通信和服务等方面具有不可取代的优势。加上政府根据本国或本地区经济发展战略的需要，通过特殊政策加以积极引导，从而较快地使这些市场发展成为国际金融市场，如新加坡市场、香港市场等。这些市场用较短的时间走完了传统国际金融市场发展演变的历程，并且其业务的操作对象也以欧洲货币为主。

总之，国际金融市场的形成，必须具备以下主要条件：

（1）高度发达的商品经济。实践证明，当一国具有高度发达的商品经济时，将会在该国某地形成某一金融市场，然后逐渐演化为全国性金融中心，在此基础上又逐渐发展成为国际金融市场。历史上英国伦敦金融市场和美国纽约金融市场的形成和国际化的过程，都充分地说明了这一点。

（2）稳定的经济和政治环境。国际金融市场的建立，意味着一个连接各国金融交易者的业务网络的形成。从债权人到债务人的利益保障，从业务的稳定发展，从交易风险和交易费用降低等方面出发，都需要一个相对稳定的经济和政治环境。在一个经济紊乱、政局动荡的国家或地区，不可能建立起稳定的国际金融市场。综观各类国际金融市场，其产生和稳定的发展莫不以稳定的社会经济环境为先决条件。

（3）自由宽松的金融制度。自由宽松的金融制度包括实行自由的外汇制度，金融管制较少，外汇调拨方便和税率较低等内容。它是金融市场形成和发展的必要条件。因为，只有这样，才能为投资与借款提供便利条件，才能使国际融资成本依市场供求规律而定，才能使资本的国际调拨畅通无阻，才符合国际市场经营的自由与灵活性。否则，国际金融市场要么难以建成，要么趋于萎缩。因此，这个条件也是国际金融市场形成的必要条件。

（4）现代化的技术设施。国际金融市场除了具备良好的地理条件之外，还要有先进的交通和通信设施，高度集中的跨国性金融机构。可以说，这是国际金融市场得以产生和发展的"硬件"保障，有了这些条件，国际金融交易可以在技术上确保安全与高效。随着金融交易技术手段的不断提高，国际金融市场上的技术要求更加先进。

（5）训练有素的国际金融专门人才。这是指一国或地区要拥有既具备现代国际金融专业知识，又具备丰富实际经验的国际金融专门人才。拥有这些人才，才能为国际金融市场提供高质量高效率的各种服务。

当然，传统国际金融市场和新兴国际金融市场并不是隔离分裂的市场，它们相互联系，相互融合，业务的趋同化使二者之间的界限逐渐模糊。通信的发展，科技的进步，使得各地的国际金融市场紧密联系，一个全球意义上的金融市场正悄然形成。图 6-1 简要说明了国际金融市场的基本构成。

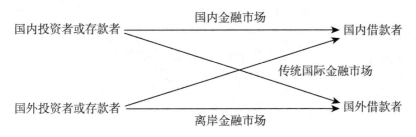

图 6-1　国际金融市场的构成

三、国际金融市场发展的新趋势

（一）国际金融市场的全球一体化

随着世界各国金融市场的国际化、金融管制的放宽、金融工具的创新以及以电子信息技术为核心的科技的进步，国际金融市场在全球范围内紧密相连。

国际金融市场的全球一体化主要体现在：国际外汇市场的全球一体化；国际货币市场的全球一体化；国际资本市场的全球一体化；离岸金融市场的全球一体化；国际金融衍生商品市场的全球一体化。

不仅国际金融市场中的各个子市场出现了全球一体化，并且各个子市场之间也相互渗透，相互交织，相互影响，形成了密不可分的整体。长短期资金的借贷离不开外汇的买卖，而外汇的买卖又会引起资金的借贷。投资者按照自身的投资意向，将资金在国际外汇市场、国际货币市场、国际证券市场、国际金融衍生品市场之间进行流通转化，各子市场呈高度相关性。

（二）国际金融市场的运行自由化

国际金融市场的运行自由化是指西方发达国家纷纷放宽或取消金融管制，促使传统的国际金融市场（即原有国内金融市场的延伸）在业务运作上日益自由和灵活。

传统的国际金融市场由于每笔交易都涉及所在国的居民和所在国的货币，继而必然会对交易所在国经济造成影响。长期以来，各国货币管理当局均对居民及非居民市场主体进入本国国际金融市场实行较为严格的金融管制，这种管制一方面对保持金融业和金融市场的稳定和安全运行起到了积极的作用，另一方面也制约了传统国际金融市场的发展，降低了金融业的运行效率。

在认识到金融管制所带来的国际竞争不平衡、金融业运行效率低下等问题之后，西方各国逐步放宽和取消形形色色的金融管制，自由的市场竞争使得传统国际金融市场显现出勃勃生机。

(三) 国际金融市场的融资证券化

国际金融市场的融资证券化是指在国际金融市场上出现了持续性的融资方式证券化和贷款债权证券化。融资方式证券化是指融资方式从原有的向商业银行借款让位于面向大众发行证券,即间接金融逐步让位于直接金融。这在国际金融市场上表现为商业票据、债券和股票等有价证券的发行日益扩大,国际证券市场在整个国际金融市场中的地位日益上升。贷款债权证券化是指商业银行日益扩大以贷款债权作为担保的证券发行,从而赋予贷款债权以流动性。

(四) 国际金融市场的主体机构化和业务批发化

国际金融市场的主体机构化和业务批发化是指在国际金融市场的投资主体中,机构投资者逐渐取代个人投资者而成为投资的主导力量。规模效应的要求使得在国际金融市场的金融交易中,以机构投资者为主导的每笔金融交易规模越来越大,逐步取代了分散的、零星的、小规模的金融交易。

(五) 国际金融市场的交易电子化

国际金融市场的交易电子化是指国际金融市场的交易均通过高度发达的电子技术和电脑网络来处理。它体现在国际金融市场上,金融凭证、交易文件、金融机构的设置的电子化以及电子货币、电子银行、网上银行的出现和应用。

国际金融市场的交易电子化,提高了市场中介的工作效率和工作质量,提高了市场交易的速度,降低了市场交易的成本和费用,促进了国际金融市场的全球一体化,促进了国际金融市场创新和交易方式的变革,促进了国际金融市场的结构调整,并推动国际金融市场不断进入更高、更新的发展领域、发展层次和发展空间。

(六) 国际金融市场的创新日新月异

随着经济和技术的不断发展和强化,国际金融市场的创新如火如荼。新的金融衍生商品、新的金融交易方式、新的金融交易机制、新的金融交易规则层出不穷。为了适应金融管制放宽或取消、国际金融市场价格变动发生的新变化、国际金融交易的不确定性和复杂性的增强等经济环境的变化,为了适应顾客在不断变化的经济环境下所出现的新需求,为了扩大市场份额,在剧烈的市场竞争中求得生存和发展,各种金融中介机构纷纷设计和开发新的金融商品,开发和推销新的金融服务,从而推动了国际金融市场的创新。

四、国际金融市场的作用

(一) 国际金融市场提供了在全球范围内进行筹资和投资的机会

市场即为买卖的场所,商品市场买卖的是实际资源,金融市场买卖的是金融资源。国际金融市场具备间接融资和直接融资机制,这两种机制像纽带一样,将来自不同国家的筹资者和投资者紧密联结在一起。

从全球视角来看，在一定的时候，某些国家的经济主体，如跨国公司或政府，在进行实物资产投资时，往往会面临资金不足的问题，而在本国又缺乏相对适宜的筹资渠道，因此需要作为筹资者到国外去寻求相应的筹资渠道；与之对应的是，某些国家的经济主体如个人、公司或政府，有相当的资金积累，但又无法在本国找到合适的投资渠道，因此需要作为投资者到国外去开辟相应的投资渠道。

这样一来，资金的供给和需求超越国界进行搭配组合，而国际金融市场就为不同国家的筹资者和投资者提供了相互满足、彼此匹配的机制。国际金融市场上的金融中介机构在间接融资和直接融资的机制下，通过提供不同期限、不同货币、不同金额、不同利率、不同融资主体的金融工具，通过提供承诺、担保、代理、中介、咨询等全方位的金融服务，既可以为筹资者提供多种多样的筹资渠道，使它们可以根据自己的偏好做出最佳选择；也可以为投资者提供丰富多彩的投资手段，使它们在安全性、流动性和盈利性中做出最佳抉择。这样，国际金融市场实际上就成为可以在全球范围内将一国的储蓄转化为另一国的投资的通道。

（二）国际金融市场提供了在全球范围内进行金融资源配置的机制

市场以利润最大化为目标，金融市场的收益来源于金融产品的买卖，价廉物美者必然门庭若室，价高物次者必然问者寥寥。

金融产品的效用是持有该种金融产品所带来的收益，在国际金融市场上，金融产品的价格主要表现为汇率、利率、债券价格、股票价格等。一国国民经济运行良好，则购买该国金融产品的预期收益率就会提高，从而引导国际金融市场上的投资资金流向该国；反之，一国国民经济运行不良，则购买该国金融产品的预期收益率就会下降，从而引导国际金融市场上的投资资金流出该国。这样，资本的趋利性诱导国际金融市场上的资金流向，使金融资源的配置存量和配置增量在全球范围内进行调整，并在全球范围内得以优化。

同时我们也要注意到，对一国金融产品预期收益的看好会提高对该金融产品的需求，需求的上升必然会造成该金融产品价格的上升，而对一国金融产品预期收益的忧虑会减少对该金融产品的需求，需求的减少必然会造成该金融产品价格的下跌。所以，在一个有效率的金融市场上，经过一定时期的调整，金融产品的实际收益率将趋于相同。

（三）国际金融市场提供了控制国际金融风险的平台

不同国家的居民在从事国际经济交易或在国际金融市场上进行筹资或投资的过程中，常常会承受各种各样的金融风险，如信用风险、利率风险、汇率风险、投资风险、流动性风险等。

国际金融市场推出的远期外汇交易、外汇掉期交易、金融期货交易、金融期权交易、金融互换交易等金融工具和金融交易技术，为不同国家的经济主体控制国际金融风险提供了有效的保障，使它们可以根据自身的风险偏好，据以做出最佳抉择。

（四）国际金融市场提供了进行国际货币金融合作的机制

国际金融发展的一个重要特征是国际金融市场的一体化。国际金融市场的一体化至少有两个方面的涵义：一是由于世界各国金融市场的对外开放，亦即国际化，结成了一个统一的、不分昼夜的国际金融市场，每个国家金融市场中对外开放的部分都是国际金融市场的有机组成部分；二是由于世界各国都参与国际金融市场的筹资和投资活动，就使得彼此之间的金融依赖度日益增强，每个国家的宏观和微观金融活动都不能脱离国际金融市场而独立存在。

在国家层次上，为了调整和优化产业结构，实现国际收支均衡，有关国家的政府和货币当局常常需要进入国际金融市场筹措资金，以增加本国支柱产业的投入和弥补国际收支逆差；为了稳定本币汇率，有关国家的货币当局往往需要干预国际外汇市场，通过投放外汇或本币，遏制本币汇率的剧烈下跌或剧烈上涨。而且，近年来，西方发达国家的中央银行加强了在国际外汇市场的协调行动，共同稳定主要国际货币的汇率。因此，国际金融市场日益成为各国政府和货币当局进行货币金融合作的媒介。

总之，国际金融市场作为国际信贷的中介，对世界经济有着复杂的影响，它的作用的两重性是明显的，近年来各国逐渐加强了对国际金融市场的监管。

第二节　传统的国际金融市场

传统的国际金融市场是从事市场所在国货币的国际借贷，并受市场所在国政府政策与法令管辖的金融市场。这种类型的国际金融市场，经历了由地方性金融市场到全国性金融市场，最后发展为世界性金融市场的历史发展过程。它由一国的金融中心发展为世界性金融市场，是以其强大的工商业、对外贸易与对外借贷等经济实力为基础的。伦敦、纽约、苏黎世、巴黎、东京、法兰克福、米兰等属于这类国际金融市场。

按照该市场的借贷期限的不同，可以将该市场划分为传统的国际货币市场和传统的国际资本市场。

一、国际货币市场

随着国际经济交往的扩大，各国经济的相互融合，国际投资和融资的领域不断拓宽，国际短期借贷需求增加，国际货币市场应运而生。

国际货币市场是指国际短期货币资金借贷交易的市场，其借贷期限在一年以内。与国内货币市场相比，国际货币市场是居民与非居民之间或非居民与非居民之间的短期货币融通，而国内货币市场是居民与居民之间的短期货币融通。

传统的国际货币市场是在主要发达国家国内货币市场的基础上演变发展而来的，

是一国货币市场的对外部分。其特点是交易的一方为市场所在地的居民,另一方为非居民。本节我们主要介绍传统的国际货币市场,而新型的国际货币市场将在下节欧洲货币市场中详细讲述。

从市场分析角度来看,市场主体和市场客体是任何一种市场的两个最基本的构成要素。市场的参与者是市场主体,市场交易的对象是市场客体。

在国际货币市场中,各类市场参与者对市场交易对象(货币市场工具)进行连续不断的买卖交易,从而形成持续的市场运行。

按照借贷方式的不同,国际货币市场又可以分为三种:银行短期信贷市场、短期票据市场、贴现市场。

(一)市场主体

国际货币市场的市场主体即国际货币市场的参与者,是参加国际货币市场交易活动的经济单位。

从交易中的地位划分,国际货币市场的参与者分为资金需求者、资金供给者、中介机构和市场管理者。

作为资金需求者,进入国际货币市场筹资的参与者只限于资本雄厚、信誉昭著的借款人,如财政部等各种政府部门、银行和非银行金融机构、少数著名的大公司等。

对于资金供给者,只要有足够的资金均可进入国际货币市场投资于各种货币市场工具。由于国际货币市场交易数额较大,个人直接投资活动不多,主要通过投资基金形式间接投资货币市场。

中介机构和管理者是国际货币市场的特殊参与者,主要有证券交易商和中央银行。

此外,在国际货币市场上,大量外国参与者是其重要特征之一。下面具体介绍主要的国际货币市场参与者。

1. 政府部门

政府部门主要是指财政部及地方政府。财政部通过发行国库券来平衡财政收支,是货币市场主要的资金需求者。由于国库券是政府负债,加之期限短、风险小,所以深受投资者欢迎。财政部有时也以货币市场的资金供给者的身份出现,但这种情况为时极短。地方政府有时也成为货币市场资金需求者,但更多的是以资金供给者的身份出现。

2. 商业银行

商业银行是货币市场最大的参与者,几乎活跃于所有种类的货币市场,既是重要的资金需求者,又是重要的资金供给者。

商业银行资产负债的特殊性,决定了相应的经营原则,即持有一定数量的短期金融工具作为保证流动性的二线准备。在流动性资金不足的情况下,商业银行以资金需求者的身份出现,通过出售一定数量的短期金融工具获得资金,牺牲盈利性,保证流动性。反之,在资金充沛的情况下,商业银行以资金供给者的身份出现,购买货币市场工具,在保证流动性的前提下达到一定的收益性。

同时,还有少数大型商业银行作为证券交易商,以中介组织的身份出现在货币市场上。

3. 证券交易商

证券交易商是货币市场的中介组织,可以是专门的证券公司,也可以是银行和其他金融机构。

由于国库券等政府短期证券在其业务中占有很大比重,也称为政府证券交易商。货币市场基本上是一个场外市场,这使得证券交易商在货币市场中的作用比债券、股票市场的交易中介更为重要。

4. 中央银行

中央银行作为管理者,是货币市场最重要和不同一般的特殊参与者,中央银行参与货币市场的目的,既不是为了筹措资金,又不是为了投资谋利,而是为了调节和控制货币供给量,实现其货币政策目标。

当需要放松银根和信用时,中央银行买入国库券向市场投放资金,成为货币市场的资金供给者;当需要收缩银根和信用时,中央银行便抛售国库券吸纳资金,成为货币市场的资金需求者。

中央银行还作为外国政府和本国财政部的代理人在货币市场进行交易,并办理国债的还本付息等事宜。

5. 非居民参与者

大量的非居民参与者的活动是国际货币市场区别于纯粹国内货币市场的重要特征。在传统的国际货币市场上,非居民参与者包括外国政府及政府机构、金融机构和少数信誉卓著的大企业,并且主要是以投资者的身份参与市场活动。

(二) 市场客体

国际货币市场的市场客体即国际货币市场工具,是国际货币市场的借款人向投资者借入短期资金的一种债务凭证,居于短期信用工具。

国际货币市场工具主要包括国库券、银行承兑汇票、商业票据、大额可转让存单、银行同业拆借和回购协议等。这些工具的交易买卖均构成各个单一的市场,都是国际货币市场的重要组成部分。

1. 国库券

国库券是各国政府财政部发行的用以应付国库季节性财政需要的短期债务凭证,现在已发展成为重要的货币市场工具。国库券的期限在1年以内,通常为3个月、6个月和1年,主要用来满足短期急需的财政支出,并以短期内的预算收入做保证,而不是用来弥补长期的财政赤字。

国库券代表政府的信用,具有高度的流动性,可以随时而稳定地将其变现,且有稳定的收益。正是由于上述特征,国库券吸引了众多的投资者,商业银行更是持有大量国库券作为二级准备金。

2. 银行承兑汇票

银行承兑汇票是银行在商业汇票上签章承诺付款的远期汇票,是由银行承担付款责任的短期债务凭证。银行承兑汇票多产生于国际贸易,一般由进口商国内银行开出的信用证预先授权。银行承兑的作用在于为汇票成为流通性票据提供信用保证。

银行承兑汇票的持票人可以在汇票到期时获取款项,也可以在未到期时通过贴现取得现款。银行承兑汇票的最重要投资者是外国银行和非银行金融机构。

3. 商业票据

商业票据是信誉好的大企业为筹措营运资金发行的短期无担保的商业期票。大企业发行商业票据的主要原因是其筹资成本比银行贷款低。由于商业票据是一种无担保的短期债务凭证,发行者没有对投资者提供任何担保品作为违约事件的保护,因此,只有信誉很高的大企业才能发行商业票据。商业票据一般面额大,且为整数,期限从1天至270天不等,超过270天的商业票据并不多见。

4. 大额可转让存单

大额可转让存单是银行为吸收资金而开出的具有可转让性质的定期存款凭证。它注明存款金额、期限和利率,持有人在到期时向银行提取本息,也可以在到期前转让变现。这种存单的特点是:面额大,期限固定,不记名,可以自由转让。

一方面,大额可转让存单的利率高于同期普通定期存款利率,并且提供了近似活期存款的流动性,这对投资者有利;另一方面大额可转让存单的利率低于银行同业拆借利率,这对发行银行有利。因而其深受市场欢迎,是重要的货币市场工具之一。

5. 银行同业拆借

银行同业拆借是指银行为弥补交易头寸或存款准备金的不足,相互之间进行的短期资金借贷。

银行同业拆借的特点是:无须提供担保品,仅凭信用;主要以在中央银行的存款准备金这种即时可用资金为交易对象;期限按日计算,通常为隔夜拆借;利率由市场资金供求状况决定,经双方协商,一般低于优惠贷款利率。

银行同业拆借是货币市场上一种非常普遍的交易方式,同时拆借资金本身又是一种非常例外的货币市场工具。因为同业拆借并无有形的货币市场工具在交易双方之间转手,只是一笔资金从一家银行账户转到另一家银行账户上,到期时再随同利息一并转回去。拆借资金的期限极为短暂,本身又是无形的,基本上不存在对二级市场的需求。

6. 回购协议

回购协议是在买卖证券时出售者向购买者承诺在一定期限后按预定价格和数量购回售出证券的协议。其实质与证券抵押贷款相当。

19世纪70年代以前,在传统的国际货币市场上,市场所在地的非居民参与者主要是以投资者身份进行货币市场交易,形成以非居民为债权人、居民为债务人的国际债权债务关系。70年代以后,生产国际化进一步发展,跨国公司的跨国经营活动增加,产生大量外国居民的短期融资需求。

同时,传统的国际货币市场的技术创新,如票据发行便利的运用,不仅使得国际货币市场上的融资更加灵活,而且使得通过发行货币市场工具(如商业票据)筹集中长期资金成为可能,从而吸引许多外国工商企业、金融机构甚至政府部门以借款人身份进入国际货币市场。这一发展使发达国家货币市场的国际化程度,无论在广度还是深度上都有很大提高,传统的国际货币市场的功能日益丰富和完善。

(三) 国际货币市场的特点和作用

1. 国际货币市场的特点
(1) 期限较短,融资期限短的只有1天,最长的也不过1年。
(2) 交易目的是为了解决短期资金周转的需要。国际货币市场上的资金来源主要是资金所有者暂时闲置的资金,需求者也只是为了弥补流动资金短期内的不足。
(3) 金融工具具有较强的"流动性"。国际货币市场上交易的金融工具一般时间短、流动性强、变现性高。
(4) 交易者要求信誉高,融资数额大,借贷成本低,资金周转快,流量大,风险小。

因为国际货币市场具有以上特点,所以要求对该市场具有良好的管理监控机制和提供相当成熟的社会经济发展环境,也就是说,国际货币市场只有在经济高度发达、中央银行体系高度健全、信用工具相当完备、市场条件十分优越、法律制度非常完善的条件下才能形成和发展起来。

2. 国际货币市场的作用和影响
(1) 便利国际短期资金流动、周转,沟通各国各地区之间短期资金的供给与需求。
(2) 强化各国各地区之间在利率、汇率和通货膨胀等方面的相互传导机制。
(3) 弥补临时性国际收支逆差和财政支出需要的资金缺口。
(4) 也为国际游资从事套汇、套利和其他投机活动提供了场所,加剧了外汇市场的动荡,一定程度上削弱了各国货币政策的效力。

(四) 国际货币市场的金融创新

20世纪七八十年代以来,世界各国都出现了金融创新的浪潮。国际金融创新包括创造新的金融工具、创造新的交易技术、创造新的组织机构与市场等。其中,最为核心的是国际金融市场上金融工具的创新。由于这种创新是在市场上原有金融工具的基础上创造出来的,因此它们又被称为金融衍生工具或派生工具。金融衍生工具在现代国际金融市场上具有非常重要的地位。下面将对国际货币市场上的几种主要金融衍生工具进行简单介绍。按照合约买方是否具有选择权,我们可以将衍生工具分为远期类和期权类两种。对于前者,合约持有人有义务执行合约;对于后者,合约持有人可以根据当时的市场情况决定执行或放弃合约,换句话说,合约持有人最终不一定会真的执行合约。

1. 远期类合约
(1) 远期合约。远期合约是最简单的衍生工具。远期合约是指买卖双方分别承诺在将来某一特定时间按照事先确定的价格,购买和提供某种商品。它的特点在于,虽然实物交割在未来进行,但交割价格已在合约签订时确定,合约的卖方承担了合约到期日向买方提供合约标的物(某种商品或金融产品)的义务。但是卖方并不一定需要目前就拥有这种商品,他可以于合约到期日从现货市场上购入来履行合约。因此,一个高效率的远期市场必须有一个具有高度流动性的现货市场作为前提。

远期合约中规定了交割时的价格,如果这一价格与合约履行时现货市场上相同产品的价格不一致,则合约的买方与卖方就会产生相应的损益。如果履行价格低于合约履行时的现货价格,则合约的买方可以在期货市场上以低的价格买入同时将这些产品以高的价格在现货市场上卖出获得盈利,相应地,合约卖方此时发生亏损。而当履行价格高于合约履行时的现货价格时,买卖双方的盈亏情况则相反。

远期合约交易的优点在于:能根据交易双方的具体需求确定未来交割对象的期限和数量。这不仅规避了价格风险,而且也更能满足各种具体情况。但是,这同时也带来了合约非标准化的缺点,使远期合约的二级市场很难发展起来。因此,远期交易绝大多数是买卖双方直接交易,很少在交易所中进行交易。

(2)期货交易。期货交易实质上是一种标准化的远期交易。在期货合约中,交易的品种、规格、数量、期限、交割地点等都已标准化。唯一需要协商的就是价格,这大大加强了期货合约的流动性。期货合约的这一特点使得合约在到期时只有不到5%的合约最终进行实物交割。绝大多数交易者在此之前就通过购买一份内容相同、方向相反的合约来对冲,避免实物交割。期货交易的品种既有现实中存在的资产,例如各种外汇期货,也有虚拟的资产,例如股票指数期货,这些交易绝大多数都是在交易所内进行的。

(3)互换交易。互换交易是指交易双方通过远期合约的形式,约定在未来某一段时间内互换一系列的货币流量的交易。按照交换标的物不同,互换交易可以分为利率互换、货币互换、商品互换、股权互换、股权债权互换等几种。

货币互换与利率互换是国际金融市场上最为活跃的互换交易。利率互换是根据交易双方存在的信用等级、筹资成本和负债结构的差异,利用各自在国际金融市场上筹集资金的相对优势,将同一种货币的不同利率的债务进行对双方有利的安排。货币互换主要是针对不同货币的债务进行互利交换的安排,它的基本思想与利率互换相同,主要是利用筹资者在不同货币的资金市场上的比较优势。货币互换的优点在于不仅使双方的筹资成本都下降,而且还在一定程度上可以规避汇率风险。

2. 期权类合约

(1)期权。

期权又称选择权,是指它的持有者在规定的期限内具有按交易双方商定的价格购买或出售一定数量某种金融资产的权利。

期权合约大致有两类,即看涨期权和看跌期权。前者给予合约持有人在未来某时以事先约定的价格购买某一资产的权利,而后者则给予合约持有人以约定价格出售的权利。合约中的约定价格称为协定价。

期权又可分为美式和欧式两种。美式期权可在合约到期前任何一天执行,而欧式期权则只能在到期日当月决定执行或放弃执行。不过,美式、欧式之称并不是地理概念，许多美国交易所进行欧式期权的交易，反之亦然。期权的基本特征在于它给予合约持有人的是一种权利而非义务。期权的这一优越性使它不可能像远期类合约那样被免费持有。投资者必须支付一定的保险费购买期权合约，保险费就是期权的价格。期权交易创始于1973年，是从芝加哥交易所的股票期权开始的，如今期权合约的基础资产已经发展到股票指数、外汇、债务凭证和一般商品。

（2）利率上限与下限。

利率上限是用来保护浮动利率借款人免受利率上涨的风险的。如果贷款利率超过了规定的上限，利率上限合约的提供者将向合约持有人补偿实际利率与利率上限的差额，从而保证合约持有人实际支付的利率不会超过合约规定的上限。相反，浮动利率贷款人可通过利率下限合约来避免未来利率下降的风险，如果利率下降至下限以下，合约持有人可得到市场利率与利率下限之间的差额。

（3）票据发行便利。

这是指银团承诺在一定时期内（5～7年）对借款人提供一个可循环使用的信用额度，在此限额内，借款人得依照本身对资金的需求情况，以自身的名义连续、循环地发行一系列短期（如半年期）票券，并由银团协助将这些短期票券卖给投资者，取得所需资金；未售完而有剩余的部分则由银团承购，或以贷款方式补足借款人所需资金。因此，无论短期票券销售情况如何，借款人仍能按时取得所需数额的资金。利用票据发行便利，能以短期市场利率取得中长期资金，筹资成本低，分散风险。同时使投资者获得较大利润。票据发行权利使得短期货币市场和长期资本市场的界限变得越来越模糊了。

国际金融创新使国际金融市场发生了深刻的变化，对世界经济在各个层次上都有着深远的影响。首先，国际金融创新刺激了国际资本流动，尤其是加强了与实物生产和投资相脱离的金融性资本的流动性。其次，国际金融创新在提供了风险管理的有效途径的同时，其本身的交易也非常突出，并已成为影响国际经济稳定的重要因素。

二、国际资本市场

货币市场是短期信贷市场，资本市场是中长期信贷市场。从市场的结构看，此二者的市场交易主体大致相同，不同的是交易的对象，货币市场的资金融通期限在1年或1年以下，而资本市场的资金融通期限在1年以上。

资本市场根据其主要业务有两大类：中长期信贷和债券交易。当然，抵押贷款、租赁贷款及其他具有长期融资功能的业务也可以归入资本市场中。

（一）中长期信贷市场

国际中长期信贷市场是在居民与非居民之间或非居民与非居民之间，按照市场机制，进行中长期信贷资金融通的营运网络。国际中长期信贷的借贷期限在1年以上，一般为2、3、5、7、10年甚至10年以上。

按交易主体的不同分为政府贷款和银行贷款：

政府贷款的基本特征是期限长、利率低,并附带一定的条件。政府贷款的期限最长有 30 年之久,利息最低可到 0,但一般限制贷款的使用范围,例如规定贷款只能用于购买贷款国的商品,或者要求借款国在经济政策或外交政策上做出让步,所以政府贷款属于一种约束性贷款。

银行贷款一般是一种无约束的贷款,借款人使用国际中长期信贷项下的资金较为灵活自由,没有严格的限制,贷款利率视市场行情和借款人的信誉而定,期限长、金额大、信用风险大,其营运中的通常做法是采用联合贷款(银团贷款)或辛迪加贷款,即几家或几十家银行共同向某一客户提供贷款,由一家银行做牵头行,若干家银行做管理行,其余银行做参与行,按各自分工,获取相应的报酬。

中长期贷款协议的主要贷款条件有利息及费用负担、利息期、提前偿还、货币选择、贷款货币等条款。

(二) 国际债券市场

这一市场主要分为外国债券和欧洲债券两部分。外国债券是市场所在地的非居民在一国债券市场上以该国货币为面值发行的国际债券。欧洲债券与传统的外国债券不同,它是市场所在地的非居民在面值货币国家以外的若干个市场同时发行的国际债券。

除了债券业务外,从 20 世纪 90 年代起,以股权为对象的国际融资业务比较活跃,如中国很多企业海外上市获得融资,以股权为抵押或直接出让股权而获得国际资金融通的业务,均可划入国际资本市场的范畴。

债券市场可以分为发行市场和交易市场。债券发行市场是新债券发行市场,也称初级市场或一级市场。作用在于工商企业、银行或金融机构或政府通过发行市场将债券销售给投资者,以达到筹集资金的目的。

债券交易市场是已发行债券的流通市场,包括债券交易所和场外交易市场。交易所内买卖的债券是上市债券。场外交易市场买卖的多为不上市的债券,由债券商在其营业所自营或代客买卖。

与国际货币市场相比,国际资本市场具有以下特点:

(1) 通过市场机制吸收、组织国内外资金,对其进行中长期的分配和再分配。

(2) 交易注重安全性、盈利性和流动性,借贷双方都很重视双方稳定的长期合作关系。

(3) 有政治风险、违约风险、利率风险、汇率风险、经营风险、价格风险等多种风险,使市场的不确定性因素更为复杂,需要采取多种避险措施。

国际资本市场的存在和发展,尤其是证券市场国际化的发展,便利和推动了世界范围内的中长期资本流动,加速了国际资本在各国间的流动与周转,促进了国际贸易和世界经济的发展;但同时国际资本市场又是国际资本追逐高额利润和国际金融投机的重要场所,是造成国际金融市场动荡的主要因素之一。特别是证券市场国际化带动了全球金融市场的一体化,使各个国际金融市场之间的联系更为紧密,一个市场发生风波,其他市场必然发生连锁反应。其主要内容将在本书

第九章讲述。

第三节　欧洲货币市场

一、欧洲货币市场的形成与发展

(一) 欧洲货币与欧洲货币市场

欧洲货币是指在货币发行国境外存储和贷放的货币或在市场所在地存放、借贷的外国货币。需要指出的是，欧洲货币并非欧洲国家的货币，"欧洲"不是一个地理概念，而是指"境外"的含义。所以，欧洲货币实际上是境外货币，只是由于这种境外存放、借贷业务开始于欧洲，故习惯称之为欧洲货币。最初仅指欧洲美元，后来发展到其他货币。

欧洲货币市场是以欧洲货币为载体进行各种形式的借贷融通所形成的市场。根据时间的不同，既包括一年期以内的货币市场，也包括一年期以上的资本市场。同样，这里的"欧洲"也并非指地理意义上的范围，而是指"境外"之意，故又称境外货币市场。因此，欧洲货币市场在某种程度上是离岸金融市场的同义语。前者是从交易客体的角度，而后者是从交易主体的角度来定义这种市场。

(二) 欧洲货币市场的形成

欧洲货币市场是二战后兴起的离岸金融市场。一方面，随着生产和资本国际化的发展，经济国际化的主要组织形式——跨国公司和跨国银行的活动日益增加，活动范围不断扩大，客观上要求一个有效的、发达的国际金融市场。这是欧洲货币市场形成和发展的客观基础。另一方面，各国政府对国内金融市场及对外金融市场的严格管制，导致了金融创新，在一定程度上也促进了欧洲货币市场的产生和发展。

欧洲货币市场是从欧洲美元市场逐渐发展而来。历史上，境外货币早在20世纪50年代初甚至更早的时候就出现了，比如二战前在柏林和维也纳的银行就能提供外币存款服务，只不过当时并不称为欧洲美元而已。

最早的欧洲货币是20世纪50年代初产生的欧洲美元。当时，由于美国政府在朝鲜战争中冻结了中国存放在英国银行的资金，苏联和东欧国家为了避免其在美国的存款也被冻结，就把他们的美元资金从美国转存到苏联在巴黎开设的北欧商业银行、在伦敦开设的莫斯科国民银行以及在伦敦的其他欧洲国家的商业银行。而这些银行再把吸纳的美元存款用于向外放贷，这就形成了欧洲货币的最原始形态。

此外，欧洲货币市场最终能够得以大规模发展，有着以下几个原因。

1. 英镑危机和英国的保卫英镑政策

1956年苏伊士运河危机，市场上英镑持有者抛售英镑而转向持有美元，引起英镑挤兑。为了迫使英国撤军，美国联邦储备系统也大量抛售英镑，并阻止英国向国际货币基金组织借款。抛售英镑产生了英镑贬值的巨大压力，英格兰银行难以维持英镑与美元的法定平价，遂于1957年爆发英镑危机。

为了保卫英镑，英国政府加强外汇管制，禁止英国银行用英镑对非英镑区居民之间的贸易进行融资。这种管制使得一些原有的在伦敦主要为国际贸易提供英镑融资而赖以为生的金融机构难以为继，为了寻找出路，这些银行相继开办了美元存贷业务，以竞争性的利率吸收美元存款并发放美元贷款，这些早期的欧洲美元市场又叫作商人银行市场。就这样，在美国境外的美元借贷市场就在伦敦出现了。

2. 美国的跨国银行与跨国公司逃避美国金融法令的管制

为加强对银行业务的管制，美国的联邦储备法曾列有《Q条款》，即规定商业银行储蓄与定期利率的最高界限。20世纪60年代，根据Q项条款规定，美国定期存款利率低于西欧各国美元存款利率。这促使美国国内的金融机构与大公司纷纷将大量资金转存欧洲各国，从而促进了欧洲美元市场的发展。

其次，美国货币政策《M项条例》规定商业银行要向联邦储备体系缴纳存款准备金。为逃避这项规定，跨国银行在国外吸收存款进行营运，也成为促使境外美元市场发展的重要因素。

此外，美国政府为减缓国际收支危机，于1963年7月对居民购买外国在美发行的有价证券征收"利息平衡税"，1965年为控制金融机构对外贷款规模颁布《自愿限制对外贷款指导方针》，1968年颁布《国外直接投资规则》，以直接限制有关机构的对外投资规模。

这些管制，一方面促使美国企业及金融机构将资金调至海外，再向世界各地贷放，另一方面也刺激跨国公司转向没有管制的地方进行融资，从而急剧推进了境外美元存贷业务的发展与扩大。

3. 美国巨额的国际收支逆差是欧洲美元迅速增长的根本原因

第二次世界大战后初期，美国按照"马歇尔计划"对海外进行了大规模军事援助和资本输出，使得大量的美元流往国外。美元的大量外流使得美国国际收支出现逆差，增加了国外美元供应，为货币市场的美元交易创造了条件。

同时，相应的国际收支顺差的西欧国家逐步取消了外汇管制，实行货币自由兑换，居民可以持有美元而不必将美元上交给中央银行，这增加了欧洲美元市场资金的潜在供给；同时货币可兑换使美元在欧洲地区可以自由买卖，资金可以自由流动，为欧洲美元市场的顺利发展铺平了道路。

4. 德国、瑞士等西欧国家的倒收利息政策

进入20世纪60年代，美元危机爆发，抢购黄金和其他硬通货的风潮时有发生。这时一些西欧国家，如德国、瑞士等，为了保护本币和金融市场的稳定，抑制国内通货膨胀，曾对非居民持有自己国家货币采取不付息或倒扣息等措施加以限制，而对非居民的外币存款则给予鼓励。而国际垄断组织及银行，为获取德国马克和瑞士法郎升值的利益，又逃避上述倒收利息的损失，于是将手中的德国马克和瑞士法郎存储于他国市场，使欧洲美元市场扩大而演变成欧洲货币市场。

5. 美国政府的纵容态度

美元在境外的存储贷放，减轻了外国央行用美元向美国兑换黄金的压力。这对黄金储备日益减少的美国来说无疑是有益的，所以美国政府对欧洲美元市场的发展采取了支持、放纵的态度。

除上面分析的因素以外，欧洲货币市场的迅速发展更得益于其自身所具有的内在效率优势，尤其是相对于国内市场的低利差。一个事实即为经营欧洲货币的成本要低于同一货币的国内成本，这是因为：

（1）银行吸收国内存款需要上缴法定存款准备金，且存款准备金是没有利息的，而经营欧洲货币的银行可以避免这一负担。

（2）国内银行需要保有最低限度的流动性储备，尤其是低收益的流动资产，而欧洲货币市场却无此负担。

（3）欧洲货币市场是批发性市场，所交易的数额巨大，可以获得规模经济效应。

正因如此，在欧洲货币市场上，银行以相对高的利率借款，以相对低的利率放款，也可以获益，从而形成欧洲货币市场的低利差优势并促进其发展。

（三）欧洲货币市场的发展

从 20 世纪 60 年代开始，在欧洲货币市场上交易的货币不再局限于美元，而是扩大到其他主要资本主义国家的货币。同时，这一市场的地理位置也扩大了，亚洲的新加坡、中国香港等地纷纷出现了对美元、日元等货币进行借贷的市场。这样，原有的"欧洲美元市场"便演变为"欧洲货币市场"。"欧洲"不再是一个表示地理位置的概念，而是意味着境外。自此以后，欧洲货币就是指在货币发行国境外流通的货币，如欧洲美元、欧洲日元等。而经营欧洲货币业务的银行以及市场，就可称为欧洲银行及欧洲货币市场。

进入 20 世纪 80 年代，欧洲货币市场的内涵又发生了变化。1981 年美国联邦储备银行批准在纽约设立国际银行业务设施，接受外国客户的美元或其他外币的存款，亦可对外国人提供信贷，并可以免除准备金的规定及利率的限制。显然，国际银行业务设施具有可以经营非居民业务、不受货币发行国的国内法令管制等特征，尽管在境内，但同样属于广义的欧洲货币市场。

（四）欧洲货币市场的类型

欧洲货币市场形成后的范围不断扩大，它的分布地区已不限于欧洲，很快扩展至亚洲、北美洲和拉丁美洲。欧洲货币市场最大的中心是伦敦，加勒比海地区的巴哈马、欧洲地区的卢森堡的业务量略逊于伦敦，其他各大金融中心也分散经营其境外货币的业务。

根据业务对象、营运特点、境外货币的来源和贷放重点的不同，离岸金融中心分为四种类型。

（1）功能中心。主要指集中诸多外资银行和金融机构，从事具体存储、贷放、投资和融资业务的区域或城市，又分为集中性中心和分离性中心两种。集中性中心是内外融资业务混在一起的一种形式；分离性中心是限制外资银行和金融机构与居民往来的一种内外分离的形式。

（2）名义中心。这种离岸金融市场多集中在中美洲各地，如英属维尔京群岛、开曼群岛、巴哈马群岛、百慕大群岛等，成为国际银行和金融机构理想的逃税乐土。这些中心不经营具体融资业务，只从事借贷投资等业务的转账和注册等事务手续，所以国际上也称其为簿记中心。

（3）基金中心。主要吸收国际游资，然后贷放给本地区的资金需求者，以新加坡为中心的亚洲美元市场则属于此种中心。它的资金来自世界各地，而贷放对象主要是东盟成员或临近的亚太地区国家。

（4）收放中心。与基金中心的功能相反，收放中心筹集本地区多余的境外货币，然后贷放给世界各地的资金需求者。亚洲新兴的离岸金融中心巴林，主要吸收中东石油国的巨额石油美元，然后贷放给世界各地的资金需求者，同时它也通过设立在当地的外资银行与金融机构积极参与国际市场的各项金融业务。

（五）欧洲货币市场的特点

欧洲货币市场的交易主体主要是市场所在地非居民。国际融资活动形成的债权债务关系有三种：债务人为居民，债权人为非居民；债务人为非居民，债权人为居民；债务人和债权人都是非居民。欧洲货币市场交易形成的债权债务关系主要是后一种。

欧洲货币市场集结了大量境外美元与境外欧洲货币。大的跨国公司、企业从这个市场借取其所需要的资金，外国的中央银行与政府机构也从这个市场进行资金融通。这个市场业务量之大、信贷金额增长速度之快，均超越了传统的各大国际金融市场。该市场发展速度与信贷规模如此之大，与其本身所具有的特点是分不开的。这些特点主要有以下几方面。

1. 管制较松

欧洲货币市场的货币当局对银行及金融机构从事境外货币的吸存贷放管制都很松。例如，一国政府机构或企业筹集资金，在美国纽约市场发行美元债券或借款等，美国有关当局对此审查相当严厉，一般中小国家或企业很难获得批准；而它们在欧洲货币市场上发行美元债券或者借款，审查的手续则较简单，比较容易获得批准。因此，一些发展中国家政府或企业常常在此借取资金，以满足其经济发展的需要。

2. 存贷款利差低于传统的国际金融市场

由于管制放松后所体现的自由竞争使得这个市场存贷款利差大大低于传统的金融市场，借此通过价格优势，增强竞争地位，招揽顾客。

3. 调拨方便

这个市场中银行机构林立，业务经验丰富，融资类型多样，电讯联系发达，银行网遍布世界各地，资金调拨非常方便。在这个市场所获得的资金融通，极容易调换成各种所需货币，并在最短的时间内将资金调拨世界各地。

4. 税费负担少

这个市场税赋较轻，银行机构各种服务费平均较低，从而降低了融资者的成本负担。

5. 可选货币多样

这个市场所提供的资金不限于市场所在国货币，而是几乎包括所有主要西方国家的货币，从而为借款人选择借取的货币提供了方便条件。

6. 资金来源广泛

这个市场打破了资金供应者仅限于市场所在国的传统界限，从而使非市场所在国的资金拥有者也能在该市场上进行资金贷放。与此同时，借款人也不受国别限制。

此外，这个市场的形成不以所在国强大的经济实力和巨额的资金积累为基础，只要市场所在国家或地区政治稳定、地理方便、通信发达、服务周到，并实行较为突出的优惠政策，就有可能发展为新型的国际金融市场。

二、欧洲货币市场的主要经营活动

（一）欧洲货币市场的资金供求概况

欧洲货币市场主要由短期资金借贷市场、中长期资金借贷市场和欧洲债券市场组成。

欧洲货币市场的商业银行贷款可按时间划分为短期与中长期贷款。其中中长期贷款是我国利用外资的渠道之一。

欧洲货币市场是一个庞大的境外货币资金的蓄水池。市场的有效运作使其能满足各种各样的欧洲货币市场的参与者。几乎各种性质的机构，如国际性组织、政府公共部门以及各类民营经济组织，都经常参与其中，成为欧洲货币市场的资金来源渠道或资金运用对象。

1. 欧洲货币市场的资金来源

一般地讲，欧洲货币市场的资金供给主要有以下几个方面：国际清算银行和欧洲投资银行等国际性、区域性金融机构将外汇资金存入欧洲货币市场；各国政府和中央银行在进行国际储备管理时，将相当一部分的外汇储备投放到欧洲货币市场生息；各国跨国公司和大工商企业将生产经营过程中产生的闲置资金投放到欧洲货币市场谋利；国际性大银行等金融机构通过国外分行投放大且资金在欧洲货币市场营运；美国等储备货币国国际收支逆差，增加了欧洲美元等境外货币的供给；石油输出国组织成员国等国际收支顺差国将持有的大量国际收支盈余投放于欧洲货币市场生息；各国富有阶层为了逃税等目的，将其聚敛的财富投入欧洲货币市场；各种非法活动所得，如走私贩毒、腐败贿赂资金等，也流入欧洲货币市场进行洗钱活动。

2. 欧洲货币市场的资金运用

欧洲货币市场的资金需求主要有以下几个方面：一些国家政府在欧洲货币市场举债，以弥补国际收支逆差；发展中国家在欧洲货币市场筹措资金，用来发展本国经济；各国跨国公司和大工商企业在欧洲货币市场筹措中长期资金，以满足其在世界各地扩大生产和投资的需要；银行利用欧洲货币市场借款，扩大贷款规模或调整资产负债结构；进出口商利用欧洲货币市场融通短期资金，等等。

随着世界经济的发展和变化，欧洲货币市场的资金运用在不同时期各有侧重。20世纪60年代和70年代初，欧洲货币市场主要是对进出口商提供短期贸易融资；70年代世界经济进入高速发展时期，工商企业尤其是一些跨国公司对资金的需求旺盛，纷纷求借于欧洲货币市场。石油危机发生后，许多国家政府为弥补国际收支逆差，开始大量从欧洲货币市场借款；到70年代末，由于石油美元的回流，欧洲货币市场资金充裕，一些国家开始利用欧洲货币市场借款兴建国内的大型投资项目。

（二）欧洲货币市场的结构

从欧洲货币市场的借贷期限、借贷方式和业务性质来看，欧洲货币市场可以分为欧洲货币资金市场和欧洲货币资本市场。

1. 欧洲货币资金市场

欧洲货币资金市场是指期限在一年以内（包括一年）的短期欧洲货币借贷的市场。短期资金拆借是欧洲货币市场最早的业务活动方式，也是目前欧洲货币市场中规模最大的子市场，占据着主导地位。

接受短期欧洲货币存款和提供期限在一年以内的短期欧洲货币贷款是欧洲货币资金市场的主要业务。

欧洲货币存款是欧洲银行业的主要资金来源之一，另一重要资金来源是发行浮动利率票据。欧洲货币存款分为三种：

（1）通知存款，即时间为隔夜至7天的存款，可以随时发出通知提取。

（2）一般的定期存款，即有固定到期日，并在到期日银行有义务还本付息的存款。这种存款的期限有7天、1个月、3个月、6个月和1年，最长可达5年，通常以1个月和3个月的短期存款居多。

（3）欧洲存单，是一种特殊的定期存款，表现为有一个可以买卖未到期存单的二级市场，即存单持有人可以在二级市场转手而获得现金。1966年美国花旗银行在伦敦首次发行欧洲美元存单，从此欧洲存单在欧洲货币市场流行开来。欧洲存单的期限以1个月、3个月和6个月居多。

欧洲货币资金市场上的大量交易是在银行间进行的。银行同业拆借一般都是通过电话或电传联系，达成交易后一般只凭信用，不需要签订书面的合同。在联系时必须说明借款银行的名称，因为借款银行的资信对于决定借款额度、期限和利率均有很大影响。交易单位往往以万美元计算。银行同业拆借市场形成的银行同业拆借利率是欧洲货币市场的主要参考利率。经营欧洲货币业务的大银行每个交易日都根据银行同业拆借利率公布欧洲货币资金市场上的存放款利率。例如，在伦敦市场上参加欧洲货币业务的银行有几百家，但能报出这种存放款利率的银行只有几十家。这几十家大银行被称为"主要银行"，是伦敦欧洲货币市场的主要经营者。这些大银行在进行交易时，同时报出出价和要价利率。出价利率指从其他银行吸收存款的利率，其结果是增加该银行的存款负债。要价利率指对其他银行贷款的利率，其结果是增加该银行的贷款资产。要价和出价利率之差为大银行从事交易的收益。

2. 欧洲货币资本市场

欧洲货币资本市场是指期限在一年以上的中长期欧洲货币借贷的市场。它由欧洲中长期信贷市场和欧洲债券市场两大部分组成，两者都出现于 20 世纪 60 年代。相比之下，欧洲债券市场的出现早于欧洲中长期信贷市场。欧洲货币资本市场的资金主要来源于欧洲货币资金市场。由于欧洲货币资本市场所需的资金数额巨大，而且期限比较长，欧洲货币资金市场上无法满足这一需求，因此欧洲货币资本市场应运而生。同时，欧洲银行"借短放长"的特点较为突出，所以欧洲货币资本市场与欧洲货币资金市场存在密切的关系，相当部分的欧洲货币资本市场上的资金来源于欧洲货币资金市场。

(1) 欧洲中长期信贷市场。

按传统惯例，1~5 年期的贷款为中期贷款，5 年期以上的贷款为长期贷款。二战以后，不再严格加以区分，而是统称为中长期贷款。

中长期贷款一般有四个特点：

其一，签订协议。对于短期贷款，银行与借款人之间常常通过电话电讯联系，就能确定贷款条件、利率水平、归还期限等，一般无须签订书面协议；而中长期贷款，由于期限较长，贷款金额较大，一般均签订书面的贷款协议。

其二，联合贷放。所谓联合贷放，就是一笔贷款往往有数家甚至二三十家银行提供，这也叫银团贷款或辛迪加贷款。采取联合贷放的原因，一是中长期贷款金额较大，一家银行无力提供；二是可以分散风险，万一贷款到期不能收回，诸多银行分担损失。

其三，政府担保。中长期贷款如果没有物质担保，一般均由政府有关部门对贷款协议的履行与贷款的偿还进行担保。

其四，浮动利率。由于贷款期限较长，如采取固定利率方式，发生利率的变化，则利率上升，对债权人不利，利率下降，对债务人不利。所以，采用浮动利率，根据市场利率浮动进行调整，是中长期贷款的利率特征。

近年来，欧洲中长期信贷市场迅速发展壮大，其中辛迪加贷款是其主要贷款形式。

辛迪加贷款有两种形式：直接辛迪加贷款和间接辛迪加贷款。直接辛迪加贷款，即参加辛迪加贷款的各成员银行直接向借款人提供贷款，贷款的具体工作由贷款协议中指定的代理银行统一进行。间接辛迪加贷款，即由一家或几家大银行作为牵头银行向借款人做出贷款安排。具体方式是由牵头银行将贷款分别转售给其他参与银行，它们按各自承担的份额提供贷款，贷款工作由牵头银行负责管理。

辛迪加贷款是欧洲中长期信贷市场提供贷款的典型形式，但金额较少、期限较短的中长期贷款一般只由一家银行提供，这种形式的贷款称为双边贷款。这种贷款的利率结构与辛迪加贷款相同，但其他费用较低，有时甚至全免。

(2) 欧洲债券市场。

一国的工商企业、地方政府、团体以及一些国际组织，为了筹措中长期资金，在欧洲货币市场上发行的以市场所在国家以外的货币标示的债券称为欧洲债券，该市场即为欧洲债券市场。

欧洲债券发行数额大，利率相对较低，期限长，且发行成本也较同类外国债券低。自 20 世纪 70 年代以来，各国对长期资金的需求迅速上升，筹资证券化趋势也日趋明显，继而推动了欧洲债券市场的形成和发展，也使得欧洲债券市场成为欧洲货币市场的重要组成部分。

与其他国际金融市场债券发行的做法一样，一般债券发行的单位先与欧洲债券市场的银行集团进行联系，洽商条件，达成协议，由一家或数家银行为首，十几家或数十家银行出面代为发行。债券上市后，这些银行首先购进大部分，然后再转至二级市场或调到其国内市场出售。一些银行、企业、保险公司、福利基金组织及团体或个人等，为了投资牟利、周转保值，成为欧洲债券的主要购买者。

欧洲债券市场的主要特点是管制较松、审查不严。如发行债券无须官方批准，债券不记名等。此外，欧洲债券市场发行费用低，债券持有人不缴利息税等特点，也促进了欧洲债券市场的飞速发展。

欧洲债券的利率高于银行存款的利率，一般为固定利率，但在欧洲债券市场浮动利率债券也不断增加。债券的利率水平视不同时期、不同货币单位、不同发行单位而有所差异。

（3）欧洲债券市场与中长期借贷市场的特点。

欧洲债券与中长期信贷虽然都是利用欧洲货币市场的资金，但各有特点：

其一，债权人不同。债券发行后，通过发行银行集团的认购转卖，金融组织、保险公司和私人成为债券持有人，即债权人，而中长期贷款的债权人则为贷款银行。

其二，债券有行市，持有人可随时转让，流动性强，而中长期贷款一般不能转让。

其三，债券发行单位如因故延期还款，在债券未到期前可再发行一种续债型的债券，这比中长期贷款到期后重新展期的条件更有利。

其四，通过债券发行筹集到的资金，其使用方向与目的，一般不会受到干涉与限制；而利用中长期贷款筹集到的资金，由于贷款银行比较集中，对借款人资金的使用方向比较关注，资金使用要符合原定的方向。

早期欧洲债券的投资者主要是小额投资者和选择避税的富有个人。他们一般将欧洲债券持有到期。随着欧洲债券市场的发展，越来越多的机构投资者参与到市场之中，如保险公司、养老金和银行等。这些机构投资者一般希望能经常转手买卖欧洲债券，从而推动了欧洲债券二级市场的发展。目前，小额的大众投资者主要通过银行和其他各种基金管理组织投资于欧洲债券。

三、欧洲货币市场的作用和影响

（一）欧洲货币市场的作用

欧洲货币市场在促进资金在国家之间转移方面的作用是其他国际金融市场所无法比拟的。欧洲货币市场灵活多样的运作机制，缓解了资金来源与运用之间的诸多矛盾，从而使国际资金的大规模运动得以顺利进行。这主要表现在：

（1）欧洲货币市场上银行"借短放长"解决了资金来源与运用的期限矛盾。

（2）由于资金供给者和需求者来自不同的国家，资金来源和运用在货币构成上存在着差异。欧洲货币市场通过使用国际上几种主要的自由兑换货币，并且这些货币间存在着广泛的套期保值活动，从而解决了资金来源与运用的币种矛盾。

（3）欧洲货币市场的中介，使来自各国的资金供给者和需求者得以间接地实现资金跨国转移。由于欧洲货币市场较为有效地解决了这种资金来源与运用之间的矛盾，其存在和发展给世界经济带来了广泛而深远的影响。

此外，欧洲货币市场的积极作用还在于：

（1）为各国经济发展提供国际融资便利。

无论是发展中国家，还是发达国家，欧洲货币市场都是这些国家为发展本国经济筹集资金的重要渠道。例如，日本从 20 世纪 60 年代起就开始从欧洲货币市场引入资金，在 20 世纪 60 年代中后期就借入超过 42 亿的欧洲美元，成为日本经济迅猛发展所需资金的重要来源。在不少发展中国家，相当一部分外债是通过欧洲货币市场获得的。当然，并非所有国家都能顺利进入欧洲货币市场，而且其作用也因国而异。

（2）缓解了国际收支失衡的问题。

欧洲货币市场资金流动比较方便、快速，从而为国际收支顺差国提供了投放外汇储备的场所，也为国际收支逆差国提供了借入弥补逆差资金的机会。特别是两次石油危机期间，欧洲货币市场为调节全球性国际收支失衡发挥了积极作用。

（3）大型跨国公司利用欧洲货币市场的资金，在全球范围内扩大投资和生产规模，促进生产国际化的发展。

（4）欧洲货币市场为国际贸易融资提供便利，满足各国对外贸易活动中对国际结算支付手段日益增长的需要，推动国际贸易的发展。

（二）欧洲货币市场的消极影响

欧洲货币市场在发挥积极作用的同时，也对世界经济和金融发展产生一定的消极影响。这表现在以下几个方面：

（1）增大了有关金融机构的风险。

对于经营欧洲货币业务的银行来说，贷款不能收回是完全可能的，而且欧洲货币市场上借款人的背景比较复杂，贷款数额大，主要是建立在信用基础之上，加之银行借短放长，一旦出现问题就有可能陷入困境。同时，欧洲货币市场同业拆借规模庞大，各银行间有着千丝万缕的联系，容易引起一损俱损的"多米诺骨牌效应"。例如，20 世纪 80 年代的国际债务危机，使得许多大银行都受到牵连，元气大伤。

（2）助长了投机因素，加剧国际金融市场的动荡。

由于欧洲货币市场管理比较松弛，资金流动非常自由，庞大的资金为了寻求套利机会，往往大量从一国货币转向另一国货币，引起相关国家外汇市场起伏不定和剧烈动荡，成为国际经济和金融体系稳定的一大潜在危险。

（3）削弱了有关国家货币政策实施的效果。

各国银行利用欧洲货币市场调度资金，往往使各国的中央银行紧缩或扩张的货币政策操作失效。这一点在欧洲货币的发行国表现得尤其突出。境外货币的规模不断扩大，并渗透到国内金融市场的各个领域，逐渐成为各国货币量不可忽视的重要组成部分，从而影响到有关国家货币政策的制定和实施。

（4）加速了各种不确定因素在国际上的传递。

一国的通货膨胀或经济衰退可能迅速波及其他国家。比如，当美国发生恶性通货膨胀，美元持有者将会在欧洲货币市场把美元兑换成其他货币，迫使这些国家货币量扩张，最终导致该国国内通货膨胀。事实上，20世纪80年代和90年代初西方发生的经济衰退中，英美等国首先陷入衰退，德国和日本受其影响也随后步入经济衰退，不可否认欧洲货币市场在其中起到了重要的媒介作用。

从上面分析不难看出，欧洲货币市场的积极作用是明显的，这是欧洲货币市场之所以能够存在和发展的基本依据。但是，其消极影响也不容忽视。如何发挥其积极作用，并将消极作用的影响控制在最低限度内是这一市场所关注的焦点之一。

四、欧洲货币市场的管制

可以说，从欧洲货币市场开始形成之日起，人们就不断对这种无约束的资金提出批评并要求对它实行管理。近年来，欧洲货币市场的消极作用日益明显，引起了国际金融市场的极大关注，金融界和舆论界对欧洲货币市场要求进行管制的议论很多。其具体的提议主要有以下几点：

① 制定协议，限制中央银行在欧洲货币市场的活动。
② 对欧洲货币存款规定缴纳准备金。
③ 规定欧洲银行业的资本比率，限制欧洲货币市场的扩展。
④ 由一个国际金融机构进行公开市场活动。
⑤ 各国合作，实行协调的金融政策。

但是，直到现在，还没一国金融当局真正管理它的活动。这方面的争论主要集中在以下问题之上：

首先，谁应该管理这个市场。银行经营活动的所在国吗？它对管理其境内的银行活动具有法律上的权力；银行所经营的货币的发行国吗？它对用其货币进行交易有着重大的利益；银行总行所在国吗？它对其国外分行或附属机构具有直接管辖权并承担责任。但事实上，由于各国中央银行之间、商业银行之间、跨国公司之间以及私人之间相互借贷的作用，欧洲货币市场具有极为复杂的国际关系，要分清责任，实行严格管制是相当困难的。

其次，如何管制资本流动和调节利息率。实际上欧洲货币市场是很难被完全控制的，没有一个国家能筑起一道防护网来防护国际游资的冲击，因为这种国际游资的影响无孔不入。更重要的是，欧洲货币市场的存在确实增强了资本的国际流动能力，不过资本流动主要是由对汇率发动的预期引起的，这种预期的产生是出于政治、经济各方面的因素。因此，资本流动不稳定的根本原因，是在欧洲货币市场之外的。所以，任何控制欧洲货币市场的尝试都是治标，而不是治本。

此外，从国际合作来看，国际管制的基础是国际合作。从某种意义上来说，这是合乎逻辑的。金融市场的高度相互依存性，为这种集中的或高度协调的管理提供了理论依据。但是对银行管理的集中管理由谁来主导，谁来控制，再加上各国的利害关系很难得以均衡,所以创立一个集中管理体系,无论在政治上还是在实践上都很难行得通。

尽管对欧洲货币市场的管制是困难的,但一些管制办法也陆续产生了。在众多管制办法中,最著名的即是我们现在经常提起的《巴塞尔协议》。

1986年,巴塞尔委员会提出,在国际银行业日益一体化的形势下,应对参与国际银行业务的各国商业银行的资本及资本与资产的比率规定一个共同遵守的定义和标准。银行的资金必须与银行承担的全部风险挂钩。1988年7月,由十国集团加上卢森堡和瑞士的中央银行组成的巴塞尔委员会,正式就统一国际性商业银行的资本计算和资本标准达成协议,这个协议就是《巴塞尔协议》。

《巴塞尔协议》的基本目的是试图对国际商业银行实施统一的风险管理,对不同种类的资产规定不同的风险权数,银行资产的扩张要受到资本金规模及资产风险权数的双重制约,确保银行有足够的资产,以抵补银行的损失。以这些措施来稳定和健全国际银行业这一国际金融市场的重要主体,进而借以稳定和健全整个市场。

可以讲,《巴塞尔协议》对银行的资本比率、资产风险权数等作了统一的规定,为国际银行监督和管理工作的协调一致提供了很大的便利,在一定程度上也有助于金融一体化的健康发展。

【本章小结】

1. 国际金融市场,是指在国际范围内从事各种专业性金融交易活动的场所。国际金融市场在概念上有广义和狭义之分。广义的国际金融市场,是指进行长短期资金的借贷、外汇与黄金的买卖等国际金融业务活动的场所。狭义的国际金融市场,是指在国际经营长短期资金业务的市场,因而亦称国际资金市场,包括货币市场和资本市场。

2. 传统的国际金融市场最重要的特征是从事市场所在国货币的国际借贷,并受市场所在国政府政策与法令的管辖。它的实质是国内金融市场的延伸,是资金在一国国内金融市场上发生跨国流动的部分,故也称为外国金融市场。

3. 国际货币市场是指国际短期货币资金借贷交易的市场,其借贷期限在一年以内。与国内货币市场相比,国际货币市场是居民与非居民之间或非居民与非居民之间的短期货币融通,而国内货币市场是居民与居民之间的短期货币融通。

4. 国际资本市场的存在和发展,尤其是证券市场国际化的发展,便利和推动了世界范围内的中长期资本流动,加速了国际资本在各国间的流动与周转,促进了国际贸易和世界经济的发展;但同时国际资本市场又是国际资本追逐高额利润和国际金融投机的重要场所,是造成国际金融市场动荡的主要因素之一。

5. 欧洲货币市场是以欧洲货币为载体进行各种形式的借贷融通所形成的市场,根据时间的不同,既包括一年期以内的货币市场,也包括一年期以上的资本市场。同样,这里的"欧洲"也并非指地理意义上的范围,而是指"境外"之意,故又称境外货币市场。因此,欧洲货币市场在某种程度上是离岸金融市场的同义语。前者是从交易客体的角度,后者是从交易主体的角度来定义这种市场的。

6. 国际金融市场作为国际信贷的中介，对世界经济有着复杂的影响，它的作用的两重性是明显的，近年来各国逐渐加强了对国际金融市场的监管。

【关键概念】

国际金融市场　国际货币市场　国际资本市场　欧洲货币市场　融资证券化　金融创新

【本章习题】

一、思考题

1. 什么是国际金融市场？其构成是什么的？
2. 国际金融市场的主要作用是什么？
3. 国际货币市场的概念及其主要业务内容是什么？
4. 国际资本市场的概念及其主要业务内容是什么？
5. 欧洲货币市场的概念及其形成原因是什么？
6. 欧洲货币市场的主要特点及作用是什么？
7. 欧洲货币市场的主要业务内容是什么？
8. 国际金融市场管制的主要内容是什么？

二、实训题

实训题目：模拟金融市场股票操作实务。

实训目的：

1. 加强对国际金融市场的感性认识。
2. 掌握炒股票的基本分析软件。
3. 学会基本的炒股基本过程和原理。

实训内容：

1. 利用网上免费的模拟股市系统，如登录 http：//stock.sina.com.cn/cgi-bin/myaccount.cgi，申请新浪的"通行证"后，进入模拟股市；或者登录 http：//bjh-cg.gtja.com/stock/login.asp，注册后也可以进入模拟股市。可以规定一定的时间，让学生自己进行股票的买卖，分析盈利或亏损的主要原因，掌握炒股的基本过程和原理。

2. 可以下载软件"核新天网"，http：//www.hzvtc.net/jszy/jmpbx/pic/ruanjian/hx.rar，进行实时行情的观察和分析。

完成任务：

1. 撰写股票买卖的分析报告。
2. 将规定时间内学生的最终获利结果汇总后上交。

第七章

国际金融组织

【学习目标】

知识目标

1. 了解国际金融组织的基本概念和组织机构。
2. 理解国际货币基金组织、世界银行、国际开发协会等国际金融组织的业务活动。
3. 了解国际金融组织的工作职责和基本宗旨。

能力目标

1. 能通过浏览国际金融组织网站了解国际金融组织基本的业务情况。
2. 能结合国际金融组织的政策分析对我国金融市场的影响。
3. 能结合国际金融组织的业务活动分析国际金融组织的主要作用。

【导入案例】

发展中国家金融危机中国际货币基金组织的作用

随着世界经济一体化进程的不断加快,国际资本大量向发展中国家流动,集中涌向一些具有经济增长速度的新兴工业化国家和地区,使这些国家和地区的经济产生泡沫化现象,造成很多的虚假繁荣,而一旦市场上出现不稳定因素,各类资金就会反过来抽逃出去,加重冲击的影响,出现负面的倍数效应。这时金融危机就出现了。国际资本流入的增加,使亚洲和拉美的新兴市场得到迅猛发展,并给发展中国家带来许多利益。但是,由于这些国家内部存在银行业体系不健全、金融监管不得力、汇率制度僵硬、汇率水平不合理、出口产品单一而缺乏竞争力、经常项目逆差加剧、外债使用不当、期限结构不合理等诸多隐患,其调节国际收支的能力十分有限,极易受到来自国际游资的外部冲击。如20世纪90年代,在发展中国家先后发生的墨西哥金融危机和东南亚金融危机,引起国际货币基金组织和国际金融界的广泛关注。

在1994年12月开始的墨西哥金融危机中,国际货币基金组织为此专门建立了紧急贷款机制,拉美国家也积极参与了援助行动。经多方共同努力,墨西哥金融危机逐步缓解与平息。

对于1997年2月的东南亚金融危机,国际货币基金组织和一些国家向东南亚"受灾国"提供了大量援助,并附加对些国家经济、金融体制改革要求的条款。部分国际性商业银行也相应放宽了对这些国家的还款要求。1997年7月14日,国际货币基金组织向菲律宾提供近11亿美元的财政援助。8月11日,国际货币基金组织和一些亚洲国家对泰国提供总额为160亿美元的贷款,其中,中国出资10亿美元。12月3日,国际货币基金组织宣布一项总额达570亿美元的援助韩国一揽子贷款计划。印度尼西亚也与国际货币基金组织达成金额为230亿美元的援助协议。进入1998年,东南亚金融危机相对有所缓解,但是危机的最终平息及这一地区经济的恢复则还需要各国政府、国际金融机构以及国际商业银行的进一步共同努力。

(案例来源:王文凤. 金融危机下国际资本流动问题研究 [D]. 东北财经大学学位论文,2010)

国际金融组织指从事国际金融活动、协调国际金融关系、从事国际金融管理、维持国际货币及信用体系正常运转的超国家性质的组织机构。国际金融组织一般有以下特点:第一,都是根据协议为某一特定目标而设立的机构;第二,对加入的成员国都有条件限制;第三,最高决策机构都为理事会;第四,业务活动的对象仅限为成员国。国际金融组织在加强国际金融合作以及促进全球经济发展方面起到了积极的作用,如:协调成员国之间的各种经济关系,推进经济合作;提供资金融通,以保持国际收支平衡,缓解各种经济危机;稳定汇率等。

国际金融组织产生于第一次世界大战后。第一次世界大战爆发后,由于各国政治经济发展不平衡,加剧了彼此之间的矛盾,于是一些资本主义国家希望利用国际经济组织控制和影响别国。与此同时,战争、通货膨胀以及国际收支的恶化等情况又使得很多资本主义国家面临货币、外汇和国际结算等国际金融问题,他们希望能借助国际力量来解决这些问题。这种情况促使了国际金融组织的产生。1930年5月,由英国、法国、德国、意大利、比利时、日本六国的中央银行和代表美国银行界的美国摩根银行共同出资在瑞士巴塞尔成立了国际清算银行(Bank for International Settlements,BIS)。这是国际金融组织的重要开端。

第二次世界大战以后,随着各国生产国际化和资本国际化,国际金融组织得到了空前的发展。先后成立了国际货币基金组织(IMF)、国际复兴开发银行(International Bank for Reconstruction and Development,即世界银行 The World Bank)、欧洲投资银行(European Investment Bank,EIB)以及泛美开发银行(Inter-American Development

Bank，IDB)、亚洲开发银行 (Asian Development Bank，ADB)、非洲开发银行 (African Development Bank，AFDB) 等国际金融组织。

国际金融组织按地区范围划分，见图7-1。

```
              ①全球性：国际货币基金组织
                      世界银行
                      国际农业发展基金会
              ②洲际性或半区域性：国际清算银行
                               亚洲开发银行
国际金融组织                     非洲开发银行
                               泛美开发银行
              ③区域性：欧洲投资银行
                      阿拉伯货币基金组织
                      加勒比开发银行
                      中非国家开发银行
                      西非国家开发银行
```

图7-1　国际金融组织分类

第一节　国际货币基金组织

一、国际货币基金组织概述

国际货币基金组织（IMF）是联合国系统专门为促进国际货币与金融合作而建立，由主权国家自愿参加的多边合作组织。1944年7月1日，联合国货币金融会议在美国新罕布什尔州布雷顿森林召开，大会通过《国际货币基金协定》，决定成立国际货币基金组织与世界银行。1946年3月，国际货币基金组织正式成立，并于1947年3月开始营业，现有成员国184个，总部设在美国首都华盛顿市。

（一）国际货币基金组织的宗旨

根据《国际货币基金协定》第一条的规定，国际货币基金组织的宗旨有以下几个方面：

(1) 通过一个常设机构来促进国际金融合作，为国际货币问题的磋商和协作提供方便；

(2) 通过国际贸易的扩大和均衡发展，把促进和保持成员国的就业、生产资源的发展、实际收入的高水平，作为经济政策的首要目标；

(3) 促进成员国汇率稳定和有秩序的汇率安排，避免竞争性的货币贬值；

(4) 协助成员国建立经常性交易的多边支付制度，并设法消除有碍国际贸易发展的外汇管制；

(5) 在有充分保障的条件下，基金组织向成员国提供临时融通资金，从而避免

采取有损于本国或国际繁荣的措施来纠正国际收支的不平衡;

(6) 缩短成员国国际收支失衡的时间,并减轻其程度。

为实现上述宗旨,国际基金协定赋予国际基金组织三项基本职能:

(1) 制定有关汇率政策、经常性交易支付制度和货币可兑换性等问题的行为准则,并实施监督;

(2) 向国际收支发生困难的成员国提供必要的短期信贷;

(3) 向成员国提供国际货币合作与协商的场所。

(二) 国际货币基金组织的组织结构

国际货币基金组织由理事会、执行董事会、总裁、国际货币与金融委员会、发展委员会以及众多业务职能机构组成。

理事会是 IMF 的最高决策机构,由全体成员国指派正、副理事各一名组成,一般由各国的财政部长或中央银行行长担任,任期 5 年,可连任。理事会通常每年在基金组织和世界银行年会上召开一次会议。理事会的主要职权是对于批准接纳新成员、决定成员国退出 IMF、修改基金条款与份额、批准成员国货币币值重大变动、分配与取消特别提款权等重大事项进行议决。

执行董事会是负责处理 IMF 日常业务的常设机构。执行董事会由 24 个成员国组成,其中 5 位来自在 IMF 中出资最多的 5 个成员国:美国、英国、德国、法国、日本,中国、俄罗斯、沙特阿拉伯作为单独选区,可以各自选派一名。其他 16 名来自其他会员国按地理区域划分的 16 个选区。他们各推举一名执行董事代表自己所在的选区,进入执行董事会工作。每名执行董事指派副执行董事一名,在执行董事缺席时代行职权。执行董事不得兼任理事,每两年由会员国指派或改选一次。

总裁由执行董事会推选,是国际货币基金组织的最高行政长官。总裁兼任执行董事会主席,平时无投票权,只有在执行董事会进行表决赞成票与反对票相等时,可以投 1 票决定票。总裁可出席理事会,但没有投票权。总裁任期 5 年,下设副总裁 1 人,协助总裁处理日常工作。

执行董事会是一个常设机构,在它和理事会之间还有两个机构:一个是临时委员,由参加执行董事会的 24 个成员国分别指派国际货币基金组织的理事或同等级别的人员组成,是国际货币基金组织的一个重要决策机构;另一个是发展委员会,它是世界银行和国际货币基金组织理事会关于实际资源向发展中国家转移的联合部长级委员会。这两个委员会都是每年举行三、四次会议,都是部长级委员会。

(三) 国际货币基金组织的资金来源

国际货币基金组织的资金来源主要由成员国认缴的基金份额、借入资金和出售黄金所得的信托基金组成。

1. 成员国缴纳的份额

成员国缴纳的基金份额是 IMF 最主要的资金来源,这些份额起着国际储备的作用,是解决成员国国际收支不平衡的短期资金。份额的记账单位最初是美元,后因美元贬值，1969年后改为特别提款权（SDRs）记账，成为特别提款权单位。成员国应缴纳份额是根据成员国黄金外汇储备、国民收入和经常项目交易等一系列经济指标协商确定的。最初，成员国缴纳的份额中黄金占25%，本国货币占75%。1978年4月1日生效的《协定》第二次修改的条款规定，取消了25%的黄金缴纳份额，改为用特别提款权或IMF指定的外汇缴纳。

基金组织最初成立时，各会员国认缴的份额总值76亿美元。现在的份额总值约为2 130亿SDRs，到2005年7月，中国的份额达到63.692亿SDRs，占总份额的2.99%。在IMF中缴纳份额最多的国家是：美国缴纳371.493亿SDRs，占17.46%；日本缴纳133.128亿SDRs，占6.26%；德国缴纳130.082亿SDRs，占6.11%；法国缴纳107.385亿SDRs，占5.05%；英国缴纳107.385亿SDRs，占5.05%。

由于IMF类似于股份制企业的组织机构，所以几乎IMF的一切活动都与成员国所缴纳的份额有关。份额的多少决定了成员国投票权的大小。《国际货币基金协定》第十二条第5节规定，每一成员国应有250票的基本票，此外，按其份额每10万特别提款权可增加1票。投票表决时，票数还作如下调整：截至投票日，从基金普通资金中净出售的该国货币价值每40万特别提款权应增加1票；购入的该国货币价值每40万特别提款权应减少1票。按IMF的规定，重大问题须经全体成员国总投票权的85%通过才能生效。

份额除了决定投票权的多少外，还有以下三种重要作用。第一，各成员国缴纳的份额是基金日常运转，包括贷款和基金工作人员工资的主要资金来源。第二，各成员国缴纳份额的多少决定成员国可向基金贷款的数额。第三，缴纳份额的多少决定了成员国分得的SDRs的数额。因此可以看出份额是十分重要的，它决定了基金组织的融资能力，决定了各成员国在IMF中的权利、义务和地位。

2. 借款

通过协议向成员国借款，是IMF资金的又一个重要来源。这种借款是在IMF与成员国协议的前提下实现的。借款不仅可以通过政府渠道，也可以向私人机构借款。例如：1962年10月IMF根据"借款总安排"向"十国集团"借款60亿美元，用以维持美元汇率的稳定。1998年通过"借款总安排"向26个成员国借款3 400万SDRs。

3. 信托基金

根据"牙买加协定"制定的"黄金非货币化"条款，IMF从1976年6月起将其所持有黄金的1/6，即2 500万盎司黄金按市价出售所得利润（市价超过原黄金官价35美元/盎司的部分，共计46亿美元）中的一部分作为信托基金的来源，向低收入成员国家提供信贷。

二、国际货币基金组织的主要业务

（一）汇率监督

汇率监督是国际货币基金组织业务活动中的一项重要内容。根据IMF协议的

《第二次修正案》,IMF 实行汇率监督的根本目的是保证有秩序的汇兑安排和汇率体系的稳定,消除外汇管制,避免成员国操纵汇率或采取歧视性的汇率政策以牟取不公平的竞争利益。为实现这一目的,保证国际货币制度的正常运转和世界经济的持续发展,要求成员国遵守《国际货币基金协定》的要求,做到:"第一,努力以自己的经济和金融政策来达到促进有秩序的经济增长这个目标,既有合理的价格稳定,又适当照顾自己的境况;第二,努力通过创造有秩序的基本的经济和金融条件和不会产生反常混乱的货币制度去促进稳定;第三,避免操纵汇率或国际货币制度来妨碍国际收支有效的调整或取得对其他会员国不公平的竞争优势;第四,奉行同基金协定不相矛盾的外汇政策。"

(二) 贷款业务

贷款业务是 IMF 最主要的业务活动,其目的在于当成员国国际收支出现逆差时,提供短期信贷以帮助成员国维持汇率体系稳定,稳定币值。因此,IMF 提供的贷款与一般金融市场上的贷款有所不同,它有自身的显著特点:第一,贷款的对象仅限于成员国政府;第二,贷款的期限为短期信贷;第三,贷款的用途仅限于解决国际收支问题。

随着经济的不断发展和业务活动的不断扩大,国际货币基金组织由最初只有一种贷款——普通贷款,发展到现在先后设立了出口波动补偿贷款、缓冲库存贷款、石油贷款、中期贷款和信托基金、补充贷款、结构调整贷款、制度转型贷款等目的不同的贷款类型。以下简要介绍几种常见的国际货币基金组织的贷款业务。

1. 普通贷款

普通贷款是 IMF 最基本的一种贷款,也称为基本信用贷款。其目的在于帮助成员国解决一般性的国际收支困难。普通贷款最高的借款额度为成员国缴纳份额的 125%,期限一般为 3~5 年。IMF 对普通贷款实行分档政策,每 25% 划为一档。申请贷款额度在成员国份额 25% 以内的称为储备部分贷款。这部分贷款成员国可自由使用,无须经过特殊批准,也不支付利息。申请贷款额度在成员国份额 25%~125% 的贷款称为信用部分贷款。这部分贷款又被分为四个部分,每个部分均占份额的 25%,分别成为第一档、第二档、第三档、第四档。随着档次的提高,IMF 对贷款的审批条件也越来越高。

2. 出口波动补偿贷款

出口波动补偿贷款是 IMF 在 1963 年设立的一种专项贷款。其目的在于帮助发展中国家的初级产品出口时因价格下降而造成的国际收支困难。出口波动补偿贷款最高的借款额度为成员国缴纳份额的 100%,贷款期限为 3~5 年。

3. 缓冲库存贷款

缓冲库存贷款设立于 1969 年,其目的在于帮助初级产品出口国建立缓冲库存的资金需要。最高的借款额度为成员国缴纳份额的 45%,贷款期限为 3~5 年。

4. 中期贷款

中期贷款又称为扩展贷款,设立于 1974 年,其目的在于帮助解决成员国较长时期的国际收支逆差。贷款金额较大，最高可达成员国缴纳份额的140%，贷款期限也较长，一般为4~10年，因此贷款的审核条件较严。申请贷款的成员国需经过IMF确认，确实存在国际收支困难，需要申请较长时间的贷款才能缓解。同时，申请国还需要及时提出贷款期内相关的政策措施和目标计划，贷款使用过程中还要及时向IMF汇报工作进展情况。

5. 信托基金贷款

信托基金贷款设立于1976年，是以国际货币基金组织现有黄金的1/6按市价出售所得利润中的一部分作为资金来源建立的一种贷款。其目的在于以优惠的条件向低收入成员国家提供贷款，帮助他们解决国际收支的困难。

（三）技术援助和培训

国际货币基金组织除了向成员国提供贷款等措施外，还提供技术援助和培训，以帮助加强成员国经济政策的制定和实施。IMF主要在以下四个领域提供技术援助和培训：

（1）通过对银行体系监管与重组、外汇管理与操作、支付的清算和结算体系以及中央银行的结构和发展提供建议，加强货币和金融部门；

（2）通过对税收和关税政策与管理、预算的制定、支出管理、社会安全网的设计以及内外债管理提供建议，支持强有力的财政政策和管理；

（3）编制、管理及公布统计数据，并提高数据质量；

（4）起草和检查经济和金融法律。

IMF在其华盛顿总部及阿比让、巴西利亚、新加坡和维也纳的地区培训中心，向成员国的政府和中央银行官员提供培训课程。基金组织技术援助和培训的补充资金由一些国家（如日本和瑞士）的政府及国际机构（如欧洲联盟、经济合作与发展组织、联合国开发计划署和世界银行）提供。

三、我国与国际货币基金组织的关系

中国是国际货币基金组织创始国之一，最初的份额是5.5亿美元。当时的代表是"中华民国政府"。新中国成立后，由于美国等少数国家的阻挠，我国的合法席位一直未能恢复。1980年4月17日，国际货币基金组织正式恢复了中国的合法地位，但保留了中国台湾在该组织内的地区成员地位。1991年，国际货币基金组织在北京设立常驻代表处。中国自1980年恢复在货币基金组织的席位后单独组成一个选区并派任一名执行董事。2016年年初，国际货币基金组织（IMF）宣布IMF 2010年份额和治理改革方案已正式生效，这意味着中国正式成为IMF第三大股东。中国份额占比将从3.996%升至6.394%，排名从第六位跃居第三位，仅次于美国和日本。2016年3月4日，国际货币基金组织表示，将从2016年10月1日起在其官方外汇储备数据库中单独列出人民币资产，以反映国际货币基金组织成员人民币计价储备的持有情况。

我国与基金组织的合作是双向的、平等互利的合作，是富有成效的合作。根据基金组织章程第四条款的规定，我国与基金组织每年进行政策磋商，这使我国宏观经济决策更加稳健和科学，同时，基金组织也加深了对我国的了解。

改革开放初期，我国在经济转型过程中出现了持续的经济过热，通货膨胀上升，国际收支逆差增大。为此，我国曾在20世纪80年代分别借入3笔贷款，约合16亿美元，用于弥补国际收支逆差，支持经济结构调整和经济体制改革。到20世纪90年代初，我国已全部偿还了基金组织的贷款。随着我国经济实力的增强和宏观经济管理水平的提高，我国不仅未再向基金组织提出新的借款要求，还在力所能及的情况下向其用于支持贫穷国家的"加强结构调整贷款"等项目捐赠利息补贴和提供少量贷款支持。特别是1997年7月亚洲金融危机爆发以后，我国积极履行成员国的义务，积极参与基金组织向泰国提供的一篮子援助，向泰国政府贷款10亿美元。在印度尼西亚金融危机爆发后，我国向基金组织承诺向印度尼西亚政府提供3亿美元的二线资金支持。在整个危机期间，我国用于基金组织业务操作预算（现改称资金交易计划）的出资额总计达25亿美元。更重要的是，我国保持人民币汇率稳定，帮助缓解亚洲金融危机，为维护亚太地区经济形势的稳定做出了重要贡献。

国际货币基金组织还向我国提供了一系列技术援助，如对我国20世纪80年代的中央银行体制改革，1994年的汇率并轨，1995年中央银行法的制定，1996年的经常项目可兑换以及90年代以来相继实施的财税体制改革等重大改革政策的实施提供了有益的咨询。我国同样也对基金组织的发展做出了积极的贡献。我国改革开放以来所取得的巨大成功，向基金组织展示了一种新的发展模式，大大地丰富了基金组织的理论与实践。国际货币基金组织还在货币政策制定与工具操作、货币银行统计、国际收支统计、中央银行法、财政预算编制、中央银行业务稽核、税制改革和物价指数及贸易价格指数编制等方面，给予我国大量的技术援助与人员培训。通过与基金组织的技术合作，我国建立了符合国际标准的货币银行统计体系和国际收支统计体系，建立了外债监测体系，改善了货币政策的制定与操作，修改和完善了银行法规及会计与审计制度，强化了金融监管，推动了金融市场及相应的金融工具的发展。

此外，我国每年还向基金组织在华盛顿、维也纳和新加坡的学院派出数十名人员，在宏观经济和金融的各个领域进行研讨和进修。一些参加培训的早期学员现已成为我国财政、金融领域的高级官员。

第二节　世界银行集团

一、世界银行集团概述

世界银行集团由国际复兴开发银行、国际开发协会、国际金融公司、多边投资担保机构和解决投资争端国际中心等五个机构组成。世界银行集团的使命是战胜贫困和提高发展中国家人民的生活水平。

（一）世界银行

世界银行，即国际复兴开发银行（IBRD），成立于1945年12月，是1944年7月布雷顿森林会议后与国际货币基金组织同时产生的另一个全球性国际金融机构。1947年起世界银行成为联合国的一个专门机构，总部设在华盛顿，并在纽约、日内瓦、巴黎、东京等地设有办事处。国际复兴开发银行是一个向低收入和中等收入国家提供贷款、政策建议、技术援助和知识分享服务以减轻贫困的开发银行。现有成员国184个，累计贷款额3 940亿美元，2004财年的贷款额为110亿美元，贷给33个国家中的87个新项目。世界银行雇用了大约9 300人，其中包括经济学家、教育学家、环境科学家、金融分析师、人类学家、工程师及许多其他人员。雇员来自大约160个不同的国家，有3 000多名雇员在国别代表处工作。

1. 世界银行的宗旨

根据《国际复兴开发银行协定》第一条的规定，国际复兴开发银行的宗旨是：

（1）对用于生产目的的投资提供便利，以协助成员国的经济复兴和开发，鼓励不发达国家的生产与资源的开发。

（2）对私人贷款、私人投资给予保证，促进私人对外投资。

（3）鼓励国际投资，协助成员国提高生产能力，促进成员国国际贸易的平衡发展和国际收支状况的改善。

（4）在提供贷款的同时，因与其他方面的国际贷款配合。

2. 世界银行的组织机构

世界银行是按公司模式组建起来的企业性金融机构，股东是成员国。银行的组织机构由理事会、执行董事会和总部组成。

理事会是世界银行最高权力机关，由每一位成员国指派一名理事、一名副理事组成，副理事只有在理事缺席时才有投票权。理事人选一般由成员国的财政部长或中央银行行长充任，任期五年，可连任。理事会每年召开一次年会，一般与IMF年会联合举行。理事会的主要职权是：接受成员国或中止成员国地位；增加或减少经批准的资本存量；决定净收入的分配；审查财务报表和预算；行使未授予执行董事的其他权力。

执行董事会是负责处理世界银行日常事务的机构，现有执行董事24名。其中5名由持股最多的英国、法国、德国、日本和美国各任命一名执行董事，中国、俄罗斯和沙特阿拉伯作为单独选区各任命一名执行董事，其余16名执行董事由其余成员国组成的选区分别选出，进入执行董事会工作。每名执行董事任期2年，执行董事有权指派副执行董事一名，在执行董事缺席时代行职权。这24名执行董事通常每周开两次会来监督管理世界银行的业务，包括批准贷款和担保项目、新的方针政策、行政预算、国别援助战略以及借款和财政决策等业务。

行长是世界银行的最高行政长官，由执行董事会选举合适人选担任。行长兼任执行董事会主席主持日常事务，任期5年，可连任。现任行长是保罗·沃尔福威茨先生。

3. 世界银行的资金来源

世界银行的资金主要来源于以下几个方面：

（1）成员国缴纳的股金。世界银行规定，每个成员国要缴纳股金，缴纳股金的数额以在 IMF 中的份额为依据。美国是最大的单一股东，拥有 16.41% 的投票权；其次是日本（7.87%）、德国（4.49%）、英国（4.31%）和法国（4.31%）。其他成员国持有其余的股份。

（2）向国际金融市场发行债券取得借款。向国际金融市场发行债券，尤其是中长期债券是世界银行资金的主要来源。最初，世界银行主要在美国市场上发行债券，随着世界经济的发展和世界贷款业务的不断扩大，世界银行逐步向国际金融市场发行债券。世界银行发行债券主要有两种形式：一是，直接向成员国政府或中央银行发行债券；二是，通过投资银行、商业银行等中间包销商向私人投资市场发行债券。2004 年世界银行通过向国际金融市场发行债券共筹措资金 130 亿美元。

（3）利润收入和债权转让。利润收入是指世界银行在投资和贷款业务中的利润所得，同时，世界银行还可以将贷出款项的债权转让给私人投资者（主要是商业银行），获得一部分资金，以扩大世界银行贷款资金的周转能力。

（二）国际开发协会

国际开发协会成立于 1960 年 9 月，它是世界银行的一个附属机构，它是为了向最贫穷的发展中国家提供长期优惠贷款而成立的一个国际金融组织，总部设在美国华盛顿。目前有 165 个成员国，累计贷款额为 1 510 亿美元，2004 财年的贷款额为 90 亿美元，贷给 62 个国家中的 158 个新项目。国际开发协会的成员国必须是世界银行的成员国，但世界银行的成员不一定是国际开发协会的成员国。

1. 国际开发协会的宗旨

根据国际开发协会的协定，其宗旨是：对低收入的发展中国家提供长期优惠的贷款，以帮助它们促进经济发展，提高生产力和生活水平，解决它们在重要的发展方向的需要，从而进一步发展世界银行的开发目标并补充其活动。

2. 国际开发协会的组织机构

国际开发协会的组织形式与世界银行相似。理事会是其最高权力机构，理事会下设置执行董事会，负责日常业务工作。总裁由世界银行行长兼任，办事机构的各部门负责人也由世界银行相应部门负责人兼任。它与世界银行是两块牌子一套班子，但在法律及财务上与世界银行是相互独立的。

3. 国际开发协会的资金来源

国际开发协会的资金主要来源于：成员国缴纳的股本；世界银行的拨款；补充基金（又称特别基金）；业务收入以及非洲基金等。

（三）国际金融公司

国际金融公司成立于 1956 年 7 月 24 日，它和国际开发协会一样也是世界银行的一个附属机构，是向发展中国家私营部门项目提供贷款和股本融资的最大的多边渠道。同时它是全球性的投资机构和咨询机构，旨在促进发展中成员国的项目是可持续的。它主要通过以下途径来促进私营部门可持续发展：①为发展中国家的私营部门项目提供融资；②帮助发展中国家的私营公司在国际金融市场上筹集资金；③向企业和政府提供咨询和技术援助。国际金融公司还通过鼓励成员国富有生产力的企业的发展壮大以及鼓励发展资本市场来促进其经济的发展。

目前，国际金融公司有176个成员国。承诺的资产组合为235亿美元，2004财年的承诺额为48亿美元，贷给65个国家的217个项目。国际金融公司的成员国也必须先成为世界银行的成员国。

1. 国际金融公司的宗旨

根据《国际金融公司协定》的规定，其宗旨是："鼓励成员国，特别是不发达地区成员国的生产性私营企业的增长，来促进经济的发展，并以此补充世界银行的各项活动。"

2. 国际金融公司的组织机构

国际金融公司的组织机构与世界银行类似，但在法律和财务上是独立的经济实体。国际金融公司的最高权力机构为理事会，共有24名董事，负责审批项目融资业务。执行董事会为日常行政机构，国际金融公司的正、副理事和执行董事由世界银行的正、副理事和执行董事兼任。公司总裁及执行董事会主席由世界银行行长兼任。它与世界银行也是两块牌子一套班子。目前，国际金融公司有近2 200名职员，其中58%的职员在华盛顿总部办公；大约42%的工作人员派驻国际金融公司驻各地的86个办公室。

3. 国际金融公司的资金来源

国际金融公司的资金主要来源于：成员国缴纳的股金，这也是国际金融公司的最主要资金来源；在国际金融市场上发行债券筹措资金；业务收入等。

参考资料7-1

世界银行春秋例会

世界银行和国际货币基金组织每年要联合举行两次大型会议，讨论影响发展的全球性问题。两次会议分别固定在春秋两季举行，被称为"春秋例会"。世界银行和国际货币基金组织的年度理事大会在秋季举行，因而秋季会议也常被称为"年会"，年会期间还将举行世界银行和国际货币基金组织的其他系列会议。

秋季会议规模宏大，除各成员国的世界银行理事和国际货币基金组织理事率政府代表团参加会议外，会议还邀请众多国际组织、工商界和商业金融机构作为观察员和特邀贵宾出席。此外，由于届时许多国家的财长和央行行长都聚集一堂，相关领域的各个机构都会抓住这一难得的机会，举办各种活动，因而世界银行和国际货币基金组织的年会实际是全球金融经济领域每年一次重要的活动。

秋季会议还是各成员国讨论全球发展问题的重要论坛。会议一般讨论世界经济形势，呼吁成员国采取有利于发展的政策，为世界银行确定发展目标和工作重点等。

（资料来源：http：//news.163.com/10/0425/12/6546R51L000146BD.html）

二、世界银行集团主要业务概述

（一）世界银行

世界银行最主要的业务活动是通过向发展中国家提供长期贷款，以促进成员国经济的发展，提高人民生活水平。在2004财年，世界银行提供了总数为110亿美元的贷款，支持了33个国家的87个项目。其中拉丁美洲和加勒比地区获得的贷款数额最多，为50亿美元，占总额的45％。欧洲和中亚地区获得了30亿美元的贷款，占总额的27％，东亚和太平洋地区获得了17亿美元的贷款，占总额的15％。

世界银行的贷款条件一般比国际金融市场上的贷款条件优惠，还款期限长于商业银行，为15～20年，在开始偿还本金之前还有3～5年的宽限期。贷款利率低于市场利率，基本按世界银行在国际金融市场上的借款成本再加0.5％计算，对于已订立借款而未提取的部分征收0.75％的手续费。

世界银行的贷款对象仅限于中低收入的成员国政府或由政府担保的国有企业和私营企业。政府借款必须用于特定方案，如减轻贫困、提供社会服务、环境保护，或经济增长。贷款必须用于世界银行批准的特殊项目包括教育、运输、农业等，特殊情况发放非项目贷款用以解决借款国进口物资设备的外汇需要或克服自然灾害所需的资金。借款国只有在不能按合理的条件从其他渠道获得资金时，才能向世界银行申请贷款。贷款需如期归还，不能拖欠。

世界银行的贷款可分为以下几类：

（1）投资贷款，又称为项目贷款。它是一种为货物、工程和服务提供的贷款，用以支持一系列部门中的经济和社会发展项目。项目贷款必须经过选定、准备、评估、谈判和执行、总评这6个阶段。

（2）发展政策贷款，它是一种提供快速支付融资的贷款（曾被称为调整贷款），用以支持借款国在宏观经济、部门经济和结构体制方面进行的调整和改革。

（3）窗口贷款，又称为第三窗口贷款。是介于一般贷款和国际开发协会的优惠贷款之外的一种中间性贷款。贷款的利率为4.5％，低于一般贷款。贷款期限为25年。

（4）部门贷款。它是一种用于改善部门政策和投资重点以提高政府或某一部门政策或体制改革以及制订和执行计划的能力的贷款，可分为部门投资贷款、中间金融机构贷款和部门调整贷款。在2004财年，公共管理（包括法律和司法）部门获得的贷款数额最多高达27亿美元，这反映了世行的工作重点是援助借款国改进发展战略，实施改革政策和提高制度能力。排名第二的是运输部门，总共获得贷款25亿美元。卫生和社会服务部门获得了18亿美元的贷款。

(二) 国际开发协会

国际开发协会传统上一直提供无息贷款，现在也为最贫穷的国家提供越来越多的贷款和赠款，但对借款国的资格审核也越来越严格，目前只有人均国民总收入位于或低于865美元的国家才具有获得IDA援助的资格。且贷款的条件极为优越：

(1) 贷款为无息贷款，只收取0.75%的手续费，对于未支付贷款每年收取0.5%的承诺费。

(2) 贷款的期限为35至40年，另外还有10年的宽限期。

(3) 可以用本币偿还一部分或全部贷款。

(4) 贷款只借贷给成员国政府。

贷款主要是向借款国具有优先发展意义的项目或发展计划提供，如：农业、乡村建设、交通运输、电讯、教育以及能源、计划生育等方面。在2004财年，国际开发协会向62个低收入的成员国体的158个项目提供了90亿美元的贷款。

(三) 国际金融公司

国际金融公司向其发展中成员国提供一系列的金融产品和服务。这些产品和服务包括：

(1) 国际金融公司自有资金贷款。贷款的主要对象是借款国的私营企业，且无须担保。提供贷款的货币以主要货币和当地货币为主。贷款期限较长，一般为7~15年。利率为固定利率和可变利率，一般高于世界银行的贷款利率。国际金融公司的投资通常在100万美元到1亿美元之间。对新项目而言，国际金融公司融资数额最多不超过项目估算总成本的25%，对于扩建项目而言，国际金融公司的融资数额最高可达项目成本的50%。

(2) 股本投资。IFC在成员国的私营部门、公司和其他机构持有股权，是长期投资者。股本投资的时间一般是8~15年。

(3) 准股本投资工具包括：次级贷款、优先股、固定收入债券、可转债等。是IFC向成员国提供的一整套具有股本特征的准股本项目。

(4) 银团贷款。

(5) 风险管理。例如：货币和利率购换中介和提供套作风险保值信贷等。

(6) 中介融资。是IFC向各种金融提供的融资。

国际金融公司为各个行业和部门的项目提供融资，例如：制造业，基础设施，旅游业，医疗服务与教育和金融服务等。其中金融服务业的项目占的比重较大。除了这些产品和服务外，IFC还提供咨询服务和动员基金。咨询服务是指IFC向发展中国家的私营企业和政府提供咨询和技术援助。这些服务涵盖广阔的领域，包括对民营化、商业相关的公共政策和具体产业问题提供咨询。动员基金是指国际金融公司积极寻求伙伴参与合资项目，通过鼓励其他机构投资于国际金融公司资助的项目来动员更多的资金。

三、我国与世界银行集团的关系

我国于1945年加入世界银行,是该组织的创始成员国之一。1980年4月14日,世界银行执行董事会批准恢复了中国在世界银行、国际开发协会和国际金融公司的合法代表权。目前,我国在该组织中的股份为44 779股,合44.799亿特别提款权,占该行法定股本总额2.87%。我国在世行的投票权为45 049,占总投票数的2.81%。

自1981年世界银行向中国提供第一笔贷款用于支持大学发展项目以来,到2004年12月31日,世界银行共向中国提供贷款约380亿美元,用于约260个项目,其中80个项目仍在实施中。中国是目前世界银行最大的借款国,同时也是执行世界银行项目最好的国家之一。世行贷款项目涉及国民经济的各个部门,遍及中国的大多数省、市、自治区,主要集中在交通(31%)、农村发展(22%)、能源(15%)和人力开发(6%)等方面。其中交通项目用于将贫困内陆省区与经济蓬勃发展的沿海地区连接起来,城市项目着眼于城市交通、可持续供水和环境卫生等方面,能源项目在于满足国家日益增长的电力需求。

参考资料7-2

2004—2005年度世界银行向中国提供的贷款项目及额度

单位:百万美元

财年	项目名称	贷款总额	批准日期	生效日期	关闭日期
2005	重庆小城市基础设施改造项目	180.00	2005-06-21	日期待定	日期待定
2005	贫困农村社区发展项目	100.00	2005-06-21	日期待定	日期待定
2005	可再生能源规模扩大项目	87.00	2005-06-17	日期待定	日期待定
2005	柳州环境管理项目	100.00	2005-05-25	日期待定	日期待定
2005	农业科技项目	100.00	2005-04-28	日期待定	日期待定
2005	宁波水环境管理项目	130.00	2005-03-18	日期待定	日期待定
2005	内蒙古交通和贸易走廊项目	100.00	2005-02-16	日期待定	日期待定
2004	湖南城市发展项目	172.00	2004-09-16	2005-08-16	2010-12-31
2004	太湖流域城市环境项目	61.30	2004-08-03	2004-12-20	2009-12-31
	小计	1 030.30			

(资料来源:www.worldbank.org.cn)

目前中国是国际金融公司投资增长最快的国家之一。自从1985年批准第一个项目以来到现在,国际金融公司共在中国投资了92个项目,投资22亿美金,其中在2005财政年度,国际金融公司就向17个项目承诺投资4亿美元。目前,国际金融公司在中国投资的重点是:通过有限追索权项目融资的方式,帮助项目融通资金;

鼓励包括中小企业在内的中国本土私营部门的发展；投资金融行业，发展具有竞争力的金融机构，使其能达到国际通行的公司治理机制和运营的标准；支持中国西部和内陆省份的发展；促进基础设施、社会服务和环境产业的私营投资。中国加入世贸组织后，面对中国对金融行业的开放，国际金融公司在中国进一步支持私营金融机构，尤其是为银行业和保险业的发展带来了新的机遇。

参考资料 7-3

世界银行对中国的援助

根据世界银行对中国的《国别伙伴战略》，世界银行主要为中国提供以下援助：

1. 促进中国经济与世界经济的融合。深化中国对多边经济机构的参与，降低对内和对外贸易及投资壁垒，为中国的海外发展提供帮助。

2. 减少贫困、不平等和社会排斥。推动城镇化均衡发展，保障农村生活，扩大基本社会服务和基础设施服务，尤其是在农村地区。

3. 应对资源短缺和环境挑战。减少大气污染，节约水资源，优化能源利用（部分通过价格改革），改善土地行政管理，履行国际环境公约。

4. 深化金融中介作用。扩大金融服务（尤其是中小企业），发展资本市场，应对系统性风险，维护金融稳定。

5. 加强公共部门和市场制度。提升企业竞争力，改革公共部门，理顺政府间财政关系。

（资料来源：http://www.gaodun.com/caiwu/611982.html）

第三节　亚洲开发银行

一、亚洲开发银行概述

亚洲开发银行（ADB）是根据联合国亚洲及太平洋社会委员会专家小组会建议，并经 1963 年 12 月在马尼拉举行的第一次亚洲经济合作部长级会议决定，于 1966 年 11 月正式建立的亚洲、太平洋地区的区域性政府间国际金融机构。总部设在菲律宾首都马尼拉。亚行是亚太地区最大的政府间金融机构。现有 63 个成员国。亚行不是联合国下属机构，但它是联合国亚洲及太平洋经济社会委员会（联合国亚太经社会）赞助建立的机构，同联合国及其区域和专门机构有密切的联系。

(一) 亚洲开发银行的宗旨

亚洲开发银行的宗旨是，向成员国提供贷款和技术援助，协助成员国在经济、贸易和发展方面的政策，同联合国及其专门机构进行合作，以促进亚太地区的经济发展。其具体任务是：

(1) 为亚太地区发展中国家的成员国的经济发展提供资金。

(2) 鼓励各国政府和私人资本向亚太地区成员国提供贷款。

(3) 帮助亚太地区各成员国协调经济发展政策，以更好地利用自身资源在经济上取长补短，并促进其对外贸易的发展。

(4) 向成员国提供技术援助以帮助其拟定和执行发展项目与规划。

(5) 以亚洲开发银行认为合适的方式，同联合国及其附属机构、向亚太地区发展基金投资的国际公益组织以及其他国际机构、各国的公私实体进行合作，并向他们展示投资与援助的机会。

(6) 发展符合亚洲开发银行宗旨的其他活动与服务。

(二) 亚洲开发银行的组织机构

亚行的组织机构由理事会、执行董事会、行长和亚行管理当局组成。亚行的理事会是最高权力与决策机构，由亚行的每个成员国各指派一名理事和一名副理事，理事人选一般由成员国的财政部长或中央银行行长担任。理事会每年举办一次年会。理事会的主要责任是：接纳新成员，中止成员国地位，确定亚行的资本，修改亚行的章程，决定亚行的储备金以及纯收入的分配，选举执行董事及行长等。重要项目需经理事会的2/3多数票投票表决通过才能生效。亚行的投票权是按照出资比例来分配的。每个成员国都有778票的基本投票权，另外每认股1万美元增加1票，这两项总额构成该国的总投票权。

执行董事会负责亚行的日常经营活动，由理事会选举产生，执行董事任期2年，可连任。执行董事会由12名执行董事组成，除其中4名来自日本、中国、美国以及印度构成的单独选区外，其余8名由其他成员国组成的选区分别选出。

亚洲开发银行的行长由执行董事会选举产生，担任执行董事会主席。行长是亚行的合法代表以及最高行政负责人，负责亚行的日常性业务和亚行的其他工作人员的聘任及辞退。但行长没有投票权，只有在执行董事会进行表决赞成票与反对票相等时，可以投一决定票。行长不得兼任理事、董事及其相应的副职。行长任期5年，可连任。目前亚洲开发银行的行长是黑田东彦。

(三) 亚洲开发银行的资金来源

亚洲开发银行的资金主要来源于以下几个方面：

1. 普通资金

普通资金是亚洲开发银行进行业务活动最主要的资金来源，主要被用于亚行的贷款业务。普通资金有以下部分构成：

（1）股本。

亚洲开发银行建立时法定股本为10亿美元，分为10万股，每股面值1万美元，每个会员国或地区成员都须认购股本。亚太地区的成员国应缴股本金额按本国的人口、国民生产总值和进口配额确定，非亚太地区成员应缴股本主要依据各国的对外援助政策和对多边机构资助预算的分配经协商确定。股本分为实缴股本和待缴股本，两者各占一半。实缴股本分五次缴纳，每次缴纳20%。其中，每次缴纳金额的50%用黄金或可兑换货币支付，另外50%以本国货币支付。待缴股本只有当亚洲开发银行认为必要时才催缴。催缴股本可选择黄金、可兑换货币或亚行偿债时需要的货币支付。亚行的股本必要时可以增加。目前，日本和美国是亚洲开发银行最大的出资者，认缴股本分别占亚洲开发银行总股本的15%和14.8%。我国位居第三位，占总股本的7.1%。

（2）借款。

从1969年开始，亚洲开发银行开始向国际金融市场发行长期债券以筹措资金。有时也向成员国政府、中央银行及其他金融机构直接安排债券销售或直接从商业银行贷款。

（3）普通储备金。

亚行每年将净收益的一部分转化为普通储备金。

（4）特别储备金。

对1984年3月28日以前发放的未偿还的普通贷款，亚洲开发银行除收取利息和承诺费以外，还收取一定数量的佣金（1985年停收）以留作特别储备金。

（5）净收益和预缴股本。

净收益为亚行提供贷款所收取的利息与承诺费。预缴股本指成员国在法定认缴期限前缴纳的股本。

2. 亚洲开发基金

亚洲开发基金成立于1974年6月28日。该基金主要来自于亚洲开发银行发达成员国的捐赠，专门用于向亚太地区贫困国家或地区发放优惠贷款。目前提供资金最多的国家是日本、美国、德国、英国等发达国家。除此之外，亚洲开发银行理事会还按有关规定从各成员国缴纳的未核销实缴股本中拨出10%作为基金的一部分。

3. 技术援助特别基金

亚洲开发银行于1967年成立了技术援助基金，旨在为提高亚洲开发银行的发展中国家成员国的人力资源素质和加强执行机构的建设，资助发展中国家培训人员、制定发展战略、加强技术力量、从事部门研究并制定有关国家和部门的计划与规划等。该项基金的来源主要是：赠款和根据亚洲开发银行理事会在1986年10月1日会议上决定的，在为亚洲开发基金增资36亿美元时将其中的2%拨给技术援助特别基金。

4. 日本特别基金

日本特别基金成立于1988年3月10日。该基金主要用于以下方面：以赠款的形式，资助成员国在公私部门中进行的技术援助活动；以单独或联合股本投资的形式,向成员国的私营部门开发项目提供援助;以单独或联合赠款的形式,对亚行向公营部门用于开发项目而取得贷款的技术援助部分予以资助。

二、亚洲开发银行的主要业务

(一) 发放贷款

亚洲开发银行的主要业务活动是向成员国提供贷款。亚行所发放的贷款可分为硬贷款、软贷款和赠款三类。硬贷款的贷款利率为浮动利率,按国际金融市场情况每半年调整一次,贷款期限为10~30年(含2~7年宽限期)。软贷款也称为优惠贷款,只向低收入的成员国提供,贷款期限为40年(含10年宽限期),不收利息,仅收1%的手续费。赠款用于技术援助,金额没有上限,由技术援助特别基金提供。

(二) 技术援助

向发展中国家提供技术援助也是亚行的另一重要业务。亚行的技术援助可以通过有效的设计、拟订、执行发展项目,提高政府及相应部门的效率,制定发展战略等方式帮助成员国发展经济。亚行的技术援助可分为项目准备技术援助、项目执行技术援助、咨询技术援助和区域活动技术援助等形式。

(三) 联合融资和担保

联合融资是亚行和商业、出口信贷机构以及官方机构联合开展的一项融资业务。其目标是通过提供融资以帮助发展中国家获取所需的资金。联合融资的形式有:银团贷款、固定利率票据发行、由亚行担保的银团贷款或固定利率的票据发行、补充融资计划贷款等。

亚行的担保有部分信用担保和部分风险担保两种类型。亚行的担保只适用于私营部门的项目担保。

参考资料 7-4

亚洲开发银行与中国的关系

1986年2月17日,亚行理事会通过决议,接纳中国为亚行成员国。同年3月10日中国正式成为亚行成员,台湾以"中国台北"名义继续保留席位。目前中国是亚行世界范围内第二大借款国、技术援助赠款的第一大使用国以及第三大股东,拥有7.1%的投票权。在1987年4月举行的理事会第20届年会董事会改选中,中国当选为董事国并获得在董事会中单独的董事席位。同年7月1日,亚行中国董事办公室正式成立。

1986年,中国政府指定中国人民银行为中国对亚行的官方联系机构和亚行在中国的保管银行，负责中国与亚行的联系及保管亚行所持有的人民币和在中国的其他资产。

截止到2005年6月亚行在中国的投资项目90多个，投资总额为120亿美元。亚行在中国的投资分布情况为：交通方面占总额的49%；能源占17%；环境和水利占14%；金融和工业占12%；农业和自然资源占8%。除了公共部门的贷款外，亚行还提供给中国1.8亿美元的无偿技术援助，超过1.85亿美元的民营企业贷款和股本投资。其中，80%的贷款项目都分布在中国的中西部地区。

（资料来源：金融时报，2005－6－6）

【本章小结】

1. 国际金融组织指从事国际金融活动、协调国际金融关系、从事国际金融管理、维持国际货币及信用体系正常运转的超国家性质的组织机构。它与一般的组织机构不同，有自身的特点。它为加强国际金融合作以及促进全球经济发展起到了积极的作用。国际金融组织按地区范围可分为全球性、洲际性或半区域性、区域性三种。

2. 国际货币基金组织（IMF）是联合国系统专门为促进国际货币与金融合作而建立的、由主权国家自愿参加的根据《国际货币基金协定》成立的多边合作组织。国际货币基金组织主要以贷款、汇率监督、提供技术援助和培训等业务活动来实现其宗旨，促进成员国的经济合作，维持汇率稳定，促进经济发展，提高人们生活水平。

3. 世界银行集团由国际复兴开发银行、国际开发协会、国际金融公司、多边投资担保机构和解决投资争端国际中心这五个机构组成。世界银行集团的使命是战胜贫困和提高发展中国家人民的生活水平。

世界银行即国际复兴开发银行（IBRD），它是一个向低收入和中等收入国家提供贷款、政策建议、技术援助和知识分享服务以减轻贫困的开发银行。国际开发协会（IDA）是为了向最贫穷的发展中国家提供长期优惠贷款而成立的一个国际金融组织，同时也是世界银行的一个附属机构。国际金融公司（IFC）和国际开发协会一样也是世界银行的一个附属机构，是向发展中国家私营部门项目提供贷款和股本融资的最大的多边渠道。

世界银行、国际开发协会、国际金融公司虽成立的原因不同，有各自的章程和想要达成的目标，提供的业务类型也不一样，但他们有相似的组织结构，最高权力机构都为理事会，日常的行政机构为执行董事会，且世界银行的行长保罗·沃尔福威茨先生兼任国际开发协会和国际金融公司的总裁。

4. 亚洲开发银行（ADB）是根据联合国亚洲及太平洋社会委员会专家小组会建议，于1966年11月正式建立的亚洲、太平洋地区的区域性政府间国际金融机构。其主要宗旨是，向成员国提供贷款和技术援助，协助成员国在经济、贸易和发展方面的政策，同联合国及其专门机构进行合作，以促进亚太地区的经济发展。

第七章　国际金融组织

【关键概念】

国际金融组织　国际货币基金组织　世界银行集团　世界银行

【本章习题】

一、思考题

1. 什么是国际金融组织？它可以分为哪几类？
2. 国际货币基金组织的宗旨是什么？
3. 国际货币基金组织的主要业务活动有哪些？
4. 世界银行集团中世界银行、国际开发协会、国际金融公司的主要业务是什么？各自的贷款有什么特点？
5. 亚洲开发银行的资金来源和业务活动有哪些？

二、案例分析

世界银行积极援助尼日尔，帮其度过粮食危机

据尼日尔政府估计，至少有 250 万人口正在遭受粮荒，在该国的东部和北部地区有 8 万儿童面临严重营养不良的危险。世界银行尼日尔局局长 Vincent Turbat 说，粮食危机对该国家的妇女儿童打击最大。Turbat 强调说："2004 年年底雨水突然停止，使得庄稼收成低于预期。然后又来了蝗虫，毁坏了一部分庄稼。所以本已存在的营养不良、雨水不足和蝗灾就导致了我们今天面临的情况。现在有些地区的人民已经断粮，他们在下一次粮食收成之前，也就是 9 月中旬前后，都需要得到帮助。"

世行已通知尼日尔政府，它可以调整公共支出改革信贷（4 000 万美元）用于应对粮食危机，从 1 170 万美元的赠款子项目开始。同时，政府也可以动用重债穷国项目（每年 8 400 万美元）用于粮食应急的资金。世界银行将向尼日尔政府提供 4 000 万美元，包括 1 170 万的赠款，政府可以根据需要尽量用来帮助战胜粮食危机。此外，世行利用现已在尼日尔开展的一个社区发展项目的 18 万美元购买粮食。这些粮食将存放在粮食银行里，村民通常可以在此低价购买粮食。同时世界银行通过蝗灾紧急援助项目购买了价值 50 万美元的小米良种，并批准动员 120 万美元的追加资金购买谷物和食品发放给有需要的村民。世行非洲地区高级环境专家 Peter Kristensen 说，世行还批准购买 850 吨价值 20 万美元的饲料。

此外，世行非洲蝗灾紧急援助项目的负责人 Kristensen 将飞往尼日尔，实地考察评估在该项目下还需要追加多少资金来帮助应付目前的危机。他说，非洲蝗灾紧急援助项目共计 6 000 万美元，覆盖七个非洲国家，是世行快速应对危机的一个显著榜样。预付款 1 240 万美元早在去年 9 月份就已提供给尼日尔和其他六个国家，

用于支付控制蝗灾和救助受蝗灾影响的人民的运行成本。目前项目在尼日尔、布基纳法索、马里、毛里求斯、塞内加尔等国家全面展开。

问题：请根据以上材料试分析世行在尼日尔粮食危机中所做出的反应，体现了世行的哪些宗旨，用到了哪几类业务活动。

三、实训题

实训题目：国际金融组织相关网站的浏览

实训目的：

1. 加强对国际金融组织的感性认识。
2. 锻炼学生浏览专业性英文网站的能力。
3. 学会几种工具软件的使用。

实训内容：

国际金融组织相关网站的浏览，包括：国际货币基金组织、世界银行、亚洲开发银行。

实训原理：

1. 关于国际货币基金组织、世界银行、亚洲开发银行的一些基础知识。
2. 借助几种翻译软件。

国际货币基金组织：http://www.imf.org/

世界银行：http://www.worldbank.org.cn/Chinese/或http://www.worldbank.org/

亚洲开发银行：http://www.adb.org/

完成任务：请在浏览网站后用中文表述国际货币基金组织的作用是什么。

备注：可以使用在线翻译系统，帮助理解和阅读。如，百度翻译：http://fanyi.baidu.com/或者有道翻译：http://fanyi.youdao.com/。

第八章
国际储备和国际债务

【学习目标】

知识目标

1. 了解国际储备的来源、我国国际储备概况及管理、国际债务危机爆发的原因及解决措施、我国外债的基本情况。
2. 理解国际储备的管理、我国外债界定与国际组织对外债定义的区别。
3. 掌握国际储备的概念、构成和作用,国际储备与国际清偿力的区别,适度国际储备的确定,外债的定义,常用的外债监控指标。

能力目标

1. 能根据国际储备的来源分析中国当前的国际储备状况。
2. 能根据外债定义及常用外债监控指标分析中国当前的外债情况。

【导入案例】

增长迅速的中国外汇储备

在新中国成立后近30年的时间里,我国外汇储备极其有限。1978年,中国外汇储备仅1.67亿美元。改革开放之初,中国外汇储备增长缓慢。从1978年到1989年的12年间,除1989年为56亿美元外,其余各年的外汇储备余额均未超过50亿美元。1996年11月,中国外汇储备首次突破1 000亿美元。5年后,这一数字翻了一番,达到2 000亿美元。2002年底,达到2 864亿美元。

进入21世纪,中国外汇储备增速开始加快,2006年2月中国外汇储备超过日本成为全球第一外汇储备国,2006年10月突破1万亿美元,2009年6月底突破2

万亿美元。2009 年 12 月达到 23 991 亿美元,约占世界总额的三分之一。截至 2010 年末,国家外汇储备余额为 28 473 亿美元,同比增长 18.7%。中国黄金储备持有量依旧为 3 389 万盎司。截至 2011 年末,我国外汇储备达 31 811.48 美元。截至 2012 年底,国家外汇储备余额为 3.31 万亿美元。截至 2013 年末,国家外汇储备余额为 3.82 万亿美元,再度创出历史新高。这一数据相比 2012 年末增长了 5 097 亿美元,年增幅也创出历史新高。

对一个国家的发展而言,外汇储备多好还是少好?如何客观评价中国外汇储备世界第一这个现象?本章将为我们解决这些问题。

(资料来源:http://news.xinhuanet.com/ziliao/2009—06/09/content_11512684.htm)

第一节 国际储备概述

一、国际储备的概念和构成

(一)国际储备的概念

1. 国际储备的定义

国际储备(International Reserve)是一国货币当局持有的,用于弥补国际收支逆差、维持其货币汇率和作为对外偿债保证的各种形式的金融资产的总称。

2. 国际储备的特点

(1)官方持有性。即作为国际储备资产,必须是掌握在该国货币当局手中的资产,非官方金融机构、企业和私人持有的外汇和黄金等资产,不能算作国际储备资产,因此,国际储备又称为官方储备(Official Reserve)。

(2)自由兑换性。即作为国际储备资产,必须为各国普遍接受,能够自由地与其他国际性流动资产相兑换,以实现国际支付。

(3)充分流动性。即作为国际储备资产,应有充分的变现能力,是随时可以动用来弥补国际收支逆差,或干预外汇市场的资产,如存放在国外银行的活期可兑换外币存款、有价证券(如国库券)以及黄金等。

3. 国际储备与国际清偿能力的区别

一个国家的国际清偿能力是指一国直接掌握或不直接掌握,但在必要时可用以调节、支持本国货币对外汇率安排以及清偿国际债务的一切国际流动资金与资产。它与国际储备既有联系又有区别。

(1)从内容上看,国际清偿能力不仅包括一国的国际储备,而且还包括该国从国外借入的外汇储备、该国商业银行的短期外汇资产和该国官方或私人拥有的中长期外汇资产。

(2)从数量上看,一个国家的国际清偿能力是该国政府在国际经济活动中所能动用的一切外汇资源的总和,而国际储备只是其中的一部分。

(3) 从性质上看,一国的国际储备是无条件的清偿能力,而国际储备以外的其他国际清偿能力的使用是有条件的。

(二) 国际储备的构成

按照国际货币基金组织的统计口径,一国的国际储备由以下四个部分组成:

1. 黄金储备

黄金储备(Gold Reserves)是指一国货币当局持有的货币性黄金(Monetary Gold)。在国际金本位制度和布雷顿森林体系下黄金是主要储备形式,因为黄金是最可靠的保值手段,黄金储备完全属于国家主权范围,可自行控制,不受任何超国家权力的制约。但世界黄金开采量增长有限,黄金储备的流动性欠缺,不能满足国际贸易和投资的需要,并且工业用金量扩大,使得黄金在国际储备中的地位不断下降。自1976年起,根据国际货币基金组织的《牙买加协议》,黄金同国际货币制度和各国货币脱钩,黄金不准作为货币制度的基础,不准用于政府间的国际收支差额清算。严格说来,黄金已不再是国际储备资产了,然而,由于历史上形成的习惯,大多数国家货币当局仍持有黄金,国际货币基金组织在统计和公布成员国的国际储备时,仍把黄金储备列入其中。目前全世界各国公布的官方黄金储备总量为32 700吨,约等于目前全世界黄金年产量的13倍。2013年拥有黄金储备最多的国家见表8-1。其中官方黄金储备1 000吨以上的国家有:美国、德国、意大利、法国、中国、瑞士、俄罗斯。在这些国家中,美国的黄金储备最多,为8 133.5吨,占世界官方黄金储备总量的24.9%。前十国的官方黄金储备占世界各国官方储备总量的66%左右。

表8-1 2013年拥有黄金储备最多的十个国家

排名	国家	黄金储备(吨)	黄金外汇储备(百分比)
1	美国	8 133.5	70.2%
2	德国	3 387.1	66.1%
3	意大利	2 451.8	65.1%
4	法国	2 435.4	65.0%
5	中国	1 054.1	1.1%
6	瑞士	1 040.1	7.6%
7	俄罗斯	1 035.2	7.9%
8	日本	765.2	2.3%
9	荷兰	612.5	51.2%
10	印度	557.7	7.2%

2. 外汇储备

外汇储备（Foreign Exchange Reserves）是一国货币当局持有的可兑换货币及其支付手段，其形式为货币、银行存款、政府有价证券、中长期债券、货币市场工具、金融衍生工具、以股本证券形式持有的对非居民的债权等。外汇储备是目前各国国际储备中最重要的储备形式。首先，就金额而言，外汇储备超过了其他储备资产。1997年，外汇储备占国际储备总额的比例超过了80%。其次，外汇储备在实际中使用频率最高、规模最大。一战前，英镑在国际货币体系中处于重要地位；一战后到二战前，美元在国际货币体系取得了与英镑同等地位，同为主要货币；二战后，美元成为主要的储备货币；20世纪70年代以后，由于美元币值的相对不稳定和日本、德国在经济上的崛起，储备货币呈现多元化。目前主要的储备货币有美元、英镑、欧元、日元和瑞士法郎等一些可自由兑换货币。

储备货币必须具备以下条件：

（1）必须是可兑换货币。

（2）在国际货币体系中占有重要地位，其内在价值相对稳定。

（3）必须为各国普遍接受。

3. 在国际货币基金组织的储备头寸

储备头寸也叫普通提款权（General Drawing Rights，GDRs），是国际货币基金组织的会员国在IMF的普通资金账户中可以随时自由提取和使用的资产。按货币基金组织的规定，一国加入基金组织必须缴纳份额（Quota），其中，25%用黄金和可兑换货币缴纳，75%用本国货币缴纳。当该国发生国际收支困难时，有权以本国货币为抵押向基金组织申请提用可兑换货币，最多为份额的125%。

4. 特别提款权

特别提款权（Special Drawing Rights，SDRs）是IMF创设的、按会员国缴纳的份额分配给各会员国用于弥补国际收支逆差和偿还IMF贷款的一种账面资产。国际货币基金组织在1969年9月正式决定创造特别提款权无形货币，作为会员国的账面资产，1970年起开始向会员国分配SDRs。这种无形货币的账面资产可用于会员国政府间结算，也可用于会员国向其他会员国换取可兑换货币外汇、支付国际收支差额、偿还IMF的贷款，但不能直接用于贸易与非贸易支付。

二、国际储备的来源

目前，许多国家的国际储备主要来源于以下五个方面。

1. 国际收支顺差

国际收支顺差是一国国际储备的最主要的来源。国际收支顺差包括经常项目的顺差和资本项目的净流入。一个国家贸易顺差额越大，资本净流入量越多，外汇储备资产就越充足，反之，如果经常项目入不敷出或资本外逃，会导致该国国际储备的减少。

2. 中央银行实施外汇干预政策时购进的可兑换货币

在本币受到升值压力时，一国货币当局可在外汇市场抛售本币，购进外汇，来稳定汇率。而购进的可兑换货币成为该国国际储备的一部分。

3. 中央银行在国内收购黄金

一国中央银行增加黄金储备可以从国内市场或国际市场收购，两者都可增加该国的黄金持有量。但是用本币从国内市场收购黄金，可增加该国的国际储备总量；如果用本国的外汇储备从国际市场上收购，只改变该国国际储备的构成，并不会增加国际储备总量。

4. 一国政府或中央银行对外借款净额

一国政府或中央银行运用自身的信誉和经济实力，以国际信贷方式吸收的外汇资金，也是一国国际储备的来源之一。

5. 国际货币基金组织分配的特别提款权

特别提款权作为国际货币基金组织会员国的账面资产，可用于会员国政府间结算，也可用于支付国际收支差额或偿还 IMF 贷款，所以也是一国国际储备的来源之一。

三、国际储备的作用

1. 弥补国际收支逆差，维持对外支付能力

一国在对外经济交往中，难免会发生国际收支逆差。如果这种国际收支逆差得不到及时弥补，会不利于发展对外经济关系和本国经济的正常发展。为此政府必须采取措施予以纠正。如果国际收支是暂时性的，可以动用国际储备进行平衡，不必采取财政货币政策，以避免影响国内经济的正常发展。如果国际收支不平衡是长期的、巨额的或根本性的，也可动用国际储备起到缓冲作用，使政府有时间推行财政货币政策，减轻因采取紧急措施而带来的经济震荡。

2. 干预外汇市场，稳定本国货币汇率

一国国际储备量的多少，一定程度上反映出该国政府干预外汇市场能力的强弱。一国可利用国际储备干预外汇市场，使本国货币汇率稳定在政府所希望的水平上。在浮动汇率制度下，国际金融市场上汇率剧烈波动时，影响有关国家的经济发展与稳定，该国便可动用国际储备缓和汇率波动，甚至改变其变动的方向。各国用来干预外汇市场的储备资金，称为外汇平准基金，由黄金、外汇和本国货币构成。当外汇汇率下跌，本币汇率上升，超出政府设定的限度时，则抛售本币，购进外汇，抑制本币升值。反之，当外汇汇率上升，本币汇率下跌过度时，抛售外汇，购回本币，借此达到稳定汇率、发展本国经济的目的。当一国受到国际投机资本的冲击时，国际储备对外汇市场的冲击尤为重要。例如，1998 年国际投机资本冲击港元与美元的联系汇率制度时，香港特别行政区政府动用了数百亿美元的外汇储备入市干预，有效地维护了港元汇率的稳定，大大减轻了亚洲金融危机对香港地区经济的冲击。

3. 是一国的信用保证

国际储备的信用保证包括以下两层含义。

(1) 国际储备是一国在国际上资信高低的标志之一，是债务国债务到期还本付

息的基础和保证。

（2）国际储备是维护本国货币信用的基础，持有足量的国际储备，无论客观还是心理上都能提高本国货币的信誉，有利于支持本币价值的稳定。

参考资料8-1

特别提款权

一、特别提款权创立的背景

20世纪60年代初爆发的美元第一次危机，暴露出以美元为中心的布雷顿森林货币体系的重大缺陷，以一国货币为支柱的国际货币体系是不可能保持长期稳定的。该体系下，只有黄金和美元是储备资产。黄金的供给很少，美国只能通过持续的国际收支逆差向世界提供更多美元作为国际基础货币。当时，很多国家尚在战后复苏期，劳动成本相对美国较低，盯住美元能够刺激出口，所以多数国家不愿意调整汇率。

全球国际收支调整机制的缺位，使得美国贸易逆差持续，人们对固定的美元对黄金比率的信心一点点被侵蚀。比利时裔美籍经济学家特里芬（Robert Triffin）提出的这一问题被命名为"特里芬难题"：世界必须在全球货币流动性匮乏与对美元的信心丧失之间做选择。为了让布雷顿森林体系继续运转，国际货币基金组织提出创设一种补充性的国际储备资产，作为对美国以外美元供给的补充。

1968年3月，由"十国集团"提出了特别提款权的正式方案。但由于法国拒绝签字而被搁置起来。美元危机迫使美国政府宣布美元停止兑换黄金后，美元再也不能独立作为国际储备货币，而此时其他国家的货币又都不具备作为国际储备货币的条件。1969年，国际货币基金组织创设特别提款权（SDR），初始价值被设为1单位特别提款权（SDR）对1美元，相当于0.888 671克黄金。特别提款权（SDR）相当于一种账面资产，也被称做"纸黄金"。

二、特别提款权的份额分配

按国际货币基金组织协定的规定，基金组织的会员国都可以自愿参加特别提款权的分配，成为特别提款帐户参加国。会员国也可不参加，参加后如要退出，只需事先以书面通知，就可随时退出。基金组织规定，每5年为一个分配特别提款权的基本期。每隔五年，IMF都会对SDR货币篮子进行一次例行复审。

第24届基金年会决定了第一次分配期，即自1970年至1972年，发行93.148亿特别提款单位，按会员国所摊付的基金份额的比例进行分配，份额越大，分配得越多。这次工业国共分得69.97亿，占总额的74.05%。其中美国分得最多，为22.94亿，占总额的24.63%。这种分配方法使急需资金的发展中国家分得最少，而发达国家则分得大部分。发展中国家对此非常不满，一直要求改变这种不公正的分配方法，要求把特别提款权与援助联系起来，并要求增加它们在基金组织中的份额，以便可多分得一些特别提款权。

2006年9月18日，新加坡年会上决议，中国缴纳的份额从原来的63.692亿特别提款权（约合 94.655 亿美元）上升为 80.901 亿特别提款权（约合 120.23 亿美元），相应的，中国在 IMF 中所占的份额从 2.98% 提升至 3.72%，投票权则从 2.94% 提升至 3.65%。其他排在中国前面的也都是发达国家：日本、德国、英国、法国、意大利和加拿大。

2010 年 11 月 15 日，国际货币基金组织执行董事会完成了对组成特别提款权 (Special Drawing Rights) 的一篮子货币的例行五年期审查，并对货币篮子权重进行调整，美元和日元的权重略有下降欧元和英镑的权重略有上升，这次调整后，美元的权重将由 2005 年审查确定的 44% 下降至 41.9%，欧元的权重将由 34% 上升为 37.4%，英镑的权重将由 11% 上升至 11.3%，日元的权重将由 11% 下降至 9.4%。2015 年 11 月 30 日，国际货币基金组织（IMF）主席拉加德宣布将人民币纳入 IMF 特别提款权（SDR）货币篮子，决议将于 2016 年 10 月 1 日生效。SDR 篮子的最新权重为美元 41.73%，欧元 30.93%，人民币 10.92%，日元 8.33%，英镑 8.09%。

三、特别提款权的用途

特别提款权的用途主要有：充当储备资产；作为本国货币汇率的基础；以划账的形式换取可兑换货币；清偿与基金组织间的债务；缴纳份额；向基金组织捐款或贷款；基金组织的记账单位；成员国之间的互惠信贷协议。但是特别提款权的使用仅限于政府之间，它只是一种账面资产，不能用于贸易和非贸易的结算。

四、对特别提款权的评价

特别提款权虽然得到了越来越广泛的承认和使用，但是有其局限性的一面。首先，特别提款权只是一种账面资产，本身没有价值，人们对它作为储备资产的信心不足。其次，特别提款权的发行数量有限。在整个国际储备资产总额中仅占 8% 左右。发展中国家分到的就更少。最后，特别提款权的使用相当有限，仅能在政府间使用，不能广泛使用于银行和私人之间的交易。

尽管特别提款权还存在着诸多问题，但是它的创设在国际货币制度改革方面是一种新的尝试，在稳定国际货币体系方面起到了不可忽视的作用。

参考资料 8-2

人民币"入篮"，对我们生活有什么影响？

国际货币基金组织（IMF）2015 年 11 月 30 日正式批准人民币纳入特别提款权 (SDR) 货币篮子。继美元、欧元、英镑和日元之后，人民币正式成为加入 SDR 货币篮子的第五种货币。

"入篮"标志着国际社会对中国经济发展和人民币地位的认可度进一步提升。这件事可够"高大上"的，重要性一时半会儿说不完。其实，俺们老百姓真正上心的是：咱兜里的票子是否会因此增减？日常生活是否会有所改变？

实际上，人民币加入 SDR 货币篮子之后，通过作用于宏观经济环境及政策层面，确实会对大家的衣食住行产生深远影响。

一、可能减轻你我钱包缩水压力

出境旅游、购物对许多中国老百姓来说早已不再陌生，人民币汇率波动不免牵动大伙的神经。不错，人民币加入SDR货币篮子，会通过汇率渠道对普通人产生影响。

纳入SDR货币篮子的货币通常被视为避险货币，人民币"入篮"后，将增加公私部门对人民币的需求。这样，市场预期就有了：人民币"入篮"未必会马上引起资产配置的巨大变化，却会增强市场对人民币的信心。在美元升值预期增强背景下，"入篮"有利于稳定人民币汇率，减轻贬值压力。而这显然利多人民币资产，减轻中国人对钱袋缩水的担忧。

二、用人民币全球购或将更便利

从中长期看，人民币"入篮"将加速人民币资本市场国际化，进而推动人民币在更大范围成为结算货币，并最终成长为国际储备货币。伴随人民币国际化进程的加快，今后一些大宗商品可能会以人民币计价，这将有助于企业规避汇率风险，降低交易成本，最终造福终端消费者。在个人消费领域，人民币"入篮"的利好同样可期。交通银行首席经济学家连平说，长期来看，持有人民币的中国消费者出境旅游、购物和投资将更便捷。换句话说，中国人今后或许可以在更多国家，直接用人民币在境外消费，增加交易便利度，规避汇率风险。

也许，不久的将来，咱也可以带上人民币，来一场说走就走的出境旅行。

三、跨境投资可能更容易

目前，人民币已经实现了主要用于贸易往来的经常账目项下可自由兑换，但资本账目项下还没有实现完全可自由兑换，这主要是用于投资的资金流动。而可自由使用，恰恰是IMF对SDR篮子构成货币的基本要求。人民币"入篮"可能促进中国加速推进人民币可自由兑换，倒逼资本和金融账户加速开放，这可能有利于中国老百姓在全球范围进行资产配置和交易。

换句话说，伴随配套的渠道建设跟上，咱们今后拿人民币在海外炒个股，购个债，买个保险，投资个房产会更加方便。伴随国内外双向资金流动更加便利，即便您不直接投资海外，也可通过购买理财产品，间接配置海外资产。当然，外国投资者也会享受同样的便利。对企业而言，跨境投资、收购也将更加便利，中外资本、技术、劳务等要素流转效率可望显著提升，给中外民众带来更多就业、经商机会。

当然了，所有可期待的收益和便利，还要仰仗人民币撑腰的中国经济。毕竟，中国经济好了，大家才能好。

（资料来源：新华国际客户端报道，编辑汪平、陈济朋、傅云威）

第二节 国际储备管理

一、国际储备管理的必要性

国际储备是一笔巨额资产,各国政府加强国际储备的管理具有重要意义。

国际储备的主要功能是弥补国际收支逆差。如果一国的国际储备不足,就可能会发生支付危机。1982年从墨西哥开始并持续10年之久的拉丁美洲债务危机,1994年的墨西哥金融危机,1997—1998年的东南亚金融危机(日本除外),支付能力不足是其原因之一。在东南亚金融危机中,新加坡和我国香港地区均受到国际投机资本的强烈冲击,但能保持其货币汇率和经济发展的基本稳定,其政府和金融管理当局持有充裕的外汇储备入市干预起了重要作用。但国际储备也并非多多益善,因为获得和持有国际储备是有成本的,过多的国际储备会影响本国经济发展。为此,各国货币当局有必要加强对国际储备总量的管理,使本国的国际储备保持在适宜水平。

目前,外汇储备是各国国际储备中最重要的形式。在浮动汇率制下,多种货币储备并存,持有不同的储备货币便具有不同的风险和收益,如果对储备货币的币种和数量选择不当,就会蒙受巨大的损失。为此,各国货币当局必须注意调整储备货币的结构,以避免或减少储备货币的贬值风险。随着国际金融市场的多层面发展,为储备资产的营用提供了更多的选择机会。各国可以把储备资产存入利率较高的国家取得利息,也可以投资到各种收益较高的证券来获得盈利。但这些都要承担投资风险,而且储备资产还要随时准备满足弥补逆差和干预外汇市场的需要,这些加大了对储备资产管理的难度。

另外,黄金非货币化以来,黄金不仅不能获利,反而要支付储藏费,而世界市场上黄金的价格波动频繁,影响各国黄金储备价值增减,给各国的黄金储备带来风险,因此,各国货币管理当局也有必要对黄金持有量随时进行调整。

二、国际储备管理

从一国的角度来看,国际储备管理包括两方面:一是规模管理,也称总量管理,即量的管理,指的是一国应保持多少货币储备才算合理。二是结构管理,即质的管理,指的是怎样搭配不同种类的储备资产,才能使风险最小或收益最大。

(一)国际储备的规模管理

1. 适度国际储备规模的含义

所谓适度国际储备规模,是指一国政府为实现国内经济目标而持有的用于平衡国际收支和维持汇率稳定所必要的黄金和外汇的储备量。由于各国国际储备规模受国民经济的发展状况、外贸状况与经济开放度、外汇管理的严格程度、对外资信高低、经济政策的选择等因素的影响,各国难以形成一个统一的标准。

2. 适度国际储备规模的确定

为了研究适度国际储备的规模,各国学者和某些国际机构提出一系列指标,作为确定国际储备量是否适度的参考指标。

(1) 国际储备/进口。

美国经济学家、耶鲁大学的罗伯特·特里芬教授(Robert Triffin)在1960年出版的《黄金和美元危机》一书中指出,一国的国际储备额与其贸易进口额之间存在着一定的比例关系,可以用储备与进口的比率来决定一国的储备需求水平。根据他的验证,一国的国际储备与进口额的比例一般以40%为合理,低于30%就需要采取调节措施,20%是最低限。一般认为,国际储备额应能满足三个月进口用汇需要,这已成为大多数国家确定储备适度量的重要参考指标。特里芬开创了系统研究国际储备的先河。自此之后,国际储备适度规模的研究得到了很大发展。

但是这一指标也有缺陷,即只从外汇支出的角度来分析国际储备额,而忽略了外汇收入,因而是不全面的。实践中,这种曾经被看作是"理想定额"的国际通行标准也被证明是不科学的。如1997年亚洲金融危机前,泰国、马来西亚、菲律宾和印度尼西亚等国国际储备分别相当于该国上年度5.12个月、4.07个月、3.44个月和5.68个月的进口额,这些国家的国际储备均高于上述标准,然而在国际投机资本的冲击下,均发生了金融危机。

(2) 国际储备/外债。

一国国际储备占外债总额的比例是衡量一国资信和对外清偿力的重要指标,国际经济界认为一般国际储备额占一国外债总额的50%为宜。

这一比例的缺陷在于:忽略了一个国家对外债的偿付额往往是不均衡的,只注意了外债总额,没有注意总额中短期债务与中长期债务的比例、债务本息期的分布,特别是即将到期的债务偿还额的情况。如果一国短期外债比重大,短期内还本付息所需的外汇就多,国际储备就应多些;如果中长期债务比重大,则短期内国际储备量就较少。

例如,马来西亚、泰国等低负债国在20世纪80年代中期前这一指标不足20%;印度、印度尼西亚、巴基斯坦和土耳其等中等负债国在20世纪80年代这一比率均未达到20%,但20世纪80年代这些国家均未发生偿债困难。

(3) 适度国际储备区间。

通常将一国国际储备的适度规模介于经常储备量和保险储备量之间。所谓经常储备量是指保证一国正常经济增长所必需的进口不致因储备不足而受影响的储备量,它是一国国际储备的下限;所谓保险储备量是指一国既能满足国际收支逆差的弥补,又能保证国内经济增长所需的实际资源投入的储备量,这是一国国际储备的上限。各国货币当局根据本国的具体情况在这一区间内进行灵活管理,优化配置。

(4) 国际货币基金组织衡量国际储备充裕程度的参考因素。

在评估各成员国国际储备充裕程度时,国际货币基金组织认为一国实行下列举措就表示该国国际储备不足:一是国内利率较高,其目的在于抑制资金外流,鼓励国外资金流入,来保证对储备的需要;二是加强对经常项下与资本项下支出的管制,其目的是限制外汇资金的流出,减少国际收支逆差的增加;三是把加大储备的积累作为经济政策的主要目标;四是持续的对外汇率不稳定;五是新增的国际储备不是来源于经常项下收入与资本投资的增加,而来自于对外借款。同时国际货币基金组织还采用历史分析法、利用实际储备增减趋势、特里芬的"国际储备/进口"比率和国际储备与国际收支总差额比率的增减趋势等指标加以综合测评,来衡量成员国国际储备充裕程度。

由于适度国际储备量的确定很复杂,至今还没有完全科学准确、适用于一切国家的统一指标。在实践中,各国一般参考上述主要指标和举措,结合本国的实际情况和不同时期的政策目标来确定本国适度的国际储备量。

(二) 国际储备的结构管理

1. 国际储备结构管理的含义

国际储备结构的管理是指各国货币当局对储备资产所进行的最佳配置,使黄金储备、外汇储备、普通提款权和特别提款权四种形式的国际储备资产的持有量及其构成要素之间保持合理比例,以便分散风险,获取收益,充分发挥国际储备资产应有的作用。

国际储备资产的结构管理,主要包括两方面内容:一是四种储备资产之间的数量构成比例管理;二是各类型国际储备资产内部的比例管理。由于各国持有的普通提款权和特别提款权数量,取决于所缴纳的份额的多少,不能随便改变,其内在构成也相对简单,黄金储备在国际储备资产的作用也日渐削弱。因此,国际储备结构管理的重点是外汇储备结构管理。

2. 国际储备结构管理的原则

各国货币当局在进行储备结构管理中应贯彻三项原则。

(1) 安全性。即要保持国际储备资产的安全、有效和价值稳定。

(2) 流动性。即国际储备资产能及时转化为满足需要的各种国际支付手段。这些需求包括国际贸易所引起的国际支付、对外债务的到期还本付息、外商直接投资企业合法收益的汇出;对外汇市场的必要干预以及战争、自然灾害等突发事件的应急需要等。

(3) 盈利性。即在国际储备资产保值的基础上能够增值、获利。

由于储备资产的安全性、流动性和盈利性呈负相关关系,安全性与流动性高,盈利性较低;盈利性低,流动性较差,所以货币当局对这三个原则应统筹兼顾,互相补充,在安全性、流动性有保证的前提下,争取最大盈利。

3. 国际储备结构管理的内容

(1) 黄金储备的结构管理。

在国际货币基金组织1978年宣布黄金非货币化以后,西方主要工业国家基本采取维持黄金储备实物量基本不变的政策。有些石油输出国和非产油发展中国家曾采取有限增加黄金储备的政策,目前也改为采取黄金储备量基本不变的政策;南非采取统一出售黄金政策。

(2) 外汇储备的结构管理。

与其他储备资产相比，外汇储备具有以下几个特点：一是流动性强，它能及时而较自由地用于对外支付和清偿的需要；二是不稳定性，它经常随着各种内外因素的变化而变化，即汇率经常上下波动；三是风险大，作为储备货币的汇率变动和持有储备的机会成本都会给外汇储备带来较大的风险。

所以，外汇储备的结构管理主要包含以下两个方面：

第一，选择储备货币的原则。选择何种货币作为储备货币并确定其所占比重除遵循上述三项原则外，还应考虑下列因素：一国国际贸易结构及国际债务结构；弥补财政赤字和干预外汇市场时所需货币；各种货币的收益率；储备货币多元化。

第二，外汇储备的资产形式的管理。外汇储备资产结构是指外币现金、外币存款、外币短期证券和外币长期证券等资产形式在外汇储备中的比重和地位。

一般来说，短期的、变现能力强的外汇储备资产，其流动性强，风险较小，且收益水平低；长期的、变现能力弱的外汇储备资产，其流动性差，风险较大，且收益水平高。要确定不同形式资产的比率，应根据本国的实际需要。一国持有储备资产首先要考虑其流动性和安全性，其次考虑其收益性。有些金融管理机构如英格兰银行和一些金融专家按照流动性的强弱，将储备资产划分为三个档次。第一档次为一级储备，即流动性强、随时可以变现使用的资产，主要用于一国经常性和临时性对外支付的需要，包括现金、活期存款、短期存款、短期债券、商业票据等。一级储备的数量应以满足国家对外支付、维护国际信誉为标准，在外汇储备资产中占一定比例。第二档次为二级储备，即流动性稍弱的资产，用于一国发生临时性或突发事件时对外支付的保证，如各种定期存单、年限在 2～5 年的中期国债等。第三档次为三级储备，即流动性差但收益率高的资产，是外汇储备资产中用于长期投资的部分，如期限为 4～10 年的长期债券、AAA 级欧洲债券，以弥补一级储备资产收益的不足。

第三节　中国的国际储备及管理

一、我国国际储备现状

我国自 1977 年起对外公布黄金储备和外汇储备的情况，1980 年恢复在国际货币基金组织的合法席位后，我国正式加入国际储备体系并正式公布我国国际储备各个组成部分的全面情况。与其他大多数国家一样，我国的国际储备也包括黄金储备、外汇储备、在国际货币基金组织的储备头寸及分配的特别提款权。

二、我国国际储备的特点

1. 黄金储备相对稳定

1981 年我国正式公布国家黄金外汇储备，从国家黄金库存中划出 400 吨（约合

1 267万盎司)黄金,作为国际储备中的黄金储备部分。我国执行的是稳定的黄金储备政策,从表8-3分析可知,截至2000年我国黄金储备除1979年和1980年为1 280万盎司外,其余年份均为1 267万盎司,而2001年为1 608万盎司,2002年至2008年一直为1 929万盎司,2009年至今为3 389万盎司。

2. 外汇储备是我国国际储备的主体

我国外汇储备约占我国国际储备总额的90%以上。1979—1992年我国外汇储备由国家外汇库存和中国银行外汇结存两部分构成。1993年起我国国际储备不包括中国银行外汇结存,仅指国家外汇库存,当年的外汇储备仅有194.43亿美元。随着我国外汇储备的迅速增加,到2001年年底,我国外汇储备已经超过2 000亿美元,仅次于日本,位居世界第二。截至2006年2月,我国外汇储备达到8 536亿美元,超越日本成为世界最大外汇储备国。到2013年12月底,我国外汇储备余额达38 213.15亿美元(如表8-2所示)。

表 8-2　1978—2013年我国黄金外汇储备状况

年份	黄金储备（万盎司）	外汇储备（亿美元）	年份	黄金储备（万盎司）	外汇储备（亿美元）
1978	1 280	15.57	1996	1 267	1 050
1979	1 281	21.54	1997	1 267	1 399
1980	1 280	22.62	1998	1 267	1 449.59
1981	1 267	47.73	1999	1 267	1 546.75
1982	1 267	111.25	2000	1 267	1 655.74
1983	1 267	143.42	2001	1 608	2 121.65
1984	1 267	144.20	2002	1 929	2 864.07
1985	1 267	119.13	2003	1 929	4 032.51
1986	1 267	105.14	2004	1 929	6 099.32
1987	1 267	152.36	2005	1 929	8 188.72
1988	1 267	175.48	2006	1 929	10 663.44
1989	1 267	170.22	2007	1 929	15 282.49
1990	1 267	256.69	2008	1 929	19 460.30
1991	1 267	399.4	2009	3 389	23 991.52
1992	1 267	376.71	2010	3 389	28 473.38
1993	1 267	211.80	2011	3 389	31 811.48
1994	1 267	517.07	2012	3 389	33 115.89
1995	1 267	735.97	2013	3 389	38 213.15

资料来源:中国人民银行网站

3. 我国在国际货币基金组织的储备头寸和特别提款权数额十分有限

至2011年,我国在国际货币基金组织的储备头寸和特别提款数额约为216.5亿美元,占我国国际储备的比重非常小,在我国国际储备中不占有重要地位。

三、我国国际储备的管理体制及政策目标

1. 国际储备的管理机构

按照"集中管理,统一经营"的方针,我国国际储备资产的管理机构是中国人民银行,主要负责制定储备资产的方针政策及原则、目标,储备资产的规模及币种的结构比例等。管理工作重点集中在对外汇储备的管理上,具体由国家外汇管理局归口管理,外汇储备资产大部分委托中国银行统一经营。

2. 国际储备资产管理的政策目标

我国国际储备资产管理的政策目标应从属于社会经济发展总战略,实现"安全性、流动性、盈利性"的统一,即在投放风险最小的前提下,保证能快速兑现,并争取获得最大的效益,所以国际储备资产不仅要求安全管理,而且要求高效经营,密切注意国际金融市场上汇率和利率的变化,适时适量进行资产转换,使储备资产投资合理化和多样化,避免国际通货膨胀及利率、汇率波动造成的损失。

四、我国的国际储备管理

1. 我国外汇储备的适度规模管理

外汇储备是国际储备的主体。改革开放以来,我国外汇储备呈现持续增长的态势,截至 2013 年 12 月,我国外汇储备为 38 213.15 亿美元,位居全球首位,占全球总外汇储备总额的三分之一。

近年来,我国外汇储备的适度规模应该是多少,国际上有着截然不同的看法。理论界认为我国目前的外汇储备已过高,按照国际通行标准,一般只要满足五个月的进口额,或者只要超过外债余额的 40% 即可。即便同时满足这两项标准,中国目前的外汇储备最多也只需要 8 000 亿美元左右,已经大大超过了国际公认的标准。所以,我国外汇储备量应该低一些,原因在于,首先,我国在国际金融市场上有较高的资信,从国外融资的能力较强;其次,外汇储备越多,占用的外汇资金也越多,与我国利用外资的基本国策相悖;最后,大量外汇储备形成的人民币占款会带来通货膨胀的压力。而我国政府认为保持较高的外汇储备是基于国民经济发展的综合因素的考虑,主要因为:①我国进口突发性强,出口商品在国际市场的竞争能力较弱,所以调节国际收支的能力较差,国际储备应略多些;②目前我国处于偿还外债的高峰期,2012 年 12 月末我国的外债余额为 7 369.86 亿美元,其中短期外债余额为 5 409.29 亿美元;③随着金融业对外开放程度的提高,国际投机资本必然会逐步进入中国市场,冲击股市、汇市,保持较高的外汇储备可以增加信心;④为了支持和维护香港金融中心的稳定和繁荣,我国也应有较充裕的外汇储备。

2. 我国国际储备的结构管理

我国国际储备结构管理是在贯彻安全性、流动性、盈利性原则的基础上,在保持国际储备区间管理上限与下限的基础上,将一级储备、二级储备和三级储备进行分类投资,综合管理。

参考资料 8-3

中国外汇储备并不过多

2013年5月以来,美联储退出量化宽松预期增强,诱发资本大规模逃离新兴市场国家。尤其是印度、印尼和泰国等亚洲国家遭受严重冲击,资本外逃、货币贬值、股市暴跌、通胀高企,恍如1997年亚洲金融危机"昨日重现"。外汇储备应在货币危机管理中扮演什么样的角色也再一次成为国际金融市场热点话题。

提到中国外汇储备,媒体和公众使用最多的形容词莫过于"天量"了。3.5万亿美元的总规模,世界排名第一,约占世界外汇储备总规模的1/3,仿佛"下辈子也花不完"。但绝对规模高并不等于过量,衡量一国外汇储备规模是否适度,需要综合考虑本国的宏观经济条件、经济开放程度、金融深化程度和外部环境等多方面因素。

(1) 传统指标缺乏现实意义。

按照传统理论,一国外汇储备规模应不低于3~6个月的进口、100%的短期外债或10%的GDP。根据这些传统指标,中国外汇储备的适度规模不应超过1.2万亿美元。一些学者据此得出结论,中国外汇储备已经大幅过量了。

但传统指标只考虑进口支付和外债偿付等基本需求,忽略了货币和金融危机等非常时期可能发生的"黑天鹅"事件,往往趋向低估潜在的资本外逃风险。从历史上货币危机的样本看,危机国家外汇储备的流失规模与这些传统指标并不吻合。

2008年的韩国就是一个典型的例子。韩国央行当时持有2 600亿美元的外汇储备,相当于6个月进口、26%的GDP和1.4倍的短期外债。仅从传统指标看,韩国似乎大可高枕无忧。但实际情况却是,金融危机诱发的资本外逃愈演愈烈,国际投机力量也趁势大量做空韩元,韩国央行被迫入市干预,外汇储备规模一年内缩水近1/4。若不是美联储通过双边本币互换向韩国"放水",稳住市场信心,韩国极有可能重蹈1997年亚洲金融危机的覆辙。

(2) 按IMF标准,中国外汇储备只略高于适度。

从国际收支平衡表可知,外汇储备变动=经常账户余额+资本账户余额。中国外汇储备的积累是经常账户和资本账户长期双盈余的结果。外汇资金流出也必定通过经常账户和资本账户下的多个渠道。衡量外汇储备的适度规模需对国际收支平衡表的各个项目进行全口径的分析。

国际货币基金组织(IMF)在2011年发布的实证性研究《衡量外汇储备适度性》中提出,对于实行汇率管理的国家,外汇储备的适度规模应为10%的进口、30%的短期外债、15%的证券投资和10%的广义货币(M2)总和的100%~150%。这一指标的含义类似于银行资本充足率,IMF根据历史上货币或金融危机国家的经验,对各种外汇流出渠道给出一定风险权重,计算风险加权后的外汇资金潜在流出规模。这一指标目前被运用于IMF对成员国外部账户稳定性的分析框架中。

按照IMF适度性指标,中国外汇储备适度规模范围应为2.2万亿~3.3万亿美元,目前3.5万亿美元的规模只略高于适度规模上限。这与IMF近期发布的《2013

年外部账户试验性报告》中对中国适度外汇储备规模的评估结论一致。

横向比较看,如果以外汇储备实际规模/IMF适度规模下限比例来衡量一国外汇储备过量程度的话,中国为161%,低于巴西的183%、俄罗斯的172%和印尼的166%,在大型新兴市场国家中处于相对较低的位置。

IMF的适度性指标已较全面地考虑了进口支付、外债偿付、证券赎回以及国内居民购汇等外汇流出的"正常"渠道,但仍在一定程度上忽略了中国式特殊风险,比如贸易热钱和外商直接投资中"两未"利润(外商投资企业未分配利润或已分配未汇出利润)的流出风险。

(3) 结构性调整关键期,外汇储备保护伞很重要。

也许有人会质疑,前面对适度外汇储备规模的计算都是基于危机情景下的,中国爆发危机的可能性有那么大吗?没人能确切地知道中国发生危机的概率有多大。但毫无疑问的是,在经历了三十多年经济高速增长期之后,中国经济正处于结构性调整的微妙时点,地方政府债务、影子银行和房地产风险相互缠绕、不断累积,各经济部门杠杆率持续攀升,未来通过一场危机进行洗牌的可能性已经上升。

外部环境也可能推波助澜。2008年金融危机和2010年欧债危机后,发达国家逐渐认识到输入货物、积累债务的经济模式不可持续。从奥巴马政府的制造业回流计划到欧盟对华光伏反倾销案,再到"安倍经济学"的日元贬值策略,无一不是贸易保护主义抬头的迹象。此外,美国率先走出金融危机阴霾,经济复苏逐渐企稳,逐渐引领发达国家新一轮的加息周期,势必引发资本大规模回流。未来几年,中国出现经常账户和资本账户双赤字的情形并非不可想象。

无论从国际标准还是与新兴市场横向比较看,中国外汇储备都没有像一些媒体和经济学家渲染得那样"盆满钵盈"。尤其考虑到我国正处于经济结构调整的关键节点;面临极其复杂的国际经济环境,维持3万亿美元以上的外汇储备规模是保障我国经济平稳运行、抵御外部冲击、维护国民和投资者信心的合理水平。中国人常说,手中有粮,心中不慌。也许韩国、希腊、印度尚可将美国、欧盟和IMF当作"提款机",但中国作为最大的社会主义发展中国家,要想保持在政治、外交和经济上的主动权和独立性,外汇储备才是我们可依赖的靠山。

资料来源:http://forex.hexun.com/2013—09—16/158045987.html

第四节 国际债务概述

美国经济学家钱纳里和斯劳特根据战后欧洲重建经济经验,针对发展中国家经济状况提出"两缺口模式",即发展中国家由于底子薄,技术落后,劳动生产率低,出口规模小,储备积累甚少,难以满足经济发展的需求,必然出现投资大于储蓄的

"储蓄缺口"和进口大于出口的"外贸缺口",要弥补这两个缺口,较好的方法是利用外资,而利用外资必然形成对外债务。

一、外债的含义

外债指在任何特定时间一国居民欠非居民的、已使用尚未清偿的、具有契约性偿还义务的全部债务。这是国际货币基金组织(IMF)、世界银行(IBRD)、国际清算银行(BIS)和经济合作与发展组织(OECD)对外债的统一口径,通常被称为外债的"核心定义"。但对于国际债务具体内容的确定,各国不尽相同。

国际金融组织对外债的"核心定义"有四个特征。第一,外债包括外币债务,也包括本币债务。第二,外债的当事双方应具有债权债务关系。例如直接对外借款、延期付款贸易,发行债券、补偿贸易、金融租赁等都属于外债范畴。但直接投资、购买公司股权以及无偿捐赠,由于当事双方不具有债权债务关系,因此不属于外债。第三,外债的债权债务关系须具有契约性,即应是合法、有效的,具有明确的偿还日期和本息额。这就将口头协议、口头承诺以及没有约束力的其他协议排除在外债范畴之外。第四,外债的这种债权债务关系必须是发生在居民与非居民之间的。所谓居民,是指在一个国家居住时间在一年以上的法人、自然人、政府机构和盈利团体,反之,则是非居民。所以在我国注册的外商投资企业属于我国居民,它们的对外负债,应列入我国的外债统计之内。反之,国内企业在海外注册的子公司,其对外负债则应属于其驻在国的外债,而不算我国的外债。

二、外债监控指标

一国一定时期内到底需要举借多少外债,重点应考虑国民经济发展对外资的需求和外债的承受能力问题。一国经济对外债的承受能力主要表现为对外债的偿还能力,它是确定适度外债规模的重要因素。国际上通常采用某些指标来衡量或考核一个国家的偿债能力及外债负担,最常用的指标有以下几项。

(一)偿债率

偿债率(Debts Service Ratio)是指一定时期(通常为一年)一国外债还本付息额与当年贸易和劳务出口收汇额的比率。公式为:

偿债率=(本年度外债还本付息额/本年度商品与劳务出口收汇额)×100%

这一指标反映一国当年出口商品和劳务的外汇总收入中有多大比重用于偿付外债本息。偿债率是衡量外债适度规模的核心指标,国际上公认的警戒线是20%,在指标以下视为安全。这一指标只作为主要参考,并非超过这一指标一定会发生债务危机。

(二)债务率

债务率(Ratio of External Debt to Exports)亦称外债率,是指一国或地区年末外债余额占当年商品和劳务出口收汇额的比率。公式为:

债务率＝（一国年末外债余额/当年商品和劳务出口收汇额）×100％

这是国际货币基金组织和世界银行等国际金融机构的专家，根据对一些偿债困难国家的考察得出的经验数据，它反映了一个国家的外债规模是否与其外汇收入相适应。国际上公认的安全线为100％，若超过100％，则债务负担过重。但这不能绝对化，因为一国即使外债余额很大，如果长期和短期债务期限分布合理，当年还本付息额也可保持在适度水平，还债负担不会太重。

（三）负债率

负债率（Ratio of External Debt to GNP）是指一国或地区外债余额与国民生产总值（GNP）的比率。公式为：

负债率＝（一国外债余额/国民生产总值）×100％

这一指标用来衡量一国对外资的依赖程度或从总体上考察该国的债务风险，参考标准是10％。超过这一比例就有可能对外债过分依赖，当金融市场或国内经济发生动荡时，容易发生偿债困难。

（四）短期外债比率

短期外债比率（Ratio of Short-term External Debt）是一国期限在1年或1年以下的短期外债占整个外债的比例，是衡量一国外债期限结构是否合理的指标，国际公认标准是25％。若超过这一指标，则短期债务比重就较高，偿债期过于集中，增加了偿付压力。

（五）其他债务衡量指标

还有一些指标也可作为对外举债规模安全度的参考，包括一国当年还本付息额对当年国民生产总值的比率，参考系数为5％；外债总额与本国黄金外汇储备额的比率，国际公认控制在3倍以内较为稳妥。

当然上述指标在运用当中应结合一国具体实际，将各项指标加以综合考察比较，才能得出正确结论，而不能孤立地采用一个指标作结论，以免以偏概全。

三、国际债务

就一个国家来说，其对外所负的债务称为外债。就全球而言，世界各国对外所负的债务称国际债务。全球性债务问题始于二战以后，迅速发展于20世纪70年代，20世纪80年代爆发国际性债务危机以来，国际债务问题被提上了议事日程，各国普遍重视对外债的管理，并采取了加强管理的措施。

（一）国际债务危机的形成与发展

20世纪70年代初期，由于国际市场可供应资金迅速增长，拉美和非洲一些发展中国家大举借债。1973—1979年间，发展中国家的实际债务和偿债额分别年平均增长了4.7％和8.7％。在国际资金供求增加的前提下，伴随着国际金融中心的兴起，欧洲货币市场的发展，以及国际私人银行的扩展，一个全球性资金融通机制初步形成，为调节世界资金的供求创造了良好的条件。在1971—1980年的10年间，全世界国际货款额增长约为11倍，而同期世界各国国内生产总值增长总额约为3倍，贸易额增长约为5倍。其中，最大的借款人是发展中国家，发展中国家的对外债务急剧增长。从1973—1982年，非产油发展中国家的对外债务总额每年递增18.8%，1972年外债仅907亿美元，1982年猛增至8 310亿美元，增长近10倍。

在国际债务迅速增长的同时，国际债务结构发生了三方面的重大变化：第一是债务私人化，即债务总额中私人银行所占比重大幅度增加，而政府贷款相对减少。20世纪60年代政府贷款占发展中国家外债总额的近2/3，而在20世纪70年代末80年代初，私人信贷则占全部发展中国家外债总额的2/3到3/4。从1973年到1982年，政府贷款年增长率只有14.5%，而私人贷款却按年率19%的速度增加。第二是浮动利率债务增加。国际金融市场上采用浮动利率的外债所占比重急剧增加，1970年浮动利率债务占债务总额的比例在10%以下，1980年增长到40%以上；发展中国家各类借款的平均利率由1972—1973年的6%增至1982年的10.2%，利率上升加重了债务国的负担，债务偿还额日益扩大。第三是贷款期限缩短。短期信贷每年递增22.2%，中长期信贷只增长18.2%。由于短期债务净额的增加，债务国更容易受到利率上升和商业银行突然撤销支持行动的影响。

国际债务的迅速增长和国际债务结构的变化，使国际债务问题显得严峻，债务国债务负担日益加重，债务偿还日益艰难。1981年3月波兰政府宣布无力偿付到期外债本息后，1982年8月12日世界第二大债务国墨西哥正式向国际货币基金组织、美国财政部和联邦储备银行通告已无力偿还其到期的债务本息195亿美元；同年9月第三世界最大债务国巴西宣布，12月阿根廷也宣布不能按期偿还外债，要求重新安排债务。此后一年多的时间里，拉丁美洲、非洲、东欧、亚洲地区的近40个国家先后出现偿债困难，要求延期偿还债务，出现了所谓的"多米诺骨牌效应"，从而发生了二战后最严重的国际债务危机。据世界银行统计，2010年至2011年期间，发展中国家外债增长了12%左右，总额达4.5万亿美元。债务问题已成为当今世界发展的重大障碍。

（二）债务危机爆发的原因

在理论上，大量的债务并不意味着必然会爆发债务危机。发展中国家债务危机的爆发原因主要有以下两类。

（1）经济政策失误，发展模式选择不当是引发债务危机的内因。

一些债务国实行进口替代时间过长，经济发展计划过于庞大，超出国力，以至债台高筑无力偿还。有些国家经济政治、社会结构不适应现代化建设的要求，不利于资源的有效配置，没有把所借入的外汇资金用于经济建设，而是用于消费品甚至军火进口。一些债务国缺乏宏观政策的调控管理，财政货币政策不当，导致贷款的剧增，同时国内通货膨胀加剧，从而影响本国单一产品的竞争能力，出现大量资本外逃，丧失对外支付能力。

(2) 发达国家保护主义加强、石油危机、美元的高汇（利）率是引发债务危机的外因。

1974—1975 年，特别是 1980—1982 年发达国家爆发经济危机，他们为转嫁危机的影响，高筑贸易壁垒，压低国际初级产品的价格，严重地影响了发展中国家的外汇出口收入，削弱了发展中国家的还债能力。

20 世纪 70 年代和 80 年代的两次石油危机，由于石油价格高涨，非产油发展中国家不得不举借外债来满足进口能源的需要，不仅外债增加，而且国际收支逆差加剧，降低了这些国家的对外清偿能力。

发展中国家的外债有 40% 以上以浮动利率计息，有 3/4 以美元为贷款货币，20 世纪 80 年代初美元汇率和利率上涨，在美元高汇率与高利率双重压力下，发展中国家的债务负担加重，影响其对到期外债的偿还能力。

（三）缓解债务危机的措施

1982 年爆发的国际债务危机不但困扰发展中国家，而且危及国际金融体系的稳定；它不仅影响发展中国家，也影响发达国家；不仅是金融问题和经济问题，也是政治问题。因此，发达国家政府、国际金融组织以及某些国际经济会议提出不少方案、办法和举措。

1. 发达国家的方案

(1) 重新安排债务。

它是在债务危机爆发的初始阶段提出的，包括两个主要内容。第一个是官方债务或官方担保的债务，在巴黎俱乐部（Paris Club），也称十国集团（由美、英、德、意、日、加、比和瑞典等十国组成）安排组织下，由债权国政府和债务国根据多边协议原则，签订双边协定；债务重新安排的金额、还款期的延长是统一的，而利率通过双边谈判加以确定。第二个是债务国欠私人银行的债务通过由国际货币基金组织牵头成立的银行咨询委员会，组织债权国银行和债务国达成重新安排债务协议，但债务国必须先签署和实施 IMF 要求的稳定经济的紧缩计划，同时债务国必须如期支付所有应付的利息。这一方案缓解了一些债务国的窘迫状况，但其作用并不显著。

(2) 贝克计划（Baker's Plan）。

1985 年 9 月，当时的美国财政部长贝克在国际货币基金组织和世界银行第 40 届年会上提出了一个新建议，即在 1986—1988 年的 3 年内，由国际大商业银行提供 200 亿美元，由世界银行、美洲开发银行等机构提供 90 亿美元，贷给 15 个重债国。接受贷款的债务国必须实行全面的经济改革和调整政策，以此作为增加贷款的条件。

(3) 日本的"资金回流计划"。

1988 年 9 月，在国际货币基金组织和世界银行年会上，当时的日本财政大臣宫泽喜一代表日本政府提出了一项解决发展中国家债务问题的倡议，其主要内容为：①日本按低于市场的利率增加日本输出入银行的自由信贷，将其中一部分国际收支顺差"回流"给债务国，以配合国际货币基金组织对中等收入债务国执行中长期调整计划的援助;②由国际货币基金组织设立户口,专门负责管理债务国外汇储备,支持债务证券化后的债券实力,日本通过提供贷款、援助或购买证券等方式,将其顺差资金返回到那些贸易逆差和资金短缺的国家和地区。两次资金回流计划共提供了近 700 亿美元的资金,缓解了一些燃眉之急。

(4) 布雷迪计划。

1989 年 3 月 10 日在国际经济问题讨论会上,当时的美国财政部长尼古拉斯·布雷迪提出减轻发展中国家债务负担的新建议,其主要内容是利用世界银行和国际货币基金组织现有财源设立一个基金公库,并以日本提供的资金为补充,在自愿的基础上,债务国以上述基金为担保,与债权银行进行债务转换交易。世界银行和国际货币基金组织欢迎布雷迪计划,拟提供 200 亿到 250 亿美元的资金,以鼓励商业银行削减债务国的本金和利息。

这些计划、方案、决议的实施,对缓解债务国的困境起了一定的作用,但由于多种原因而不能解决根本问题。

2. 发展中国家的方案

(1) 发展中国家的经济调整方案。

债务问题在很大程度上与债务国的国内因素有关。因此,发展中国家也相应进行了一系列的经济调整,包括重订发展战略;协调宏观经济政策;调整经济结构;改革经济管理体制。发展中国家自身的这些努力是积极和有效的,促进了债务国经济的发展,增加了出口国的创汇收入,提高了偿债能力,从一定程度上缓解了债务危机的影响。

(2) 债务资本化。

债务资本化也称债务—股权转换,是指投资家购入债权银行对发展中国家的债权,将债权通过债务国的中央银行调换成当地的货币进行投资。在这一转换过程中,债权人、债务人和投资者三方都能获利。原债权人以低于账面价格卖出不良债权,收回大部分本金;投资者能以低于账面价格买入债权,又以账面价格调换成当地货币进行投资;债务国将外币债务用本币购回,既减少了外债,又促进了国内投资。但该方式在实践中也有一定的障碍,发展中国家为了保护本国经济,对外国投资进行限制,而外国债权调换成本币,也不利于本国通货膨胀的控制。从债务资本化落实收到实效的国家主要有智利和墨西哥。智利进行债务资本化的总额达 20 多亿美元,是与其实行较为宽松的外国投资政策分不开的。

(3) 债务转换环境保护投资。

债权银行以较大的折让价出售其对债务国的债权,环保机构从二级市场上买到的债权大于其票面价值的数倍,再与债务国政府谈判,可免除部分债务,但债务国政府将免除的这笔资金以本币投资于全国性环保项目。到 1988 年,至少有厄瓜多尔、玻利维亚、哥斯达黎加和墨西哥四国落实了这一方案。虽然这个方案免债金额不大,但既减轻了债务负担,又能保护生态环境,对发展经济有一定的现实意义。

第五节 中国的外债管理

一、我国外债定义

我国国家外汇管理局对外债的定义是：中国境内的机关团体（包括政府组织、事业单位）、企业、金融机构或者其他机构对中国境外的国际金融组织、外国政府、金融机构、企业或者其他机构用外币承担的具有契约性偿还义务的全部债务。

我国于1987年8月正式公布了《外债统计监测暂行规定》，明确了我国外债内容和类型：国际金融组织贷款、外国政府贷款、外国银行和金融机构贷款、买方信贷、外国企业贷款、发行外币债券、国际金融租赁、延期付款、补偿贸易中直接以现汇偿还的债务、其他形式的对外债务。同时明确了借款单位向中国境内注册的外资银行和中外合资银行借入的外汇资金视同外债。

我国外债界定与国际外债定义的差异：

（1）我国外债只指货币形式而不包括实物形式的债务，补偿贸易下返销产品为实物形式，所以不属于外债。

（2）由于人民币不可自由兑换，所以外债只是外币计价的债务，本币债务不算作外债。

（3）中国境内的外资银行和合资银行的对外债务不属于中国外债，但是中资企业或机构向其借款属于中国外债。

（4）外国直接投资和企业资本不构成国家的外债。如三资企业，国家对这些外商投资不承担偿还的义务，而是根据有关法律、企业或公司的章程、合同、契约，由参加合营、合作双方共负盈亏。外商独资企业则由企业投资者自负盈亏，从企业盈利或收益中偿付外国投资者的股息、红利或应分配的收益。虽然这类支付不构成国家的债务，但外资所得的股息、红利或应分配的收益，以及合营、合作期满后本金的汇回都属于国家的外汇支出，我国在计算国际收支平衡时需要将之列为外汇支出并按期支付。由此可见，外资与外债是相关联但完全不同的概念，外资的范围比外债广，包含需偿还的借贷资本和无须偿还的直接投资，国际债务则指那些需要还本付息的资本流动。

（5）外汇担保只有在实际履行偿还义务时，才构成外债，否则应视为或有债务，不包括在外债监测范围内。

二、我国外债概况

20世纪80年代以来，我国外债规模不断扩大，80年代初外债尚不足100亿美元，80年代后期，外债规模逐年递增，1990年年底我国外债余额为525.45亿美元，到1995年年底外债规模翻了一番，达到了1 065.9亿美元，成为继巴西、墨西哥之后的世界第三大债务国（美国除外）。到 2001 年年底，我国外债余额为 1 701.1 亿美元（不包括香港、澳门和台湾地区的对外负债），比 1979 年增长了 77 倍，增长速度远远快于国民生产总值的增速。截至 2015 年年底，我国外债余额为 14 162 亿美元。从债务期限结构看，中长期外债余额为 4 956 亿美元，占 35%；短期外债余额为 9 206 亿美元，占 65%。短期外债余额中，与贸易有关的信贷占 48%。

三、我国的外债管理制度

1. 外债管理机构

我国对外债实行计划管理，负责机构为国家发展与改革委员会和国家外汇管理局。国家发展与改革委员会的主要职责是拟定外债总体规划并确定其资金投向，审查并提出国家统借外资的备选项目，研究并确定利用外资的战略方针与政策，编制利用各种贷款形式的计划。国家外汇管理局的职责是拟定借用外债的政策法规，编制国际收支与利用外资计划，负责外债的登统与监督检查并进行收支管理，分析和预测对外负债形势。

2. 外债管理机制

我国对外债管理的总体要求是：统一领导、分工负责、加强管理、严格控制。

（1）统一领导。

统一领导指所有对外借款均须纳入国家计划，由发改委统筹安排、综合平衡，根据国民经济发展战略及目标、对外方针政策等制定年度和中长期对外借款计划。

（2）分工负责。

分工负责有两部分主要内容，一是借用国际货币基金组织、世界银行、农业发展基金、日本输出入银行和各国政府贷款，分别由中国人民银行、财政部、对外贸易经济合作部、农业部及中国银行归口管理，经营衔接，1998 年后上述贷款划归财政部统一管理。其次，借用国际商业贷款曾由指定的有关银行和各地的国际信托投资公司 10 个单位即 10 个窗口对外办理了外币债券的发行，对外借用商业贷款均须经中国人民银行授权国家外汇管理局审批。

（3）加强管理与严格控制。

主要指加强对外债投资方向的管理与控制，以保证有足够的外汇来源偿还贷款本息，落实"谁借款，谁偿还"的原则。另外还指对外债规模的严格控制，合理安排外债的币种、期限、形式与利率的结构，并应与我国进出口和国际收支的状况相符合，以保证按期还本付息，履行贷款协议。

（4）债务登记。

我国的外债登记制度是实行外债管理的主要政策之一，有利于加强对利用国外贷款项目借、用、还全过程的信息监测，为有效的债务管理奠定基础。借款单位在每笔借款正式签约后的规定期限内，到当地外汇管理部门办理登记手续，领《外债登记证》。外债一经登记，便列入国家外债监测系统之内进行全程跟踪；经处理后的信息数据，成为国家宏观债务经营和管理的依据。

【本章小结】

1. 国际储备是一国货币当局持有的，用于弥补国际收支逆差、维持其货币汇率和作为对外偿债保证的各种形式的金融资产的总称。国际储备的特点是官方持有性、自由兑换性和充分流动性。国际储备与国际清偿能力既有联系又有区别。一国的国际储备由黄金储备、外汇储备、普通提款权和特别提款权构成，其中外汇储备是主要储备资产。国际储备来源于国际收支顺差、中央银行实施外汇干预政策时购进的可兑换货币、中央银行在国内收购黄金、一国政府或中央银行对外借款净额和国际货币基金组织分配的特别提款权。国际储备的作用体现在弥补国际收支逆差、干预外汇市场和作为一国的信用保障。

2. 国际储备管理包括两个方面：一是规模管理，二是结构管理。通常将一国国际储备的适度规模介于经常储备量和保险储备量之间。国际储备结构的管理是指一国如何最佳分布国际储备资产，而使黄金储备、外汇储备、普通提款权和特别提款权四种形式的国际储备资产的持有量之间保持适当的比例关系。

3. 外债是指在某一给定时间，一国居民对非居民承担的已拨付但尚未偿还的契约性债务，这种债务或是须偿还本金（无论是否支付利息），或是须支付利息（不论是否偿还本金）。外债的监控指标有偿债率、债务率、偿息率、负债率以及短期债务与全部债务的比例。

4. 我国国家外汇管理局对外债的定义是：中国境内的机关团体（包括政府组织、事业单位）、企业、金融机构或者其他机构对中国境外的国际金融组织、外国政府、金融机构、企业或者其他机构用外币承担的具有契约性偿还义务的全部债务。我国外债界定与国际外债定义有差异。我国对外债管理的总体要求是：统一领导、分工负责、加强管理、严格控制。

【关键概念】

国际储备　外汇储备　特别提款权　适度国际储备规模　外债　偿债率　债务率　负债率

【本章习题】

一、思考题

1. 国际储备的概念、构成及作用。
2. 如何确定一国的国际储备是否适度？
3. 外债的定义。
4. 近几年我国外汇储备增长迅速，人们对这一问题有不同的看法，请谈谈你的观点。
5. 2003 年 12 月底，我国外债余额折合为 1 936.34 亿美元，其中短期外债为

770.44亿美元，同年我国GNP为14 120亿美元，商品和劳务出口收汇额是4 380亿美元，若用国际上通用的指标来衡量我国外债，则我国短期外债比率、债务率和负债率分别是多少？你对此有何看法？

二、案例分析

国家外汇管理局2014年2月7日公布数据，2013年我国国际收支呈现"双顺差"。这是助推外汇储备进一步增加的重要因素。2013年年末，我国的外汇储备余额达到3.82万亿美元，比上年末增加5 097亿美元，再创历史新高。

从大的方面说，这是我国宏观经济因素和外汇管理制度因素共同作用的结果。外汇储备增加有两个渠道，一个是经常项目下的贸易盈余，另一个是资本项目下的外资流入。据统计，2013年经常项目顺差占GDP的比重约为2%，和历史高点相比大幅减少，显示我国的进出口贸易已经趋于平衡。

从国际收支的内部构成来看，资本和金融项目顺差占比逐渐增大。中国社科院世界经济与政治研究所国际投资室主任张明分析道，最近几年的一个新变化是，资本与金融账户顺差对外汇储备增长的贡献，已经显著超过了经常账户顺差。数据显示，2013年资本和金融项目顺差额较经常项目高近30%。中国国际经济交流中心副研究员张茉楠认为，从去年的情况来说，外资流入的影响更大一些。2012年以来，中国国内金融体系流动性紧张，无风险收益率持续走高，导致中美利差持续拉大，10年期国债收益率利差超过170个基点，吸引外资流入。不过，外资流入并不意味着热钱大量涌入。

资本管制是外汇储备走高的另一推手。中国人民大学财政金融学院副院长赵锡军认为，从外汇管理体制的角度来说，我们目前还对资本账户进行管制，资本不能实现完全的自由流动；同时，在有管理的浮动汇率制下，汇率不能完全自由浮动，导致顺差中的很大一部分都转化成了外汇储备。我国外汇储备的基数本来就很大，在经济因素和制度因素的共同作用下，使之再创新高。

虽然近年来外汇储备一直保持了较快的增长势头，但专家认为，中国外汇储备快速稳定增长的日子可能已经结束了。张茉楠分析道，资本套利是一个短期因素。随着美联储逐步退出量化宽松，美国利率水平上升，中美利差会逐步缩小，这会对资本流入产生重要影响。同时，在贸易失衡改善的背景下，由经常项目顺差导致的外汇储备积累也会减少。因此，外汇储备高速增长很可能面临拐点。赵锡军认为，制度因素也在变化。我国正在推动外汇管理体制改革，总的方向是市场化、更灵活，这就意味着市场因素对汇率和资本流动的影响越来越大。

中国人民银行副行长、外汇管理局局长易纲表示，当前中国继续积累外汇储备的边际成本已经超过边际收益，继续增加外汇储备已不合算。从2002年开始，我国外汇储备开始快速增长。这个过程中，央行的资产负债表随之快速扩张，积累了大量的外储资产，并投放外汇占款，释放出人民币流动性。同时，为了避免引发通胀，央行开展各种公开市场业务操作对冲过多的流动性。

持有充裕的外储资产，对平衡国际收支、稳定人民币汇率，以及应对国际金融危机冲击等方面均有积极作用；央行也因此付出了一部分成本，比如必须对商业银行交付的存款准备金和购买的央行票据支付相应利息。但专家们认为，较之直接的利息支出，积累外汇储备对我国货币政策的影响更为关键。张茉楠表示，近年来，随着外汇储备增加，外汇占款已经成为影响我国基础货币供应最主要的因素。随着人民币升值的预期不断加强，热钱流入、外商直接投资（FDI）、外币存款转为人民币存款等规模都会进一步扩大，进而加大货币供应量控制的难度。

外汇储备的收益也难以令人完全满意。目前，央行把外汇储备主要投资于美国国债。张茉楠分析说，从持有美债的数量来说，中国是美国最大的债权国。可从成本收益的角度来说，中国是美国的债务国。近10年，美国对中国的直接投资平均回报率是15％至20％；而我们投资美国国债，收益率在3％左右，相较而言，美国从中国获得的投资回报要高得多。

随着外汇储备存量的增加，央行持有外汇储备的成本也水涨船高，可投资美债的收益又比较低。有观点认为，过多的外汇储备是包袱，应当甩掉。赵锡军认为，不能简单地将外汇储备看成是包袱。一定规模的外汇储备是一种资产优势，我们要考虑的是怎么把它转换成其他优势。可以从"分散理财"的角度探索和拓展外汇储备的使用。张茉楠建议，除了部分外汇储备应保持较高的流动性之外，其他部分应在国家战略主导下，为支持实体经济服务，并以战略性和盈利性为首要目标进行长期性或短期专业化投资。利用外汇储备支持企业"走出去"进行各种直接投资或收购、兼并，还可以支持关键设备和技术的进口。

请分析：
1. 我国外汇储备快速增长的原因。
2. 我国外汇储备的收益和成本。
3. 我国外汇储备的适度规模。

第九章
国际资本流动

【学习目标】

知识目标

1. 了解当代国际资本流动的基本格局。
2. 理解国际资本流动对经济的影响。
3. 掌握国际资本流动的含义和形式。

能力目标

1. 能根据当代国际资本流动的形式简单分析中国吸收外资状况。
2. 能根据国际资本流动对经济的影响分析对中国经济的影响。

【导入案例】

"中国大妈"们纷纷"抄底黄金"为什么亏了?

2013年4月12日,在中国黄金市场周五闭市时段,国际金价大跌5.03%;4月13日,更是暴跌了9.09%。两个交易日金价下跌超过14%,创下了30年来的最大单日跌幅,成为有史以来最大的黄金"黑天鹅"事件。事后越来越多披露的信息表明,此次极端的"金价雪崩"事件,与美联储和高盛、美银美林联手操纵脱不了"干系"。此前,4月9日,美联储自摆乌龙,将美联储会议纪要提前发给了高盛集团、巴克莱资本公司、富国银行、花旗集团和瑞士银行在华盛顿的代表。美联储会议纪要在美国市场开盘前的"泄密"给高盛等投行以做空的理由,而提前知情的美林交易团队在黄金期货市场两次卖空400吨黄金,终于引起国际黄金价格罕见的暴跌。

本轮国际金融危机以来,由于国际金融体系缺少统一监管协调机制,个别大的发达经济体出于自身利益最大化的考虑,开始实施"货币战争"策略,竞相实施定量宽松货币政策,向国际金融市场投放了海量的流动性。有业内专家分析指出,美联储在打压欧元、引爆欧债危机之后,希望再度强化美元储备信用的手段之一就是打压黄金,既然各国央行希望增储黄金强化本币信用,那美联储就纵容打压黄金,让其他央行看看黄金的信用是否能像美元一样坚挺。

在国际"金价雪崩"之后,"中国大妈"们纷纷"抄底黄金",将金价推上1 400多美元,但是不久又遭遇国际投机机构的再次做空,迄今遭受了约30%的损失。另外,也有不少中国机构或公司高价抄底黄金,出现了不小的亏损。

当前,在美、日、英、欧等央行竞相实施定量宽松货币政策,并与中国等新兴市场国家展开"货币战争"的背景下,国际资本或"热钱"的流动规模和流向无法准确把握,未来还将如何影响国际金融市场,及给中国带来什么样的影响,没有人能准确及时地判断,因此还可能以令人想象不到的形式或方式呈现出新的金融风险,并有可能向国内市场传染。对此,我们必须高度重视,保持高度警惕。

中国"大妈"的实力毋庸置疑,但在强大的国际资本面前,却很难操控黄金的价格,国际资本的流动越来越成为全球经济的重要风向标,随着世界经济的快速发展,国际资本流动的规模和影响也越来越大,已成为不可忽视的经济现象。

(资料来源:http://www.financialnews.com.cn/)

第一节　国际资本流动概述

一、国际资本流动的含义

国际资本流动,简言之,是指资本在国家之间转移,或者说,资本在不同国家或地区之间作单向、双向或多向流动,具体包括:贷款、援助、输出、输入、投资、债务的增加、债权的取得、利息收支、买方信贷、卖方信贷、外汇买卖、证券发行与流通等。它是国际经济交易的基本内容之一。

案例 9-1

国际资本流动是国际金融危机产生的重要原因之一

在当前国际金融危机还在演化、国际主要经济体复苏极不稳定的形势下,国际资本流动去向变幻莫测,不时引起国际金融市场动荡起伏,并给包括中国在内的新兴市场国家带来不确定性的影响。因此今后一个时期,我国应当紧密跟踪国际资本流动的动向和趋势,高度重视和防范国际资本流动风险及其向国内金融系统传递渗透的风险,以维护和保障国家金融和经济安全稳定运行。

近些年来,国际资本流动呈现变化莫测、纷繁复杂的特点,其给世界各个经济体都先后带来了巨大的金融风险,甚至引发其国内及国际的金融危机。稍远一点的,有日本在20世纪80年代末发生过金融危机,1997年发生过亚洲金融危机,1998年发生过俄罗斯金融危机。再近一点的,如2008年发端于美国的国际金融危机。

二、国际资本流动的形式

国际资本流动的形式多样,按照时间长短划分,可以分为短期国际资本流动和长期国际资本流动两种。

(一)短期国际资本流动

短期国际资本流动(short-term international capital movements)是指期限为一年或一年以内或即期支付资本的流入与流出。这种国际资本流动,一般都借助于有关信用工具,并通过电话、电报、传真等通信方式来进行。这些信用工具包括短期政府债券、商业票据、银行承兑汇票、银行活期存款凭单、大额可转让定期存单等。由于通过信汇、票汇等方式进行国际资本转移,相对来说,周转较慢,面临的汇率风险也较大。

短期国际资本流动具体可划分为四种形式:贸易资本流动、保值性资本流动、投机性资本流动和银行资本流动。

(1)贸易资本流动:指国际贸易往来的资金融通与资金结算而引起的货币资本在国家之间的转移。世界各国在贸易往来中,必然会形成国际债权债务关系,而为结清这些关系,货币资本必然从一个国家或地区流往另一个国家或地区,贸易资本流动就形成了。一般来说,这种资本流动,是资本从商品进口国向商品出口国转移,具有不可逆转的特点,因此,严格来说,它属于国际资金流动。

(2)保值性资本流动:又称为资本外逃(capital flight),是指金融资产的持有者为了资金的安全或保持其价值不下降而在国与国之间进行资金调拨转移所形成的短期资本流动。比如一国发生政局变化,为资金安全考虑,投资者会将资金转移到政局形势平稳的国家或地区;当一国经济发生恶化、国际收支失衡时,资金也会为避免损失而外逃到经济状况良好的国家或地区。此外,外汇管制政策的严格与否也影响资金的流动。

(3)投机性资本流动:指投机者利用国际金融市场上的汇率、金融资产的价格波动进行交易从中牟利的短期资本流动。这种资本也被称作"国际游资"或"热钱"(hot money),因其具有可逆性和高流动性,这种资本的大规模流动往往对经济造成巨大的影响。

(4) 银行资本流动：指各国外汇专业银行之间由于调拨资金而引起的资本国际转移。如头寸调拨、同业拆借等形成的大笔资金流动。

案例 9-2

短期国际资本流动会造成全球经济动荡

短期国际资本的投机冲击引起一个国家的政局不稳、社会动荡，恶化了投资环境，打击了投资者信心，造成严重资金外流。1997年亚洲爆发金融危机，东南亚各国货币普遍贬值了10%～40%，居民财富大幅缩水，许多人一生的积蓄大部分已经荡然无存，自然造成了社会剧烈地动荡，各国出现了不同程度的政治危机。动荡不安的政局，严重影响了投资者的投资信心。据估计，自金融危机爆发至1998年5月，约有1 150亿美元从韩国、泰国、菲律宾、印度尼西亚和马来西亚流出，而在发生金融危机之前，每年大约有1 000亿美元流入亚洲地区。资金外流造成的资金短缺严重影响了亚洲国家经济的恢复。

（二）长期国际资本流动

长期国际资本流动是指期限在一年以上的资本流动。按照资本流动方式的不同，长期国际资本流动包括直接投资、间接投资和国际借贷三种形式。

1. 直接投资

直接投资是指投资者直接输出本国的资金、设备、专有技术，投资于另一国家或地区，从事生产经营活动。直接投资以取得投资项目的全部或部分经营管理权为标志。国际直接投资的方式主要有三种类型。

（1）创办新企业。如在国外成立子公司、附属机构、创办合资企业等。直接投资不但包括货币资本的投资，也包括机器设备、存货、技术专利、商标权等无形资产投资。

（2）收购外国公司股权达到一定比例以上。如美国法律规定，外国公司购买一家企业的股票超过10%，即为直接投资；而国际货币基金组织和我国规定的比例均为25%。

（3）利润再投资。利润再投资指外商投资企业将未分配利润或者已分配利润中未取出部分，作为新投资追加在原项目上或投资于新项目。这应视为投资者向外商投资企业提供的实际投资。由此可见，直接投资有时也不涉及资本在国家之间的实际移动。

投资者在选择直接投资时，通常要判断投资的政治风险程度，即当地政局的稳定性、政策的连续性、法规的健全性等；同时判断投资的经济风险程度，即当地经济发展前景、基础设施的完善程度等。

参考资料 9-1

2013 年中国吸收外资情况

2013 年 1—12 月，全国设立外商投资企业 22 773 家，同比下降 8.63%；实际使用外资金额 1 175.86 亿美元，同比增长 5.25%。1—12 月，对华投资前十位国家/地区（以实际投入外资金额计）依次为：中国香港地区（783.02 亿美元）、新加坡（73.27 亿美元）、日本（70.64 亿美元）、中国台湾地区（52.46 亿美元）、美国（33.53 亿美元）、韩国（30.59 亿美元）、德国（20.95 亿美元）、荷兰（12.81 亿美元）、英国（10.39 亿美元）和法国（7.62 亿美元），前十位国家/地区实际投入外资金额占全国实际使用外资金额的 93.15%。

2. 间接投资

间接投资又称证券投资，是指投资者在国际金融市场上购买中长期有价证券（债券或股票）而实现的跨国投资。

投资者通过购买国际债券或股票进行间接投资。国际债券是发行人（借款人、债务人）在本国境外发行的，给予投资者的债务凭证。债券到期时，持有人可取得本金和相应利息。国际股票是股份制公司企业向国外投资者出售股份，而发给国外股东的入股凭证（股权证书）。股票无期限，根据企业盈利状况，股东可获得股息、分红，股票可上市流通变现。无论是国际债券的持有人，还是间接投资的股东，对所投资的公司均无经营管理权。

间接投资是一种"金融投资"活动，并非实物投资。它以国际金融市场为媒介，通过购买有价证券而使资金盈利。其收益主要来自利息、股利及交易差价等。而且，它流动性大，风险性小，具有自发性和频繁性。与国际直接投资相比，购买和抛售有价证券比进行实物资本的输出和收回更加灵活，因此资金的流动也更加频繁，且不需直接承担企业经营风险。

3. 国际借贷

国际借贷是指一国政府、国际金融组织或国际银行对非居民（包括外国政府、银行、企业等）所进行的期限为一年以上的放款活动。

货币持有者将约定数额的资金按约定的利率暂时借出，国外借款者在约定期限内，按约定的条件还本付息。其具体形式主要包括：政府贷款、国际银行贷款、国际金融机构贷款、出口信贷和项目贷款等。

第二节 国际资本流动形成的原因及主要特点

国际资本流动,就一个国家而言,包括资本流出和资本流入两个方向,都会给该国经济造成重要的影响。因此,各个国家都非常重视国际资本的流动状况,以便更好地掌控和管理本国宏观经济的运行。

一、国际资本流动形成的原因

国际资本流动的形成原因主要包括以下几个方面:

1. 世界经济一体化趋势不断加强

世界经济一体化是当代国际经济关系日益密切的反映,既是跨国公司在全球范围内进行大规模国际直接投资、组织跨越国界的生产经营活动的结果,又为其更大规模的国际直接投资的展开提供了畅通的渠道。世界经济一体化一方面表现为生产的国际化。生产国际化主要指生产力的发展突破了国家疆界的限制和束缚,开始了使各国的社会再生产日益交织和密切的过程。现代生产由于国际分工和合作在广度和深度上的发展,已经在一定意义上成了国际性生产。世界经济一体化另一方面表现为组织结构的一体化。跨国公司通过建立起有效的网络管理体系,使生产、贸易、投资、技术开发等机构围绕总体战略目标而有机进行。

2. 国际范围内与实际生产相脱离的巨额金融资产不断积累

在全球范围内,很容易形成与实际生产相脱离的巨额金融资产。这些资金来源于各国(特别是主要的可兑换货币发行国)的长期通货膨胀、产油国大幅度提高油价而形成的巨额石油美元,以及世界货币发行国(特别是美国)通过巨额的国际收支逆差而流到国际上的大量美元资金。金融市场及金融中介机构的发展又派生了不少金融资产,使越来越多的社会资产与实际生产相脱离而成为金融资产。巨大的金融资产,除了形成各国内部的资金流动外,还成为国际上资金流动增长的源泉。

3. 产业结构的国际调整和国际分工日益深化

进入新世纪以后,各国都开始致力于本国经济发展战略的反思,结合各自特色进行产业结构调整,产业结构升级成为世界经济中的普遍现象。发达国家产业结构进一步优化,知识和技术密集部门迅速膨胀,信息产业迅速发展。新兴工业化国家和地区,以及工业化迅速并已具备相当工业基础的国家,资本和技术密集型产业比重不断增加。这样,不同层次产业的跨国界转移,既有必要,又有可能。发达国家之间,在高度发达的生产国际专业化基础上,各国结合自身特点,进行更高层次的产业扩散;同时在保持技术优势的前提下,将部分资本密集型产业转移到工业基础较好的发展中国家和地区,并进行部分高技术领域投资。而后者由于产业结构的升级,也向其他发展中国家转移部分劳动密集型产业。而发展中国家则利用发达国家经济转型造成的部分"市场空缺",发挥自身优势,进入发达国家市场,以获取先进技术和管理经验。从世界范围看，由不同生产要素和产业结构层次形成的各国经济上的互补性大大增强，国际分工日益深化。结果，一体化的国际生产格局逐渐形成。它既得益于国际直接投资的增长，反过来又直接带动了国际直接投资的进一步发展。在跨国公司和区域经济集团化大发展的20世纪90年代，国际直接投资的增长更多地通过两条途径得以实现：一条是通过跨国公司全球化战略及其网络组织结构所形成的公司内部国际生产一体化体系，另一条则是通过区域及跨区域的规模性产业转移。

4. 投资方式与投资工具不断创新

随着区域经济一体化和各国相继放松资本管制，企业间的跨国兼并和收购成为全球对外直接投资的主要形式。国际投资的另一种新方式以及股权和非股权形式的跨国联合投资体——国际战略联盟，也日趋增多。此外，国际金融领域的金融创新浪潮不断，加强了融资证券化、注重资产负债表外业务以及金融市场一体化的趋向。这些因素促成了国际资本流动规模的扩大，并且使国际资本流动更加灵活和方便。

5. 各国对国际资本流动管制的放松

第二次世界大战后的相当长一段时间内，各国对国际资本流动实行非常严厉的管制。但随着各国经济的复苏与发展，20世纪70年代以来，各国兴起了放松外汇管制、资本管制乃至金融管制的浪潮，逐步对外开放本国的银行信贷市场与证券市场，允许外国金融机构进入本国金融市场，允许非居民到本国金融市场筹资，放松对金融机构的控制。至于成熟市场，到1992年，绝大多数发达国家放开了对国际资本流动的管制。同时，新兴市场的资本管制放松也非常显著。

6. 发展中国家国内政策的调整、市场运作效率的提高和外资政策的开放

国际私人资本流动是通过市场配置资源的一种方式，必须遵循市场经济的基本规律。私人外国直接投资者在更大程度上依赖市场的力量，由于市场力量决定投资者数量和地区分布，在全球范围内寻找最有利的投资市场，有效合理地配置其资金、技术、管理等各种资源。21世纪以来，发展中国家不断深化市场导向的经济体制改革和经济结构调整，不同程度地减少了政府对市场的干预，对一些国有部门实行私有化或民营化，减少了市场扭曲和市场失败，顺应了生产要素国际流动的要求，成功地吸引了外国直接投资。

发展中国家对引进外国直接投资曾经历由疑虑、限制、排斥转变为鼓励和扶持的过程。一些相对封闭的国家，如亚洲的越南、缅甸、蒙古、老挝和非洲的安哥拉、埃塞俄比亚等国，纷纷颁布法规宣布对外开放；已实行对外开放的拉美、东亚和东南亚等地区的国家也进一步放松管制，提高对外开放的广度和深度。

二、国际资本流动的特点

纵观国际资本流动的历史，结合学者的研究综合评述，我们可以发现其有以下一些特点。

1. 国际资本流动规模急剧增长，并日益脱离实体经济

这具体表现在：（1）国际资本供给不断增加，国际资本需求不断扩大。（2）衍

生工具交易产生的国际资金流动数量已远远超过传统方式交易产生的国际资金流动数量，居于绝对优势地位。

2. 国际资本流动结构急速变化，并呈现出证券化、多元化特征

具体表现为：(1)结构急速变化。20世纪70年代，国际资本主要流入发展中国家。80年代以后，流向发展中国家和地区的闲置资本则大为减少。90年代以来，国际资金又大量流入中国、东南亚、拉美、东欧、俄罗斯等国家或地区。东南亚金融危机以后，大量资金又从危机地区撤出。从以上国际资本流动的发展变化过程可以看出，国际资本具有更加明显的逐利特性，而且变化无常。(2)证券化趋势。以证券方式流动的国际资本逐步超过了以债权方式流动的国际资本，其主要原因是证券融资可以从根本上克服银行融资流动性差的缺点。(3)多元化发展态势。除了传统的资本流动方式如银行贷款、商业信用、股票筹资、债券筹资等以外，期权、期货、调期、互换等创新性金融工具日益成为国际资本流动的重要方式。

3. 机构投资者成为国际资本流动的主体

具体表现是：(1)在许多工业化国家，机构投资者早已超过个人投资者而成为市场主体。(2)机构投资者凭借其专家理财、组合投资、规模及信息优势而受到机构及个人的普遍欢迎，它们掌握的金融资产数量也急剧上升。

第三节 国际资本流动对经济的影响

一、三次大规模的国际资本流动浪潮

1. 1870—1914年间的第一次浪潮

1870—1914年间产生了国际资本流动的第一次浪潮。英国为资本输出的主体，北美、拉美及澳大利亚为其资本的主要输入地区，主要采用证券投资的方式，用于资源开发和基础建设；法国和德国则主要向东欧、北欧、中东及非洲大量输出资本，用于弥补该地区有关国家的财政缺口；第一次世界大战后，美国逐渐取代英国成为最大的资本输出国。

2. 20世纪70年代早期—1982年的第二次浪潮

20世纪70年代早期，石油价格上涨，石油输出国获得巨额收入，这笔资金进入欧洲货币市场，由于受低利率的吸引，发展中国家大举借债，使得中东"石油美元"大量输出，一度出现亚洲"四小龙"及巴西等国的经济奇迹。但1982年拉美债务危机爆发后，资本开始从发展中国家外流。

3. 20世纪90年代以来的第三次浪潮

资本国际流动规模迅速扩大，绝对数量达到了前所未有的地步。资本流动的形式发展多样，发展中国家吸引外资大幅度增加，发达国家之间的国际资金流动更加频繁，规模巨大。

二、国际资本流动对资本输出国经济的影响

1. 对资本输出国的积极影响

（1）有利于发挥过剩资本的效率，提高资本的边际收益。对资本输出国而言，资本过剩导致其边际效用降低，这些资本在国内无法最大限度地发挥其作用。资本的自由流动使其得到更合理的配置，解决了过剩资本的出路问题，为资本输出国赢得了更多的经济收益。

（2）有利于利用国外资源，促进本国经济发展。相对于资本过剩的国家，一些资本紧缺的国家或地区，往往拥有相对丰富的其他生产要素（如劳动、土地等），且这些生产要素价格低廉。资本在这里可以利用低廉的生产要素，创造更大的经济效益。

（3）有利于促进商品输出，开拓国外市场。资本输出使地区间联系加深，降低了商品流通到国外的成本，有利于开拓国外市场，特别是被投资国当地的产品市场。

2. 对资本输出国的消极影响

（1）资本输出国要承担相应的风险，包括政治、经济等各种风险。典型的如债务国经济状况持续恶化，甚至出现债务危机，就会严重影响投资资本的获利情况。

（2）有可能妨碍国内经济发展。一定量的资本转移到国外，放弃了在国内运作的机会，有可能导致其他生产要素闲置，如国内就业机会相对减少。

（3）政府税收相对减少。对外投资，资本输入国就有权征税，资本输出国就会流失一部分税收。

（4）培养潜在的竞争对手。如一些直接对外投资的企业在将资本转移到他国的同时，为了利用当地廉价的劳动力，在当地招募员工进行培训，将先进的管理模式甚至高新技术也转移到了被投资国家或地区，这一方面创造了高额的资本收益，另一方面也使资本输入国得到好处，提高了当地的某种产品或行业的生产水平，培养了潜在的竞争对手。

三、国际资本流动对资本输入国经济的影响

1. 对资本输入国的积极影响

资本自由流动对资本输入国也有诸多好处，具体表现在以下几个方面。

（1）解决国内建设资金不足的问题，提高本国吸引与利用外资的能力。

（2）增加就业机会，有利于本国资源的配置与发挥。生产要素要在一定的比例下进行生产活动，比例配置合理才能使各种生产要素创造更大的经济效益。外国资本的流入创造了其他生产要素（如劳动、土地等）的就业机会。

（3）可以引进先进的设备、技术及管理模式，从而有利于增加新产品或提高原来产品的质量，增强国内生产水平和经济效益。同时有利于开发新领域和新项目，增强出口商品的国际竞争力。

（4）有利于减轻本国企业的筹资资本，同时为本国居民创造更多的金融投资机会。私人资本对资本管制十分敏感，如果异国管制过多，外国投资者则将资本流动

的风险加入贷款利率，使借款成本加大。而资本项目的开放、管制的放松会减少国外投资者的顾虑，一定程度上减轻了企业筹资的成本，有利于企业的发展。

（5）有利于弥补国际收支逆差，保证对外支付能力。短期内，资本输入国可以通过国际借贷等途径获取资金来源，以解决恶化的国际收支对国际支付手段的燃眉之需；长期内，资金流入和技术的更新使逆差国的经济环境和产品质量得以改善，从而增强产品的出口竞争能力和外汇收入，使国际收支状况逐渐从根本上得到改善。

2. 对资本输入国的消极影响

（1）增加本国经济中的不确定因素，容易遭受冲击。资本项目的开放容易增加汇率、利率变动的不确定性，对企业和金融机构的财务状况产生复杂的影响，增加国家宏观调控的难度。金融项目开放改变了人们预期行为，在价格黏性下，容易引起汇率超调，给金融市场带来冲击。同时，金融项目开放使国内金融市场与国际金融市场的联系更加紧密，更容易受到各种金融动荡与冲击。

（2）造成沉重的债务负担，甚至发生债务危机。资本自由流动容易使国内企业产生强烈的资金需求欲望，忽视客观承受能力，对外资产生依赖性，导致国外投资行为制约和影响国内经济发展。一旦资金流入减少，就会给国内经济带来不良影响，如经常项目恶化、国际收支逆差、到期还本付息出现困难，从而引发债务危机。

（3）影响经济发展的自主性和民族经济的发展。外资直接输入国内会形成强大的竞争力，某些国内行业或市场容易被外国资本所控制，从而冲击民族工业。

（4）容易造成发展中国家内部地区经济差异。不同地区因为地理位置、经济发展基础等因素影响国外投资行为、吸引外资的程度差别巨大，因而影响地区经济发展，拉大不同地区的经济发展水平。

案例 9-3

热钱流入对一国经济的影响

国际热钱的活跃不可避免地对新兴经济体的实体经济与金融市场产生诸多不利影响。其影响渠道既有间接的，又有直接的。大量的国际热钱通过贸易、投资以及其他直接渠道进入新兴经济体。新兴经济体的快速增长孕育了许多具有增长潜质的优秀企业。以中国为例，近些年来，国际热钱以私募股权投资基金的形式在中国境内活动，并将具有增长潜质的企业作为投资目标。当前，世界经济正在缓慢复苏，市场需求乏力，且成长中的企业往往面临融资约束，在这一背景下，私募基金可以低成本地注资于目标企业。由于私募基金的活动难以监管和统计，国际热钱经由私募基金渠道对新兴经济体的影响往往被人们所忽视。

通过国际资本市场和大宗商品市场等间接渠道，国际热钱对新兴经济体实施套利活动。在经济快速增长过程中，许多新兴经济体的企业在纽约、伦敦、香港等股票交易所上市。随着国际资本流动的加剧、新兴经济体境外上市企业规模的扩大和国际资本市场间互动影响的增强，新兴经济体的加息、升值、资产价格上涨等因素，将对境外上市企业的股票价格产生影响，从而使持有相关资产的国际投资者从中套利。2009年年初，国际热钱就先于世界经济复苏，重新进入大宗商品市场，国际热钱通过参与大宗商品期货市场的交易获益。热钱进入国际大宗商品市场，很容易推高大宗商品的价格，引起资产价格泡沫，使新兴经济体面临输入型通胀压力，强化通胀预期，阻碍经济复苏。热钱进入资本市场和房地产市场，使本处于高位的资产泡沫进一步上行，扭曲投资和消费的结构，为经济健康增长留下隐患。外汇结售后，央行被迫通过公开市场操作方式冲销外汇占款，增加了货币政策调控的难度。国际热钱主动套利退出，或者投资者预期发生改变，或者国内外政策变动，或者国内行政当局管理不当，都可能使国际热钱流向逆转，触发资产泡沫的崩溃，新兴经济体的经济增长将再次严重下滑且被迫深度调整，这对经济具有非常大的破坏力。

四、国际资本流动对世界经济的影响

国际资本流动不仅影响资本输出国、资本输入国的经济，也普遍影响世界各国及整个世界的经济状况。

1. 国际资本流动对世界经济的积极影响

(1) 使资源在世界范围内得到合理有效配置。

不同的生产要素通过资本流动在不同的国家转移，有利于世界经济资源的合理开发和有效再分配，提高了生产要素的利用效率，促进了世界经济发展。

(2) 加速区域经济一体化和全球化发展。

国际资本自由流动促进了国际金融交易一体化，同时使国际货币余缺得到调节，使国际金融市场和国际金融工具得到长足发展。在实物经济上，资本自由流动使世界产品的生产和资金的调剂得以在同一个平台上进行，国际分工更加细化，有利于加强国际合作，促进国际贸易和技术转移，使各国获得相对比较利益。

(3) 对国际收支有一定的调节作用。

资本输入国可以通过借贷国际资金弥补国际收支逆差，资本在国际自由流动有利于平衡各国国际收支。

2. 国际资本流动对世界经济的消极影响

(1) 资本自由流动增加一国宏观经济政策难度，从而影响国家经济的稳定。

一国的货币当局在货币供给量上的把握难度增大，特别是利率的调整达不到预期的效果，因为利率的调整会影响国外资本对本国的流动。如当一国出现经济低迷状况时，货币当局通过降低利率来刺激消费和投资，但由于资本项目的开放会导致资本外流，反而影响投资规模。因此，资本自由流动会使一国的货币政策失灵，影响货币当局对本国金融和经济的宏观调控。就财政政策来说，开放资本项目后，涉及的国际税收项目增多，同时使居民可以利用资本的国际流动逃避国内的高税率，制约政府在税制、税率方面的决策，降低税收政策的效力。此外，资本的自由流动还可能导致一国发生货币替代现象，影响国家对经济的宏观调控。

(2) 容易导致一些国家、地区或世界金融市场的不稳定。

资本自由流动为投机者提供了更多的投机机会，特别是具有极强投机性的短期国际资金流动，利用国际金融市场的汇率、金融资产价格的波动进行频繁的投机牟利活动，增加了国际金融市场的不稳定性。

(3) 拉大世界各国经济发展水平的差距。

不同国家的经济发展水平不同，在国际竞争力上也存在差别，资本与金融账户的开放使经济实力弱、竞争力差的国家更加容易受到冲击，而经济实力强大的国家则更容易获取利益。这样就会逐渐加大世界两极分化的程度，不利于世界经济的稳定平衡发展。

参考资料 9-2

东南亚金融危机的爆发

东南亚金融危机的爆发经历了三个阶段。

第一阶段：泰铢危机爆发并波及整个东南亚，各国汇率屡创历史新低，股市持续下跌。1997年7月2日，泰国中央银行宣布实行浮动汇率制度，取代泰铢对一揽子货币的固定汇率制，泰铢危机爆发，当天泰铢汇率下跌20%。一场以泰铢危机开始爆发的金融危机迅速波及其他东南亚各国。7月11日，菲律宾宣布实行汇率自由浮动。8月下旬至9月上旬，印尼、马来西亚、韩国、新加坡等国货币相继与美元脱钩。在汇率制度变动下，东南亚货币汇率屡创历史新低，同时受货币汇率下跌的影响，东南亚各国股市狂泻不止。

第二阶段：我国台湾和香港地区汇市再次受冲击，香港股市暴跌引致世界股市巨幅震荡。1997年10月17日，在东南亚金融风暴中坚守了近四个月后，台湾放弃与美元挂钩，宣布自由浮动，导致台湾汇市和台湾股市重挫。随后国际金融投机家第四次狙击仍坚持联系汇率制的港元，香港特别行政区政府被迫动用外汇储备基金维持联系汇率制。在港币流量受控，利率大幅上升，各大银行相继提高拆放贷利率和短期同业拆借利息后，港元汇率迅速平稳下来。但这次港元保卫战付出的代价十分沉重。10月20—28日，香港恒生指数就从13 601点跌破10 000点大关，跌幅达33.4%。其中仅10月21—24日港股市值损失高达8 000亿港元。10月28日后，香港股市大跌导致纽约、伦敦、东京股市震荡，反过来又带动香港股市剧烈震荡。

第三阶段：东南亚金融危机冲击韩国和日本。进入11月份以来，韩元加速贬值，韩元危机爆发。到11月20日，韩元汇率跌至1 139韩元兑1美元，跌幅达两成有余，以美元表示的国际购买力减少1/5。接着日本山一证券因1 065亿日元的外汇亏损和1 583亿日元的证券交易亏损，于11月24日宣布倒闭，东京股市大幅下跌。随即带动纽约、伦敦股市的连锁下跌，亚洲金融风暴蔓延至日本。12月8日，东京外汇市场上日元对美元的汇率跌破130日元兑1美元的水平，创1992年5月以来的最低点。

亚洲金融危机反映了20世纪90年代以来国际金融动荡加剧的趋势，而导致全球金融危机频繁爆发的因素则成为本次亚洲金融危机的背景原因。第一，随着全球金融自由化步伐加快，国际金融市场不断扩大，一体化趋势日益发展，同时出现资金活动日趋国际化、自由化，由此导致巨额国际游资、国际清算资金和国际储备资金在全球范围内频繁调动，从而间接为国际金融动荡提供了可能。一方面国际资本总额不断增加，其中1996年西方主要国家跨国股票和债券累计额占其GDP的比重超过100%，美国高达10万亿美元。另一方面国际资本流动速度加快，跨国外汇交易急剧增加，从1986年的1 880亿美元增至1995年的1.2万亿美元。1996年流入东亚的资金总量达到1 087亿美元。结果客观上导致90年代后国际金融市场剧烈波动，主要表现为外汇和利率波动。1993—1996年国际金融市场上利率波动幅度达到3个百分点，1991—1997年3月，日元汇率变动幅度高达70%，美元、德国马克、加拿大元也达20%～30%。当国际资本为赚取利率和汇率差价而在发达国家和发展中国家频繁进出时，经济基础和金融体系存在问题的国家出现金融动荡的可能性也就大大增加。第二，随着金融工具不断创新，金融经营品种也不断多样化。据不完全统计，金融危机发生前，全球各类金融衍生工具已达1 200多种，并且呈不断上升趋势。金融衍生工具一方面有利于经济发展对资金和投资保值的巨大需求，但另一方面也为过度投机创造了条件。随着金融衍生工具这一现代交易手段的推广，90年代以来以金融诈骗、银行危机、金融市场动荡为主要内容的国际金融危机愈演愈烈。特别是在信息时代的现代操作条件下，具有较大投机性的国际游资利用衍生工具，可在瞬间完成全球不同市场上的大笔投机性交易，实现巨额资金在不同地区的快速转移，从而为引发一个国家、一个地区乃至全球的金融危机和金融动荡创造了条件。第三，在国际金融动荡不断加剧的趋势面前，由国际金融市场、本国金融调控和金融机构监管三个层次构成的金融监管却出现失控和乏力，结果进一步加剧了全球性的金融动荡与危机。

【本章小结】

1. 国际资本流动是指资本从一个国家或地区转移到另一个国家或地区。造成国际资本流动的原因主要是资本对利润的追逐、对风险的防范、外国对资本的需求以及降低生产成本的需要。

2. 国际资本流动的形式多样，按照时间长短可分为短期国际资本流动和长期国际资本流动。短期国际资本流动又分为贸易性、保值性、投机性和银行资本流动四种；长期国际资本流动则分为国际直接投资、证券投资和国际借贷。

3. 当代国际资本流动呈现出新的特征：规模庞大，结构发生变化，国际直接投资日益扩大，机构投资者成为主体。国际资本流动不仅影响资本输出国和资本输入国的经济，还对世界经济有着深远的影响。

【关键概念】

国际资本流动　短期资本流动　长期资本流动　直接投资　间接投资　国际借贷

【本章习题】

一、思考题

1. 国际资本流动的形式有哪些？
2. 国际间接投资与国际直接投资相比有哪些特点？
3. 当代国际资本流动有哪些特征？
4. 国际资本流动对于资本输出国有哪些好处？
5. 国际资本流动对世界经济有何影响？

二、案例分析

欧莱雅吞并羽西

2005年1月28日，法国欧莱雅集团正式对外宣布收购科蒂集团旗下的中国彩妆及护肤品牌"羽西"。此次收购还包括其位于上海的生产基地。该工厂为科蒂集团投资2 000万美元兴建，1997年年底落成，年产量达6 000万件。欧莱雅方面认为，这个工厂将有助于提高欧莱雅集团的生产能力，从而适应欧莱雅集团各品牌在亚洲市场迅速增长的需求。欧莱雅集团在中国苏州和宜昌的两个生产工厂的总生产能力为两亿件，后者是在不久前收购"小护士"品牌时一并收归囊中的。

自1997年进入中国以来，欧莱雅集团已经向中国市场输出了旗下的10个品牌，位于金字塔塔尖的是兰蔻、碧欧泉、科罗娜，塔身中间有薇姿、理肤泉、欧莱雅、塔丝，其下是大众消费品牌巴黎欧莱雅、美宝莲、卡尼尔。熟悉欧莱雅的人士称，不久的将来，羽西应该和小护士一样归于欧莱雅集团的大众消费品部。

作为世界最大的化妆品公司，法国欧莱雅集团正在快速占领中国市场，迄今短短7年时间里，便将其全球主要核心品牌植入中国市场。尽管到目前为止，欧莱雅集团在中国的销售额尚不到其全球销售额的1%，但中国却被欧莱雅集团看作是未来具有战略意义的市场。

此次收购，已经被业界认为是欧莱雅集团完成其中国产品链的重要一环。一直以来，欧莱雅集团在中国都是以中高端产品著名。欧莱雅集团已经意识到，在中国市场要想更快地发展，仅仅靠中高端产品，要实现2004年销售额25个亿的目标，必须将战线拉向市场空间更为广阔的大众化妆品领域。可以说,收购"羽西"是其既定的战略步骤。

目前,欧莱雅集团在中国彩妆领域已经排名第一,在护肤领域因完成两次成功并购,已坐上"老二"的位置,在药房、高档化妆品和专业美发领域都稳坐头把交椅。

事实上,在中国化妆品市场,国际国内的竞争已经趋于白热化,特别是宝洁公司在战略战术上都在和欧莱雅集团针锋相对,在各个层面的市场贮备和欧莱雅集团角逐。而欧莱雅集团的连环收购无疑是在应对这个巨人的挑战。此时,这些国际化妆品巨头已经意识到中国化妆品市场的平均消费能力仍然偏低,对中低端市场的争夺也尤为重要,不然很难拓展市场份额。收购整合成熟的本土品牌,并借此迅速扩大销售网络,构建更完整的品牌线已经成了目前最好的选择。

跨国巨头资本市场走并购之路已经暗流涌动,加速市场扩张的战略将在接下来的市场竞争中大行其道。欧莱雅与宝洁两大巨头将在中国中档日化市场发起新一轮激烈对碰,类似的收购还会频频发生,此消彼长之间,真正的决战显然才刚开始。

请分析:

1. 简述资本流动的基本理论。
2. 你对国际资本流动持什么观点?
3. 如果你不反对国际投资,请问怎样做才能充分利用外资为我国的国内经济建设服务?

第十章 国际贸易融资实务

【学习目标】

知识目标

通过本章的学习,你应该能够:
1. 了解国际融资的概念及特点。
2. 了解国际贸易短期融资的方式,理解保付代理业务的内容、程序及类型。
3. 掌握出口信贷的概念、类型及业务程序。

能力目标

1. 能说明和分析各种融资手段的优点、缺点和如何使用。
2. 能结合具体案例分析如何选择最佳的融资手段。

【导入案例】

进口信用证押汇缓解企业短期资金压力

某钢铁企业2013年末根据公司的采购计划在银行集中开立了35笔近3.1亿美元的即期信用证,进口商品为铁矿石。信用证开出后,由于受到整体经济形势影响,铁矿石等原材料价格持续走低,该钢铁企业资金安排面临压力。2014年初,进口商的单据陆续寄达开证行,该钢铁企业向开证行提出信用证项下90天押汇申请。银行在收到书面押汇申请后,按照市场的需求情况,结合相关的技术研判,给予了该钢铁企业3.1亿美元的进口信用证押汇额度,并与其签署了押汇合同及信托收据。银行在信用证付款日当天代企业支付了货款,帮助企业缓解了资金压力,该企业随后跟踪销售回款情况,并陆续顺利偿还了银行的押汇款项和利息。

由于银行对该钢铁企业提供了短期贸易融资，企业减小了资金压力，把握了外购内销的好时机，使的进口商在经营活动中把握了主动权。

（资料来源：http：//wenku.baidu.com/u/％D3％F1％D1％FEJadeyaoyao?from＝wenku）

第一节　出口贸易融资

一、出口贸易融资简介

出口贸易融资是指货物贸易环节中从出口商的角度出发，在贸易项下可获得的各种融资手段。它包括打包放款、信用证项下的押汇、信用证项下的贴现、福费廷业务、出口托收押汇、出口保理融资、保兑（公开保兑和沉默保兑）、出口商业发票贴现、出口卖方信贷等。其中，打包放款、沉默保兑、信用证项下的押汇和贴现、福费廷业务主要是以信用证为国际结算方式项下相应的贸易融资手段；出口托收押汇主要是以托收为国际结算方式项下相应的贸易融资手段；出口保理融资主要是以出口保理为国际结算方式项下相应的贸易融资手段；出口商业发票贴现主要是以出口中的汇款（汇入汇款）为国际结算方式项下相应的贸易融资手段。近年来又出现了出口信用保险融资、出口退税账户托管和出口退税信托贷款等融资手段。具体分类参见表10-1。

表10-1　出口贸易融资的基本分类

结算方式	出口贸易融资类型
出口信用证结算方式下的融资	打包放款、保兑、出口信用证项下押汇、出口信用证项下贴现、福费廷
出口托收结算方式下的融资	出口托收项下押汇
汇入汇款结算方式下的融资	出口商业发票贴现
出口保理结算方式下的融资	出口保理

二、出口信用证结算方式下融资

（一）打包放款

1. 打包放款的概念

打包放款（Packing Loan，Packing Finance），也称打包贷款，是指按照信用证结算方式的出口商凭收到的信用证正本作为还款凭据和抵押品向银行申请的一种装船前的融资。

我们应从以下几个方面把握对打包放款概念的理解。

(1) 打包放款用于解决货物装运前的资金需求。

最初,这种贷款是专门用于向受益人提供包装货物费用的资金融通,所以才被称为打包放款。但目前国内外银行的打包放款业务的融资范围有较大的延伸,如中国工商银行的打包放款"用于该信用证项下出口商品的进货、备料、生产和装运",中国银行的打包放款业务"主要用于对生产或收购商品开支及其他费用的资金融通"。

(2) 打包放款的抵押物品是信用证。

由于信用证是银行开立的,有银行信誉作保证,在单证一致的条件下一定有银行进行付款的这种确定性,因此,尽管在理论上,信用证是严格意义上的"或有资产"(即当信用证被买卖双方成功执行时,可以被视为"资产",但在因种种原因如有不符点等被拒绝付款的情况下,这种"资产"几乎就不存在),而不是"实有资产",但在实务中,仍然被大多数银行视为还款凭据和抵押品。

2. 打包放款的业务流程

图 10-1 可以简单说明打包放款的基本业务流程。

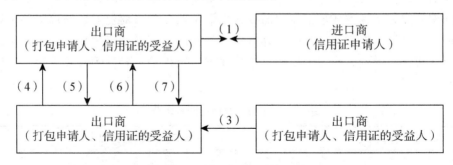

图 10-1 打包放款的业务流程

(1) 进出口双方签订合同,确定以信用证作为结算方式。

(2) 进口商向进口地银行(开证行)要求开立信用证。

(3) 开证行开立信用证并传递给在出口地的银行(通知行或将来的打包放款银行、议付银行)。

(4) 出口地的银行(通知行、议付银行)将信用证通知信用证的出口商(即信用证的受益人、将来的打包放款申请人)。

(5) 出口商受益人凭正本信用证向出口地的银行提出申请,要求叙做打包放款。

(6) 打包放款银行(出口地的银行、将来的议付银行)经审核同意将打包款项给予打包放款申请人(出口商受益人)。

(7) 打包放款申请人(出口商受益人)出单并交银行议付或处理,在收到国外货款后归还打包放款银行的打包贷款本金及支付利息。

(二) 出口信用证项下押汇

1. 出口信用证项下押汇的概念

出口信用证押汇（Negotiation under Documentary Credit）是指在出口信用证项下，出口商受益人（卖方）以出口单据作抵押，要求出口地银行在收到国外支付的相关货款之前，提供融通资金的业务。

我们应从以下几个方面加强对该概念的理解。

（1）出口信用证押汇是"单后融资"。

在出口信用证押汇项下，银行提供的融资是在申请人（出口商受益人）出具信用证规定的单据以后、在收到国外银行支付的货款之前发放的融资。

（2）以出口单据作抵押。

根据国际惯例，在单证相符的条件下，银行（开证行）必须负第一性的付款责任。这种付款的确定性，及出口单据中，一般含有代表货物所有权的提单，使出口地银行可以把出口单据视作"未来的资产"进行抵押。

2. 出口信用证项下押汇的业务流程

图 10-2 可以简单说明出口信用证项下押汇的业务流程。

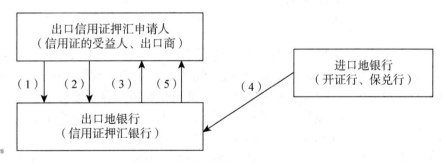

图 10-2　出口信用证项下押汇的业务流程

（1）出口信用证押汇申请人（信用证的受益人或出口商）收到国外信用证后根据信用证制单、交出口地银行议付或做单据处理。

（2）出口信用证押汇申请人（信用证的受益人或出口商）向出口地银行书面提出押汇申请要求，办理出口押汇。

（3）出口地银行（信用证押汇银行）接受申请人的押汇要求，在双方签订有关押汇协议后，办理出口押汇，即押汇银行在出口商业发票（或汇票）显示的金额扣除费用、利息后划入企业账户。

（4）进口地银行（开证行、保兑行）到期向出口地银行（信用证押汇银行）支付货款。

（5）出口地银行（信用证押汇银行）收到货款后自动代替出口押汇申请人（信用证的受益人）做出口信用证项下押汇的还款处理，并将收到的货款与押汇金额在扣除银行费用或其他费用后的剩余部分划入企业账户。

表 10-2 列出了出口信用证项下押汇和打包放款的区别：

表 10-2 出口信用证项下押汇与打包放款的区别

区别点	出口信用证项下的押汇	打包放款
担保机制	信用证规定的单据	正本信用证
贷款额度	不超过出口商业发票或者汇票金额的 100%	不超过信用证金额的 90%
与议付的联系程度	联系紧密	联系松散
贷款的用途	用途比打包放款宽广	执行信用证进行的生产、收购、运输、保险等为出口商品服务而支持的各种费用和款项,但不能用于购置固定资产、归还银行贷款等资本项目支出
对出口商的资金压力	单后融资,对出口商有一定压力	单前融资,对出口商的资金压力不重

(三) 出口信用证项下贴现

1. 出口信用证项下贴现的概念

贴现(Discount)是指银行有追索权地买入已经承兑(或承付)的远期票据(或单据)。远期票据通常是银行票据或有银行信用担保的商业票据。从理论上而言,由于有银行信用的保证,这类票据的可靠性和流通性较强,容易被银行接受。但在实务中,由于票据诈骗、伪造手段的高科技化,从事跨国票据业务的风险极大,中国各中资、外资银行为了防范风险,目前,一般对与跟单信用证或跟单托收没有联系的、没有真实贸易背景或贸易背景不清楚的票据不予贴现。短期贸易融资项下的贴现业务通常为远期信用证项下的已承兑汇票和跟单托收项下已加剧"保付"签字的远期汇票,即在付款人承兑远期商业汇票的同时,由其账户行在汇票上加保付签字,对已经承兑汇票的到期付款承担担保责任。

出口信用证项下贴现业务是指银行在出口信用证项下,从出口商处购买银行承兑的未到期远期汇票或已经银行承付的未到期远期债权。

对此概念的理解应注意以下几个方面:

(1) 出口信用证项下贴现是"承兑后融资"。

出口信用证项下的贴现,是在出口地贴现行收到出口信用证的开证行或保兑行出具承兑或承付通知书以后、在收到国外银行支付的货款之前融资。

(2) 以出口单据及出口信用证的开证行或保兑行出具的承兑或承付做抵押和保证。

根据国际惯例,在单证相符的条件下,如为即期信用证,则银行(开保兑行)必须负第一性的付款责任,在规定的工作日内立即付款;如为远期信用证,银行(开证行或保兑行)也必须负第一性的付款责任,但不是立即付款,而是在规定的工作日内开证行或保兑行立即向出口地交单行出具承兑或承付通知书,这种由银行做出的付款的确定性,使出口地贴现行将其视为发放贴现的可靠保证。另外,出口单据中,一般含有代表货物所有权的提单,使出口地银行可以把出口单据视作"未来的资产"进行抵押。

2. 出口信用证项下贴现的业务流程

图 10-3 可以简单说明出口信用证项下贴现的业务流程。

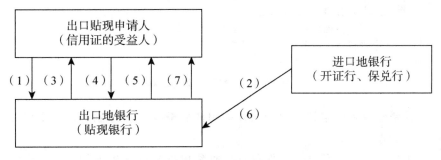

图 10-3　出口信用证项下贴现的业务流程

(1) 出口贴现申请人(信用证的受益人)收到国外信用证后根据信用证制单、交出口地银行议付或做单据处理。

(2) 进口地银行(开证行、保兑行)收到单据并确认单证相符后向出口地银行发出承兑或承付通知书。

(3) 出口地银行将承兑或承付通知书转递给出口贴现申请人(信用证的受益人)。

(4) 出口贴现申请人(信用证的受益人)书面提出贴现申请要求办理出口贴现。

(5) 出口地银行(贴现银行)接受申请人的贴现要求,在双方签订有关贴现协议后,办理出口贴现,即贴现银行在出口商业发票(或汇票)显示的金额扣除费用、利息后划入企业账户。

(6) 国外银行(开证行、保兑行)到期向出口地银行(贴现银行)支付货款。

(7) 出口地银行(贴现银行)收到货款后自动代替出口贴现申请人(信用证的受益人)做出口押汇的还款处理,并将收到的货款在扣除押汇金额、银行费用或其他费用后的剩余部分划入企业账户。

(四) 福费廷

1. 福费廷业务的概念

福费廷(Forfaiting)又称包买远期票据,它主要用在延期付款的大型设备贸易中。福费廷是指包买商买进因商品和劳务的转让(主要是出口交易)而产生的在将来某一日子到期的债务,这种购买对原先的票据持有人无追索权。它是出口商把经过进口商承兑的、期限在半年以上到五六年的远期无追索权汇票,向出口商所在地银行或大金融公司办理贴现,以提前取得资金的一种融资方式。

2. 福费廷的业务流程

图 10-4 可以简单说明福费廷的业务流程。

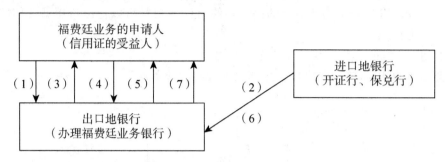

图 10-4 福费廷的业务流程

（1）福费廷业务的申请人收到国外信用证后根据信用证制单、交出口地银行议付或做单据处理。

（2）进口地银行（开证行、保兑行）收到单据并确认单证相符后向出口地银行发出承兑或承付通知书。

（3）出口地银行将承兑或承付通知书转递给福费廷业务的申请人（信用证的受益人）。

（4）福费廷业务的申请人书面提出福费廷业务的申请，要求办理福费廷业务。

（5）出口地银行（办理福费廷业务的银行）接受申请人的要求，在双方签订有关福费廷业务协议后，办理福费廷业务，即办理福费廷业务的银行在进口地银行（开证行、保兑行）承兑或承付的金额扣除费用、利息后入企业账户。

（6）进口地银行（开证行、保兑行）到期向出口地银行（办理福费廷业务的银行）支付货款。

（7）出口地银行（办理福费廷业务的银行）收到货款后自动代替出口贴现申请人（信用证的受益人）归还融资款项，并叙做福费廷业务的销账处理。

三、出口托收结算方式下融资

出口托收结算方式主要的融资方式是出口托收项下押汇，以下进行重点介绍。

（一）出口托收押汇的概念

出口托收押汇（Advance against Documentary Collection）是指出口商收款人采用托收为结算方式并将单据交出口地托收行，在货款收回前，要求托收行先预支部分或全部货款，待托收款项收妥后归还银行垫款的一种贸易融资方式。

（二）出口托收押汇的主要作用

出口托收押汇的主要作用与出口信用证项下的押汇类似，出口商收款人在装运货物并向出口地银行提交有关的单据后，能向出口地银行（托收行）申请短期融资，在国外货款到达之前提前从银行得到垫款，解决了出口企业托收项下货收妥入账前的临时资金周转问题。

同时，在本国货币有升值趋势的情况下，由于押汇可以提前将外汇结成币使用，因此，可以将出口托收押汇作为规避汇率风险的手段之一。

案例 10-1

中国 A 企业以托收为结算方式，向某国出口了一批价值为 USD 1 000 000.00 的 DVD，2013 年 6 月 20 日，向出口地银行交单，信用证付款条提单后 90 天，提单的出单日期为 2013 年 6 月 18 日，当天的美元对人民币率为 USD 100＝CNY 826.44，企业可以享受的美元利率为年息 5.5%。在人民升值趋势明显的情况下，A 企业有两种方式处理该笔业务。

第一种方式，企业财务经理考虑押汇尽管可以将远期收回的外汇立即结成人民币使用，规避了汇率风险，但企业将付出利息成本，而美元对人民币 3 个月的远期结汇又是贴水（即 3 个月后的结汇价低于即期结汇价），与即期结汇价比将造成明显的损失，因此，企业财务经理认为到期收汇比较妥当。2013 年 9 月 21 日，A 企业如期收到国外银行付款，由于人民币在 2013 年 7 月 21 日一次性升值了 2% 左右，并且持续几周小幅升值，9 月 21 日当天的汇率为 USD 100＝CNY 800.05，A 企业在被扣除国内外银行费用 USD 1 350.00 后，实际得到的人民币为：(USD 1 000 000.00－USD 1 350.00) ×8.000 5＝7 989 699.33 元。

第二种方式，企业财务经理考虑企业办理出口押汇尽管将付出利息成本，但既可以将远期收回的外汇立即结成人民币使用，规避了汇率风险，又加速了资金周转速度，因此 2013 年 6 月 20 日当天就叙做了出口押汇，企业应付出的利息为：

USD 1 000 000.00×5.50×90/360＝USD13 750.00 元

A 企业实际得到的人民币为：

(USD 1 000 000.00－USD 1 350.00－USD 13 750.00) ×8.264 4＝8 139 607.56 元

第二种方式与第一种比较，

8 139 607.56 元－7 989 699.33 元＝149 908.23 元

显然，A 企业采用第二种方式比第一种多了 149 908.23 元的收益。这还没有把 8 139 607.56 元相应的 90 天的人民币存款利息，或该资金带来的周转效益计算在内。

四、汇入汇款结算方式下融资

汇入汇款结算方式主要的融资方式是出口商业发票贴现，以下进行重点介绍。

(一) 出口商业发票贴现的概念

出口商业发票贴现（Discount against Export Commercial Invoice or Export Invoice Discount）是指在保理商（通常为金融企业）与出口商之间存在一种契约，根据该契约，出口商将现在或将来的基于出口商与进口商订立的出口销售合同所产生的应收账款转让给保理商，由保理商提供贸易融资、应收账款催收、销售分户账管理的一种综合性金融服务。办理该贴现业务的银行对出口商的融资有追索权。

简而言之，出口商业发票贴现是在"货到付款"结算方式（即俗称"后 T/T"）项下，出口地银行以出口商的出口商业发票作为抵押进行融资的业务。它是中国在近年才新兴的一种出口融资业务，是从保理业务的融资功能中演变而来。由于该业务涉及的保理商仅仅只有出口保理商一家，而不像出口双保理项下涉及进口保理商和出口保理商两家保理商，因此，业内也有把出口商业发票贴现称作"单边保理"的。

(二) 出口商业发票贴现的业务流程

图 10-5 可以简单说明出口商业发票贴现的业务流程：

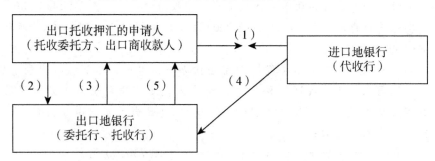

图 10-5　出口商业发票贴现的业务流程

(1) 企业（出口商）与进口商签订销售合同，商定以"货到付款"作为结算方式，并根据合同的规定向进口商发运货物。

(2) 企业（出口商）向出口地银行（出口保理商）提交出口商业发票、运输单据（副本或复印件）、出口货物报关单（副本或复印件），此时，如企业（出口商）有融资需求，在向出口保理商提交《出口商业发票贴现额度申请书》《出口商业发票贴现申请书》，要求出口地银行（出口保理商）为其办理出口商业发票贴现业务，在出口地银行（出口保理商）同意后，与其签订《出口商业发票贴现协议》，可以获得不超过发票金额的 80％的融资款。

(3) 出口地银行（出口保理商）在审核企业（出口商）提交的单据及相关材料后，在银行对该企业的授信额度内，办理出口商业发票贴现，并在扣除费用、利息后划入企业账户。

(4) 在贸易合同约定的到期日，进口商将货款付给出口地银行（出口保理商）。

(5) 出口地银行（出口保理商）收到货款后，自动扣划相应金额用于归还贴现款，并将余款入企业（出口商）账户。

五、出口保理结算方式下融资

汇入保理结算方式主要的融资方式是出口保理融资，以下将进行重点介绍。

（一）出口保理业务的概念和内容

保付代理又称承购应付账款业务，是指出口商以商业信用形式出卖商品，在货物装船后立即将发票、汇票、提单等有关单据，卖断给承购应收账款的财务公司或专门组织，收进全部或一部分贷款，从而取得资金融通的业务。财务公司或专门组织买进出口商的票据、承购了出口商的债权后，通过一定的渠道向进口商催还欠款，如遭拒付，不能向出口商行使追索权。财务公司或专门组织与出口商的关系在形式上是票据买卖、债权承购与转让的关系，而不是一种借款关系。保付代理业务是保付代理商向出口商提供的以承购应收账款为中心内容的综合性金融服务。这些服务项目包括以下内容。

1. 债款回收

债款回收（Collection from Debtors）指保理商向供应商提供的收债服务。在历史上，发达国家出口销售货款的回收曾通过国外代理人，他们是保理商的前身。出口商为了更加快捷和有效地收回货款，将应收账款卖给保理商，由保理商负责向进口商催收货款，出口商将应收账款出让后，对保理商不再负有还款责任。保理商利用自己专业化的收债技术和丰富的追讨经验向进口商实施债款追讨，一旦进口商到期未能付款，保理商可以采取法律手段要求进口商还款。这项业务对于出口商而言，既免去了追债费用，又解决了资金占用问题。

2. 信用销售控制

信用销售控制（Credit Control）指保理商利用自己的信息网络，向供应商提供核定信用销售额度的服务。在保理协议有效期内，保理商对出口商的贸易客户核定一个信用销售额度（Credit Line），出口商在此额度内销售的货款金额叫作"核定应收账款"，对于此部分款项，保理商给予坏账担保。

3. 坏账担保

坏账担保（Full Protection Against Bad Debts）指保理商对信用销售额度内的核定应收账款提供100%的买方信用担保。如果进口商因资金不足、破产或故意拖延付款等原因给出口商造成坏账，在核定额度内，保理商负责赔偿。但是，对于卖方责任引起的坏账，如产品质量、服务水平、交货期等原因引起的拒付，保理商不予负责，且对提供给出口商的预付款行使追索权。

4. 销售分户账管理

销售分户账管理（Maintenance of the Sales Ledger）指保理商利用其在账户管理方面的各种有利条件，代为管理供应商的销售账户。这使供应商可以减少财务人员和办公设施，节约相应的开支。保理商为出口商开立两个账户：应收账款户和透支账户。应收账款账户即销售收入账户，透支账户即提供给出口商的贷款融资。保理商收到出口商提交的发票副本后，将债务人名称、地区、发票金额和付款期限等事项汇入应收账款户中。如果出口商申请融资，则将发票金额的80%记入透支账户借方。一般情况下，保理商提供发票金额80%的融资额度。待保理商收到进口商支付的全部货款后，同时记入两个账户中。

5. 短期贸易融资

短期贸易融资（Short-run Trade Financing）指保理商买入全部或部分票据表示的应收账款，使赊销的出口商得到融资便利。在信用销售额度内，这种融资是无追索权的，它一般不超过发票金额的80%；出口商在发货或提供技术、服务后，将单据递交保理商，保理商以预付款形式向出口商提供融资。相应地按市场优惠利率（如LIBOR）加上加息率（通常为2%）计算利息。在信用销售额度之外，保理商也可提供有追索权的融资。

（二）出口保理业务的程序

出口商以赊销方式出卖商品，为了能将其应收款项售予保付代理组织，取得资金融通便利，一般都与该组织签有协议，规定双方必须遵守的条款与应负的责任，协议有效期一般为一年，但近年来不再规定明确的有效期，保付代理组织与出口商每半年会谈一次，调整协议中一些过时的、不适宜的条款。签订协议后，保付代理业务基本上通过以下两个阶段的程序进行。

首先是交易信息确认阶段。出口商在以商业信用出卖商品的交易磋商过程中，将进口商的名称及有关交易情况报告给本国保付代理组织。出口商的保付代理组织将上述资料整理后，通知进口商的保付代理组织。进口商的保付代理组织对进口商的资信进行调查，并将调查结果及可以向进口商提供赊销金额的具体建议通知出口商的保付代理组织。如进口商资信可靠，向其提供赊销金额建议的数字也可信，出口商的保付代理组织即将调查结果告知出口商，并对出口商与进口商之间的交易加以确认。

其次是单据转移及资金收付阶段。出口商装运后，把有关单据售予出口商的保付代理组织，并在单据上注明应收账款转让给出口商的保付代理组织，要求后者支付货款，后者将有关单据寄送给进口商的保付代理组织。有时出口商制单两份，一份直接寄送进口商，一份交出口商保付代理组织。出口商保付代理组织按汇票（或发票）金额扣除利息和承购费用后，立即或在双方商定的日期将货款支付给出口商。进口商的保付代理组织负责向进口商催收货款，并向出口商保付代理组织进行划付。在单保理商模式下，则由此单独的一方保理商完成资金收付任务。

（三）出口保理业务的类型

1. 从出口商出卖单据是否可立即得到现金的角度来划分

（1）到期保付代理业务。

这是最原始的保付代理业务，即出口商将出口有关单据出卖给保付代理组织，该组织确认并同意票据到期时无追索权地向出口商支付票据金额，而不是在出卖单据的当时向出口商立即支付现金。

(2) 预支或标准保付代理业务。

出口商装运货物取得单据之后，立即将其单据卖给保付代理组织，便取得现金。

2. 从是否公开保付代理组织的名称来划分

(1) 公开保付代理组织名称。

公开保付代理组织名称是指在票据上写明货款付给某一保付代理组织。

(2) 不公开保付代理组织名称。

不公开保付代理组织名称是指按一般托收程序收款，不一定在票据上特别写明该票据是在保付代理业务下承办的，即不突出保理组织的名称。

3. 从保付代理组织与进出口商之间的关系来划分

(1) 双保理商模式（Two-Factor System）。

双保理商模式即双保付代理业务，指出口商所在地的保理组织与进口商所在地的保理组织有契约关系，它们分别对出口商的履约情况及进口商的资信情况进行了解，并加以保证，促进交易的完成与权利义务的兑现。出口商与出口地保理商签订保理协议，将其应收账款转让给出口保理商，由出口保理商与进口保理商签订协议，转让有关应收账款，进口保理商直接与进口商联系，负责提供坏账担保、债款催收以及指定销售额度等服务。其具体的业务流程如图10-6所示。

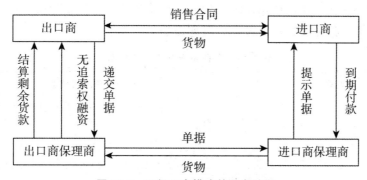

图 10-6　双保理商模式的业务流程

(2) 单保理商模式（Single Factor System）。

一是直接进口保付代理（Direct Import Factor System）是指进口商所在地保理组织直接与出口商联系，并对其汇款，一般不通过出口商所在地的保理组织转送单据。

二是间接出口保付代理业务（Indirect Export Factor System），即出口商与其所在地的保理组织联系，由出口商保理组织负责全部业务。出口商保理组织与进口商联系，并对出口商融资，一般不通过进口商所在地的保理组织转送单据。其具体的业务流程如图10-7所示。

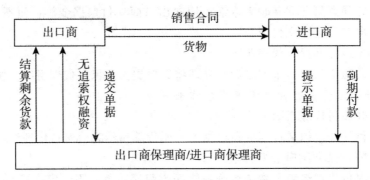

图 10-7 单保理商的业务流程

第二节 进口贸易融资

一、进口贸易融资简介

进口贸易融资是指从进口商的角度出发,在贸易项下可获得的各种融资手段,主要包括进口开证、进口信用证项下押汇、信用证代付、提货担保、进口代收押汇、汇出汇款融资、信托收据等。进口贸易融资的类型如表 10-3 所示。

表 10-3 进口贸易融资的基本分类

结算方式	出口贸易融资类型
进口信用证结算方式下的融资	进口开证、进口信用证项下押汇、信用证代付、提货担保
进口托收结算方式下的融资	出口代收押汇
汇出汇款结算方式下的融资	汇出汇款项下融资
其他	信托收据

二、进口信用证结算方式下的融资

(一)进口信用证项下押汇

1. 进口信用证项下押汇的概念

进口信用证项下押汇(Inward Bill Receivables)是指开证行收到议付行或者交单行寄送的单据后,为开证申请人垫付货款的一种贸易融资。

信用证一旦开立,银行负第一性的付款责任,但从其实质而言,银行是为开证申请人开立的信用证,因此,在一笔正常的开证业务中,开证申请人才是真正付款人,但在实际操作中,当开证行收到单据后,如单证相符,而开证申请人因资金紧张,无法在开证行付款前付款赎单的情况发生后,开证行仍然应按国际惯例立即付款或偿付议付行(或交单行),面临垫款的危险,因此便产生了进口押汇——以该信用证项下代表货权的单据为质押,并同时提供必要的抵押、质押或其他担保,由银行先行代为对外付款,到期由开证申请人偿还的融资方式。

2. 进口信用证押汇的作用

进口信用证押汇的主要作用是信用证项下的开证申请人在收到信用证项下的单据后,以代表货权的单据为质押,可获得银行的短期融资,用于进口付汇,这样证申请人就借此既推迟了信用证项下用自有资金(而非银行融资)进行付款的时间,又能收取信用证项下单据所代表的货物。与普通贷款相比,进口信用证押汇具有手续简便、融资速度快捷的特点;与其他贸易融资相比,进口信用证押汇突出的特点是进口押汇款的用途仅限于履行信用证项下的对外付款,所得押汇款项不能入企业的结算账户而自由使用。

3. 信用证项下进口押汇业务的流程

图10-8可以简单说明信用证项下进口押汇业务的流程:

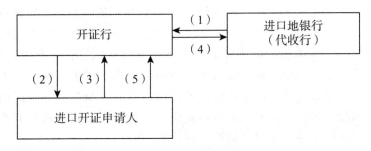

图10-8 信用证项下进口押汇业务的流程

(1) 出口地银行在议付或经过单据处理后,将信用证要求的单据寄送开证行。

(2) 开证行在审核单据后通知进口开证申请人。

(3) 进口开证申请人审核单据,确认单证相符,或在单据有不符点的情况下,确认接受单据。在付汇资金有困难的情况下,填写《进口押汇申请书》,向开证行提出要求办理进口押汇。

(4) 开证行接受开证申请人的要求,在与开证申请人签订《进口押汇合同》及《信托收据》后,办理进口押汇,并将进口押汇所得款项直接用于向出口地银行(寄单行)付款。

(5) 进口开证申请人在押汇到期后将款项归还开证行。

(二)信用证代付

1. 信用证代付的概念

信用证代付业务是指在进口信用证业务中,由境内开证行委托其境外的分支机构对境内开出的信用证在到期日先予以垫付,到约定期限开证申请人通过境内开证行归还该垫款的业务。由于"代付"是由境外(海外)银行完成的,因此,实务中也习惯称作"海外代付"。

在信用证代付业务中,开证申请人用于信用证项下的付汇资金直接来自开证行的境外分支机构,开证行未垫出资金,而仅仅是起了开证申请人与自己的境外分支机构之间的借款、还款的"桥梁"作用,因此,开证行是开证申请人的间接融资银行,开证行的境外分支机构是开证申请人的直接融资银行。从实质而言,海外代付业务是信用证项下进口押汇的另一种形式。

2. 信用证代付的作用

(1) 为开证申请人提供短期资金融通。

信用证代付与信用证项下进口押汇类似,银行以垫付的形式为开证申请人(进口企业)提供短期资金融通,使开证申请人不必在提货前对外付款,缓解资金压力。

(2) 融资利率较低。

在20世纪及21世纪相当长的一段时期内,中国的外汇利率与人民币利率一样必须遵守中国人民银行关于利率的规定,因此,进口押汇等外汇融资所使用的利率也必须按照有关规定执行。但通常由于国外闲置资金较多、资本市场发达等因素,银行与银行同业之间的拆出(入)成本较低,因而同等条件下,境外银行可以给予客户比我国国内低得多的贷款利率。由于海外代付的资金来源于境外银行,从客观上和政策层面解决了境内银行使用较低利率合理和合规问题:一方面,从客观上,因为资金成本低,便可以给予企业较低的融资利率;另一方面,由于使用的是境外银行的外汇资金,融资过程在海外完成而不受国内对外汇贷款利率规定的约束,规避了政策上的风险,因此企业可以通过叙做该项业务享受较低的融资利率,从而降低融资成本,降低财务费用支出,提高经营效益。

3. 信用证代付的业务流程

图10-9可以简单说明信用证代付的业务流程:

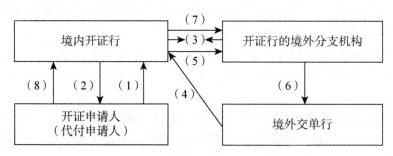

图10-9 信用证代付的业务流程

(1) 开证申请人向开证行申请开立信用证,并要求叙做信用证代付业务,以降低利息、节约财务成本。

(2) 境内开证行经审核同意为申请人开立信用证及叙做信用证代付业务后,要求申请人出具《信用证代付业务申请书》,并与申请人逐笔签订《进口代付合同》《信托收据》等文件。

(3) 境内开证行与开证行的境外分支机构签订《信用证项下代付业务协议》。

(4) 境外交单行将信用证要求的单据寄境内开证行并要求根据信用证条件付款。

(5) 境内开证行在收到境外交单行的单据和付款指示后，将表明代付金额、付款给交单行的到期日、代付到期的还款日等内容的《授权付款指示》以电讯方式通知其境外分支机构。

(6) 开证行的境外分支机构根据境内开证行的《授权付款指示》到期将款项付给境外交单行。

(7) 在约定的时间内，境内开证行将款项归还给其境外分支机构。

(8) 开证申请人到期将进口付汇的款项及利息支付给境内开证行。

(三) 提货担保

1. 提货担保的概念和作用

提货担保（Delivery against Bank Guarantee），是指进口信用证项下货物早于运输单据抵达港口时，开证申请人向开证行提出申请，凭开证行加签的提货担保书向船公司办理提货手续的业务。

由于申请人在未付款之前就取得了代表货物所有权的单据，因此它的实质也是开证行对其的一种融资。在正常的情况下，收货人应凭正本提单向船公司办理提货手续，但由于近海航行，航程过短，货物常常先于单据到达，如收货人急于提货，可采用提货担保方式，即请开证行出具书面担保，请船公司凭以先行放货，保证日后及时补交正本提单，并负责交付船公司的各项费用及赔偿由此而可能遭受的损失。

一般情况下，进口方（收货人）需持正本提单到海关办理报关及提货手续，但从近洋地区的进口，由于航程短，若国外受益人向银行交单较晚，可能货物到港但单据尚未到达。提货担保的主要作用是货物到港后，收货人可及时提货，而不必等待运输单据到达后提货，省去了货物到港后，收货人没有及时提货而可能产生的滞港费等额外费用和避免了可能产生的损失。

2. 提货担保的业务流程

图 10-10 可以简要说明提货担保的业务流程：

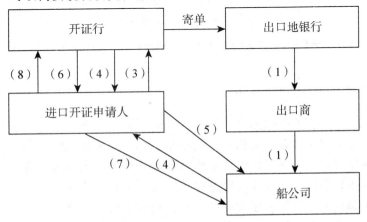

图 10-10 提货担保的业务流程

（1）出口商将货物交船公司并委托其运输至指定的港口，同时将单据交出口地银行议付或处理。

（2）船公司接受出口商的委托，将货物运抵信用证指定的港口，在货物到港后通知进口开证申请人（一般为提单的收货人或被通知方）。

（3）进口开证申请人在开证行尚未收到包括提单在内的单据时，向开证行申请办理提货担保。

（4）开证行根据具体情况，有条件地为进口开证申请人办理提货担保，并出具《提货担保书》。

（5）进口开证申请人在签订相关协议后，凭开证行出具的《提货担保书》向船公司提取货物。

（6）开证行在收到出口地银行寄送的包括提单在内的单据后通知进口开证申请人，并要求收回《提货担保书》。

（7）进口开证申请人持提单去船公司将开证行出具的《提货担保书》换回。

（8）进口开证申请人将《提货担保书》归还开证行。

三、进口代收结算方式下的融资

（一）进口代收押汇的概念

进口代收押汇是代收行收到代收项下单据后，应进口商要求，凭包括物权单据在内的进口代收单据为抵押，代其对外垫付代收项下款项的一种融资性垫款。

案例 10-2

> 国内 A 企业进口韩国 C 企业的设备，贸易双方确定以托收作为结算方式，即对于国内 A 企业而言，是一笔进口代收业务，对于韩国 C 企业是一笔出口托收业务；如国内 A 企业由于资金周转困难，欲请国内的代收行在付款日垫付本来应该由自己支付的进口代收货款，最直接、也最"名正言顺"的融资方式就是向国内代收行申请办理进口代收押汇业务。

（二）进口代收押汇的作用

进口代收押汇的主要作用是进口代收项下的付款人（进口方）在通过国内代收行收到国外收款人（出口方、委托人）的单据后，以代表货权的单据为质押，可获得银行的短期融资，用于进口代收项下的付汇，这样付款人（进口方）就借此推迟了进口代收项下付款时间，又能收取进口代收项下单据所代表的货物。与普通贷款相比，具有手续简便、融资速度快捷的特点；与其他贸易融资相比，突出的特点是与信用证项下的进口押汇款的用途类似，所得押汇款项仅限于履行进口代收项下的对外付款，不能入企业的结算账户而自由使用。

（三）进口代收押汇的业务流程

图 10-11 可以简单说明进口代收押汇的业务流程：

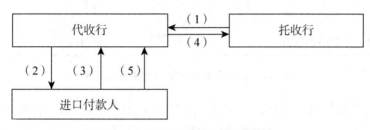

图 10-11　进口代收押汇业务流程图

（1）在进口代收结算方式下，国外出口地托收行收到本国委托人（出口方）的出口单据，经过相应的处理后，将该单据寄送代收行。

（2）国内代收行在审核单据后通知进口付款人。

（3）进口付款人审核单据，确认接受单据，在付汇资金有困难的情况下，填写《进口代收押汇申请书》，向代收行提出要求办理进口代收押汇。

（4）代收行接受进口付款人（代收押汇申请人）的要求，在与开证申请人进口代收押汇的主要作用是进口代收项下的付款人（进口方）签订《进口代收押汇合同》及《信托收据》后，办理进口代收押汇，并将进口代收押汇所得款项直接用于向出口地银行（寄单行）付款。

（5）进口付款人（代收押汇申请人）在进口代收押汇到期后将款项归还代收行。

四、汇出汇款结算方式下的融资

（一）汇出汇款项下融资的概念

汇出汇款项下融资，是指在货到付款结算方式下，汇出行（进口地银行）根据进口商的申请，并凭其提供的有效凭证及商业单据先行对外垫付，到期申请人（进口商）自筹资金归还的一种短期资金融通。它是 21 世纪初才兴起的一种融资业务新品，由于开发晚、风险较大，目前开展此项业务的银行还是极少数。

（二）汇出汇款项下融资的作用

主要作用是货到付款结算方式下，进口商可获得汇出行的短期融资，加速资金周转。其特点是融资款的用途仅限于汇出汇款，所得融资款项不能入企业的结算账户而自由使用。

（三）汇出汇款项下融资的业务流程

图 10-12 可以简单说明汇出汇款项下融资的业务流程：

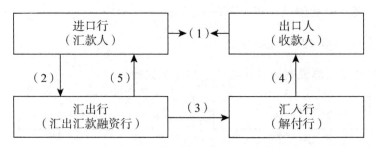

图 10-12 汇出汇款项下融资的业务流程图

(1) 进出口贸易双方签订合同或协议确定以货到付款为贸易结算方式。

(2) 进口人（汇款人）资金周转有困难，向汇出行（进口地银行）提出办理汇出汇款项下融资业务的申请，并提交银行格式化的《汇出汇款项下融资申请书》。

(3) 汇出行（汇出汇款融资行）经审核同意后，与进口人（汇款人）签订《汇出汇款项下融资合同》，凭进口人（汇款人）提交的《购汇/用汇申请书》（汇出行提供、汇款人填写并盖章）、国外进口人寄交的进口商业发票副本及提单副本、进口贸易合同、货物进口报关单等外汇管理局要求的其他单据向汇入行汇出货款。

(4) 汇入行将货款解付给出口人（收款人）。

(5) 进口人（汇款人）在汇出汇款融资到期将本金归还汇出行（汇出汇款融资行）并支付相应的利息。

【本章小结】

1. 贸易融资是指以国际贸易为背景的各种融资手段。贸易融资和贸易结算联系非常紧密，通常，一种结算方式下，可以产生一种或者几种以上的贸易融资方式。从分类来看，贸易融资简单可以分为出口贸易融资、进口贸易融资和国内贸易融资业务。

2. 出口贸易融资是指货物贸易环节中从出口商的角度出发，在贸易项下可获得的各种融资手段，包括打包放款、信用证项下的押汇、信用证项下的贴现、福费廷业务、出口托收押汇、出口保理融资、保兑（公开保兑和沉默保兑）、出口商业发票贴现、出口卖方信贷等。其中，打包放款、沉默保兑、信用证项下的押汇和贴现、福费廷业务主要是以信用证为国际结算方式项下相应的贸易融资手段；出口托收押汇主要是以托收为国际结算方式项下相应的贸易融资手段；出口保理融资主要是以出口保理为国际结算方式项下相应的贸易融资手段。

3. 出口贸易融资是指从进口商的角度出发，在贸易项下可获得的各种融资手段，主要包括进口开证、进口信用证项下押汇、信用证代付、提货担保、进口代收押汇、汇出汇款融资、信托收据等。

【关键概念】

贸易融资　出口贸易融资　进口贸易融资　打包贷款　福费廷

【本章习题】

思考题

1. 什么是国际贸易融资？主要有哪些类型？
2. 福费廷业务与一般的票据贴现业务的区别是什么？
3. 保付代理涉及哪些融资方式？
4. 出口贸易融资的主要类型包括哪些？
5. 进口贸易融资的主要类型包括哪些？

主要导学网址

1. http://www.pbc.gov.cn/ 中国人民银行
2. http://fol.math.sdu.edu.cn 金融在线
3. http://www.mofcom.gov.cn/ 中华人民共和国商务部
4. http://www.bank-of-china.com 中国银行
5. http://www.safe.gov.cn/0430/main_0430.jsp 国家外汇管理局
6. http://www.cfcc.com.cn 上海中汇金融信息网
7. http://www.cbrc.gov.cn/ 中国银行业监督管理委员会
8. http://www.zgjrj.com 中国金融家网
9. http://www.imf.org 国际货币基金组织官方网站
10. http://www.worldbank.org 世界银行集团官方网站
11. http://www.capitalofchina.com/ 中国投资网
12. http://www.xinhuanet.com/fortune/lcjs-wh.htm 新华网\财经\理财\外汇
13. http://202.96.70.229/wenhua/listf.asp 文华财经
14. http://www.chinaccm.com/27/2719/271901/title/title.asp 中华商务网
15. http://www.chinaintertrade.com/ 中国国际贸易网
16. http://www.slqh.com.cn 三隆期货信息网
17. http://www.futuresonline.com.cn 一德期货
18. http://news1.jrj.com.cn/ 金融街

参 考 文 献

1. 徐捷,等. 国际贸易融资——实务与案例 [M]. 北京:中国金融出版社,2013
2. 肖钢. 聚焦新秩序:国际金融热点精述 [M]. 北京:中信出版社,2013
3. 黄燕君,等. 新编国际金融 [M]. 杭州:浙江大学出版社,2005
4. 裴平,等. 国际金融 [M]. 南京:南京大学出版社,2013
5. 李华根,等. 国际结算与贸易融资实务 [M]. 北京:中国海关出版社,2012
6. 刘舒年,等. 国际金融 [M]. 北京:中国人民大学出版社,2002
7. 马君潞,等. 国际金融 [M]. 北京:科学出版社,2012
8. 〔英〕科普兰,等. 汇率与国际金融 [M]. 北京:机械工业出版社,2011
9. 周小川. 国际金融危机:观察、分析与应对 [M]. 北京:中国金融出版社,2012
10. 张亦春,等. 现代金融市场学 [M]. 北京:中国金融出版社,2002
11. 何璋,等. 国际金融 [M]. 北京:中央广播电视大学出版社,2002
12. 钱荣堃,等. 国际金融 [M]. 天津:南开大学出版社,2002
13. 陈雨露,等. 国际金融 [M]. 北京:中国人民大学出版社,2011
14. 桑百川,等. 国际资本流动:新趋势与对策 [M]. 北京:对外经济贸易大学出版社,2003
15. 刘玉操,曹华. 国际金融实务 [M]. 大连:东北财经大学出版社,2015
16. 陈建梁,等. 新编国际金融 [M]. 北京:经济管理出版社,2002
17. 谭中明,等. 国际金融学 [M]. 合肥:中国科技大学出版社,2003
18. 姜波克,等. 国际金融新编 [M]. 上海:复旦大学出版社,2012
19. 沈国兵,等. 国际金融 [M]. 上海:上海财经大学出版社,2004
20. 庄乐梅,等. 贸易融资与外汇理财实务 [M]. 北京:中国纺织出版社,2007
21. 李贺,等. 国际金融——理论·实务·案例·实训 [M]. 上海:上海财经大学出版社,2015
22. 葛华勇. 国际金融组织治理现状与改革 [M]. 北京:中国金融出版社,2013
23. 王潼. 中国国际收支 [M]. 北京:中国经济出版社,2004